대한민국 법령 시리즈 173

민간임대주택에 관한 특별법

(약칭 : 민간임대주택법)

법령
시행령
시행규칙

해광출판사

머리말

이 책은 방대한 법전을 보지 않고 간편하게 해당되는 법령만 참고해서 볼 수 있도록 하였습니다. 공공기관이나 관련 종사자들이 쉽고 간편하게 해당 법령을 참조 할 수 있도록 하였습니다.

특히 해당법률은 물론 관련 시행령, 시행규칙을 함께 실어 관련법을 서로 참고할 수 있게 하였습니다.

법률이라는 것이 크는 삭든 항상 변하는 관계로, 출간 이후의 정확하고 최신의 법률은 법제처 국가법령정보센터에서 확인이 가능하니 법률의 실제 적용 시 확인이 필요한 점 유의하기를 바랍니다.

편집부

* 수록 법률은 법제처 국가법령정보센터에서 확인 가능합니다.
* 발행일 기준 시행 법률이므로 최신 법령은 위 센터에서 볼 수 있습니다.
* 본 책자에 수록된 법률의 문구에 대하여 법적인 효력은 없으며,
  실제 적용 법률은 위 센터에서 최신의 법률로 확인하시기 바랍니다.
* 해당 법령과 함께 시행령, 시행규칙도 수록되어 있습니다.
* 발행일 기준으로 개정 예정 법률은 밑줄로 별도 표시되어 있으며,
  보다 정확한 것은 법제처에서 확인하기 바랍니다.

목차

민간임대주택에 관한 특별법
(약칭 : 민간임대주택법)

[시행 2025. 10. 1.] [법률 제21065호, 2025. 10. 1., 타법개정]

**개정 예정 법률 밑줄 별도 표시.

민간임대주택에 관한 특별법
(약칭 : 민간임대주택법)

[시행 2025. 10. 1.] [법률 제21065호, 2025. 10. 1., 타법개정]

제1장 총칙

제1조(목적) 이 법은 민간임대주택의 건설·공급 및 관리와 민간 주택임대사업자 육성 등에 관한 사항을 정함으로써 민간임대주택의 공급을 촉진하고 국민의 주거생활을 안정시키는 것을 목적으로 한다.

제2조(정의) 이 법에서 사용하는 용어의 뜻은 다음과 같다. 〈개정 2016. 1. 19., 2017. 1. 17., 2018. 1. 16., 2018. 3. 13., 2020. 8. 18., 2021. 3. 16., 2024. 12. 3.〉

1. "민간임대주택"이란 임대 목적으로 제공하는 주택[토지를 임차하여 건설된 주택 및 오피스텔 등 대통령령으로 정하는 준주택(이하 "준주택"이라 한다) 및 대통령령으로 정하는 일부만을 임대하는 주택을 포함한다. 이하 같다]으로서 임대사업자가 제5조에 따라 등록한 주택을 말하며, 민간건설임대주택과 민간매입임대주택으로 구분한다.

2. "민간건설임대주택"이란 다음 각 목의 어느 하나에 해당하는 민간임대주택을 말한다.

가. 임대사업자가 임대를 목적으로 건설하여 임대하는 주택

나. 「주택법」 제4조에 따라 등록한 주택건설사업자가 같은 법 제15조에 따라 사업계획승인을 받아 건설한 주택 중 사용검사 때까지 분양되지 아니하여 임대하는 주택

3. "민간매입임대주택"이란 임대사업자가 매매 등으로 소유권을 취득하여 임대하는 민간임대주택을 말한다.

4. "공공지원민간임대주택"이란 임대사업자가 다음 각 목의 어느

하나에 해당하는 민간임대주택을 10년 이상 임대할 목적으로 취득하여 이 법에 따른 임대료 및 임차인의 자격 제한 등을 받아 임대하는 민간임대주택을 말한다.

가. 「주택도시기금법」에 따른 주택도시기금(이하 "주택도시기금"이라 한다)의 출자를 받아 건설 또는 매입하는 민간임대주택

나. 「주택법」 제2조제24호에 따른 공공택지 또는 이 법 제18조제2항에 따라 수의계약 등으로 공급되는 토지 및 「혁신도시 조성 및 발전에 관한 특별법」 제2조제6호에 따른 종전부동산(이하 "종전부동산"이라 한다)을 매입 또는 임차하여 건설하는 민간임대주택

다. 제21조제2호에 따라 용적률을 완화 받거나 「국토의 계획 및 이용에 관한 법률」 제30조에 따라 용도지역 변경을 통하여 용적률을 완화 받아 건설하는 민간임대주택

라. 제22조에 따라 지정되는 공공지원민간임대주택 공급촉진지구에서 건설하는 민간임대주택

마. 그 밖에 국토교통부령으로 정하는 공공지원을 받아 건설 또는 매입하는 민간임대주택

5. "장기일반민간임대주택"이란 임대사업자가 공공지원민간임대주택이 아닌 주택을 10년 이상 임대할 목적으로 취득하여 임대하는 민간임대주택[아파트(「주택법」 제2조제20호의 도시형 생활주택이 아닌 것을 말한다)를 임대하는 민간매입임대주택은 제외한다]을 말한다.

6. 삭제 〈2020. 8. 18.〉

6의2. "단기민간임대주택"이란 임대사업자가 6년 이상 임대할 목적으로 취득하여 임대하는 민간임대주택[아파트(「주택법」 제2조제20호의 도시형 생활주택이 아닌 것을 말한다)는 제외한다]을 말한다.

7. "임대사업자"란 「공공주택 특별법」 제4조제1항에 따른 공공주택사업자(이하 "공공주택사업자"라 한다)가 아닌 자로서 1호 이상의 민간임대주택을 취득하여 임대하는 사업을 할 목적으로 제5조에 따라 등록한 자를 말한다.

8. 삭제 〈2018. 1. 16.〉

9. 삭제 〈2018. 1. 16.〉

10. "주택임대관리업"이란 주택의 소유자로부터 임대관리를 위탁받아 관리하는 업(業)을 말하며, 다음 각 목으로 구분한다.

가. 자기관리형 주택임대관리업: 주택의 소유자로부터 주택을

임차하여 자기책임으로 전대(轉貸)하는 형태의 업

나. 위탁관리형 주택임대관리업: 주택의 소유자로부터 수수료를 받고 임대료 부과·징수 및 시설물 유지·관리 등을 대행하는 형태의 업

11. "주택임대관리업자"란 주택임대관리업을 하기 위하여 제7조제1항에 따라 등록한 자를 말한다.

12. "공공지원민간임대주택 공급촉진지구"란 공공지원민간임대주택의 공급을 촉진하기 위하여 제22조에 따라 지정하는 지구를 말한다.

13. "역세권등"이란 다음 각 목의 어느 하나에 해당하는 시설부터 1킬로미터 거리 이내에 위치한 지역을 말한다. 이 경우 특별시장·광역시장·특별자치시장·도지사·특별자치도지사(이하 "시·도지사"라 한다)는 해당 지방자치단체의 조례로 그 거리를 50퍼센트의 범위에서 증감하여 달리 정할 수 있다.

가. 「철도의 건설 및 철도시설 유지관리에 관한 법률」, 「철도산업발전기본법」 및 「도시철도법」에 따라 건설 및 운영되는 철도역

나. 「간선급행버스체계의 건설 및 운영에 관한 특별법」 제2조제3호다목에 따른 환승시설

다. 「산업입지 및 개발에 관한 법률」 제2조제8호에 따른 산업단지

라. 「수도권정비계획법」 제2조제3호에 따른 인구집중유발시설로서 대통령령으로 정하는 시설

마. 그 밖에 해당 지방자치단체의 조례로 정하는 시설

14. "주거지원대상자"란 청년·신혼부부 등 주거지원이 필요한 사람으로서 국토교통부령으로 정하는 요건을 충족하는 사람을 말한다.

15. "복합지원시설"이란 공공지원민간임대주택에 거주하는 임차인 등의 경제활동과 일상생활을 지원하는 시설로서 대통령령으로 정하는 시설을 말한다.

제3조(다른 법률과의 관계) 민간임대주택의 건설·공급 및 관리 등에 관하여 이 법에서 정하지 아니한 사항에 대하여는 「주택법」, 「건축법」, 「공동주택관리법」 및 「주택임대차보호법」을 적용한다. 〈개정 2015. 8. 28.〉

제4조(국가 등의 지원) ① 국가 및 지방자치단체는 다음 각 호의 목적을 위하여 주택도시기금 등의 자금을 우선적으로 지원하고, 「조세

특례제한법」, 「지방세특례제한법」 및 조례로 정하는 바에 따라 조세를 감면할 수 있다. 〈개정 2018. 1. 16.〉

1. 민간임대주택의 공급 확대
2. 민간임대주택의 개량 및 품질 제고
3. 사회적기업, 사회적협동조합 등 비영리단체의 민간임대주택 공급 참여 유도
4. 주택임대관리업의 육성

② 국가 및 지방자치단체는 공유형 민간임대주택(가족관계가 아닌 2명 이상의 임차인이 하나의 주택에서 거실·주방 등 어느 하나 이상의 공간을 공유하여 거주하는 민간임대주택으로서 임차인이 각각 임대차계약을 체결하는 민간임대주택을 말한다)의 활성화를 위하여 임대사업자 및 임차인에게 필요한 행정지원을 할 수 있다. 〈신설 2018. 1. 16.〉

제2장 임대사업자 및 주택임대관리업자

제5조(임대사업자의 등록) ① 주택을 임대하려는 자는 특별자치시장·특별자치도지사·시장·군수 또는 구청장(구청장은 자치구의 구청장을 말하며, 이하 "시장·군수·구청장"이라 한다)에게 등록을 신청할 수 있다. 다만, 외국인은 국내에 체류하는 자로서 「출입국관리법」 제10조의 체류자격에 따른 활동범위를 고려하여 대통령령으로 정하는 체류자격에 해당하는 경우에 한정하여 등록을 신청할 수 있다. 〈개정 2023. 3. 28.〉

② 제1항에 따라 등록하는 경우 다음 각 호에 따라 구분하여야 한다. 〈개정 2018. 1. 16., 2020. 8. 18., 2024. 12. 3.〉

1. 삭제 〈2018. 1. 16.〉
2. 민간건설임대주택 및 민간매입임대주택
3. 공공지원민간임대주택, 장기일반민간임대주택 및 단기민간임대주택

③ 제1항에 따라 등록한 자가 그 등록한 사항을 변경하고자 할 경우 시장·군수·구청장에게 신고하여야 한다. 다만, 임대주택 면적을 10퍼센트 이하의 범위에서 증축하는 등 국토교통부령으로 정하는 경미한 사항은 신고하지 아니하여도 된다. 〈개정 2020. 6. 9.〉

④ 시장·군수·구청장은 제3항에 따른 신고를 받은 날부터 7일

이내에 신고수리 여부를 신고인에게 통지하여야 한다. 〈신설 2020. 6. 9.〉

⑤ 시장·군수·구청장이 제4항에서 정한 기간 내에 신고수리 여부 또는 민원 처리 관련 법령에 따른 처리기간의 연장을 신고인에게 통지하지 아니하면 그 기간(민원 처리 관련 법령에 따라 처리기간이 연장 또는 재연장된 경우에는 해당 처리기간을 말한다)이 끝난 날의 다음 날에 신고를 수리한 것으로 본다. 〈개정 2020. 8. 18.〉

⑥ 제1항부터 제5항까지에 따른 등록 및 신고의 기준과 절차 등에 필요한 사항은 대통령령으로 정한다. 〈개정 2020. 6. 9.〉

⑦ 시장·군수·구청장이 제1항에 따라 등록신청을 받은 경우 다음 각 호의 어느 하나에 해당하는 때에는 해당 등록신청을 거부할 수 있다. 〈신설 2020. 8. 18., 2023. 3. 28., 2023. 6. 1.〉

1. 해당 신청인의 신용도, 신청 임대주택의 부채비율(등록 시 존속 중인 임대차계약이 없는 경우에는 등록을 신청하려는 자로부터 등록 이후 책정하려는 임대차계약의 임대보증금의 상한을 제출받아 산정한다) 등을 고려하여 제49조에 따른 임대보증금 보증 가입이 현저히 곤란하다고 판단되는 경우

2. 해당 주택이 「도시 및 주거환경정비법」 제2조제2호에 따른 정비사업 또는 「빈집 및 소규모주택 정비에 관한 특례법」 제2조제1항제3호에 따른 소규모주택정비사업으로 인하여 제43조의 임대의무기간 내 멸실 우려가 있다고 판단되는 경우

3. 해당 신청인의 국세 또는 지방세 체납 기간, 금액 등을 고려할 때 임차인에 대한 보증금반환채무의 이행이 현저히 곤란한 경우로서 대통령령으로 정하는 경우

제5조의2(등록 민간임대주택의 부기등기) ① 임대사업자는 제5조에 따라 등록한 민간임대주택이 제43조에 따른 임대의무기간과 제44조에 따른 임대료 증액기준을 준수하여야 하는 재산임을 소유권등기에 부기등기(附記登記)하여야 한다.

② 제1항에 따른 부기등기는 임대사업자의 등록 후 지체 없이 하여야 한다. 다만, 임대사업자로 등록한 이후에 소유권보존등기를 하는 경우에는 소유권보존등기와 동시에 하여야 한다.

③ 제1항 및 제2항에 따른 부기등기에 포함되어야 할 표기내용 및 말소 등에 필요한 사항은 대통령령으로 정한다.

[본조신설 2020. 6. 9.]

[종전 제5조의2는 제5조의3으로 이동 〈2020. 6. 9.〉]

제5조의3(조합원 모집신고 및 공개모집) ① 조합원에게 공급하는 민간건설임대주택을 포함하여 30호 이상으로서 대통령령으로 정하는 호수 이상의 주택을 공급할 목적으로 설립된 「협동조합 기본법」에 따른 협동조합 또는 사회적협동조합(이하 “민간임대협동조합”이라 한다)이나 민간임대협동조합의 발기인이 조합원을 모집하려는 경우 해당 민간임대주택 건설대지의 관할 시장·군수·구청장에게 신고하고, 공개모집의 방법으로 조합원을 모집하여야 한다.

② 제1항에도 불구하고 공개모집 이후 조합원의 사망·자격상실·탈퇴 등으로 인한 결원을 충원하거나 미달된 조합원을 재모집하는 경우에는 신고하지 아니하고 선착순의 방법으로 조합원을 모집할 수 있다.

③ 제1항에 따라 신고를 받은 시장·군수·구청장은 신고내용이 이 법에 적합한 경우에는 신고를 수리하고 그 사실을 신고인에게 통보하여야 한다.

④ 시장·군수·구청장은 다음 각 호의 어느 하나에 해당하는 경우 조합원 모집 신고를 수리해서는 아니 된다.

1. 해당 민간임대주택 건설대지의 80퍼센트 이상에 해당하는 토지의 사용권원을 확보하지 못한 경우
2. 이미 신고된 사업대지와 전부 또는 일부가 중복되는 경우
3. 이미 수립되었거나 수립 예정인 도시·군계획, 이미 수립된 토지이용계획 또는 이 법이나 관계 법령에 따른 건축기준 및 건축제한 등에 따라 해당 민간임대주택 건설대지에 민간임대협동조합이 건설하는 주택을 건설할 수 없는 경우
4. 해당 민간임대주택을 공급받을 수 없는 조합원을 모집하려는 경우
5. 신고한 내용이 사실과 다른 경우

⑤ 제1항에 따른 모집 시기, 모집 방법·절차 등 조합원 모집의 신고, 공개모집 및 민간임대협동조합 가입을 신청한 자(이하 “조합가입신청자”라 한다)에 대한 정보 공개 등에 필요한 사항은 국토교통부령으로 정한다.

[본조신설 2019. 11. 26.]

[제5조의2에서 이동, 종전 제5조의3은 제5조의4로 이동 〈2020.

6. 9.〉]

제5조의4(조합원 모집 시 설명의무) ① 제5조의3에 따라 조합원 모집 신고를 하고 조합원을 모집하는 민간임대협동조합 및 민간임대협동조합의 발기인(이하 "모집주체"라 한다)은 민간임대협동조합 가입계약(민간임대협동조합의 설립을 위한 계약을 포함한다. 이하 같다) 체결 시 다음 각 호의 사항을 조합가입신청자에게 설명하고 이를 확인받아야 한다. 〈개정 2020. 6. 9.〉

1. 조합원의 권리와 의무에 관한 사항
2. 해당 민간임대주택 건설대지의 위치와 면적 및 해당 민간임대주택 건설대지에 대한 사용권, 소유권 확보 현황
3. 해당 민간임대주택사업의 자금계획에 관한 사항
4. 해당 민간임대주택을 공급받을 수 있는 조합원의 자격에 관한 사항
5. 민간임대협동조합의 탈퇴, 제명 및 출자금 등 납부한 금전의 반환 절차 등에 관한 사항
6. 제5조의5에 따른 청약 철회, 금전의 예치 및 가입비등의 반환 등에 관한 사항
7. 그 밖에 민간임대협동조합의 사업추진 및 운영을 위하여 필요한 사항으로서 대통령령으로 정하는 사항

② 제1항에 따른 설명 및 확인의 방법, 절차 등에 관한 사항은 대통령령으로 정한다.

[본조신설 2019. 11. 26.]

[제5조의3에서 이동, 종전 제5조의4는 제5조의5로 이동 〈2020. 6. 9.〉]

제5조의5(청약 철회 및 가입비등의 반환 등) ① 조합가입신청자가 민간임대협동조합 가입 계약을 체결하면 모집주체는 조합가입신청자로 하여금 계약 체결 시 납부하여야 하는 일체의 금전(이하 "가입비등"이라 한다)을 대통령령으로 정하는 기관(이하 "예치기관"이라 한다)에 예치하게 하여야 한다.

② 조합가입신청자는 민간임대협동조합 가입 계약체결일부터 30일 이내에 민간임대협동조합 가입에 관한 청약을 철회할 수 있다.

③ 청약 철회를 서면으로 하는 경우에는 청약 철회의 의사를 표시한 서면을 발송한 날에 그 효력이 발생한다.

④ 모집주체는 조합가입신청자가 청약 철회를 한 경우 청약 철회 의사가 도달한 날부터 7일 이내에 예치기관의 장에게 가입비등의 반환을 요청하여야 한다.

⑤ 예치기관의 장은 제4항에 따른 가입비등의 반환 요청을 받은 경우 요청일부터 10일 이내에 가입비등을 조합가입신청자에게 반환하여야 한다.

⑥ 조합가입신청자가 제2항에 따른 기간 이내에 청약 철회를 하는 경우 모집주체는 조합가입신청자에게 청약 철회를 이유로 위약금 또는 손해배상을 청구할 수 없다.

⑦ 제1항에 따라 예치된 가입비등의 관리, 지급 및 반환 등에 필요한 사항은 대통령령으로 정한다.

[본조신설 2019. 11. 26.]

[제5조의4에서 이동 〈2020. 6. 9.〉]

제5조의6(임대사업자의 결격사유) 다음 각 호의 어느 하나에 해당하는 자는 제5조에 따른 임대사업자로 등록할 수 없다. 법인의 경우 그 임원 중 다음 각 호의 어느 하나에 해당하는 사람이 있는 경우에도 또한 같다. 〈개정 2021. 9. 14., 2023. 3. 28., 2023. 6. 1., 2024. 12. 3.〉

1. 미성년자

2. 제6조제1항제1호, 제4호, 제7호부터 제10호까지, 제12호, 제12호의2, 제13호, 제14호 및 제16호에 따라 등록이 전부 말소된 후 2년이 지나지 아니한 자

3. 임차인에 대한 보증금반환채무의 이행과 관련하여 「형법」 제347조의 죄를 범하여 금고 이상의 형을 선고받고 집행이 종료(집행이 종료된 것으로 보는 경우를 포함한다)되거나 그 집행이 면제된 날부터 2년이 지나지 아니한 자

4. 제3호에 따른 죄를 범하여 형의 집행유예를 선고받고 그 유예기간 중에 있는 자

[본조신설 2020. 8. 18.]

제5조의7(임대사업자의 임대주택 추가 등록 제한 등) 제6조제1항제1호, 제4호, 제7호부터 제10호까지, 제12호, 제12호의2, 제13호, 제14호 및 제16호에 따라 임대사업자 등록이 일부 말소된 후 2년이 지나지 아니한 자는 등록한 임대주택 외에 제5조제3항 본문에

따른 등록사항 변경신고를 통하여 임대주택을 변경·추가(일부 말소로 임대주택에서 제외된 주택을 변경·추가하는 경우를 포함한다) 등록할 수 없다. 〈개정 2021. 9. 14., 2023. 3. 28., 2023. 6. 1., 2024. 12. 3.〉

[본조신설 2020. 8. 18.]

제6조(임대사업자 등록의 말소) ① 시장·군수·구청장은 임대사업자가 다음 각 호의 어느 하나에 해당하면 등록의 전부 또는 일부를 말소할 수 있다. 다만, 제1호에 해당하는 경우에는 등록의 전부 또는 일부를 말소하여야 한다. 〈개정 2020. 6. 9., 2020. 8. 18., 2021. 3. 16., 2021. 9. 14., 2023. 3. 28., 2024. 12. 3.〉

1. 거짓이나 그 밖의 부정한 방법으로 등록한 경우
2. 임대사업자가 제5조에 따라 등록한 후 대통령령으로 정하는 일정 기간 안에 민간임대주택을 취득하지 아니하는 경우
3. 제5조제1항에 따라 등록한 날부터 3개월이 지나기 전(임대주택으로 등록한 이후 체결한 임대차계약이 있는 경우에는 그 임차인의 동의가 있는 경우로 한정한다) 또는 제43조의 임대의무기간이 지난 후 등록 말소를 신청하는 경우
4. 제5조제6항의 등록기준을 갖추지 못한 경우
5. 제43조제2항 또는 제6항에 따라 민간임대주택을 양도한 경우
6. 제43조제4항에 따라 민간임대주택을 양도한 경우
7. 제44조에 따른 임대조건을 위반한 경우
8. 제45조를 위반하여 임대차계약을 해제·해지하거나 재계약을 거절한 경우
9. 제50조의 준주택에 대한 용도제한을 위반한 경우
10. 제48조제1항제2호에 따른 설명이나 정보를 거짓이나 그 밖의 부정한 방법으로 제공한 경우
11. 제43조에도 불구하고 종전의 「민간임대주택에 관한 특별법」(법률 제17482호 민간임대주택에 관한 특별법 일부개정법률에 따라 개정되기 전의 것을 말한다. 이하 이 조에서 같다) 제2조제5호의 장기일반민간임대주택 중 아파트(「주택법」 제2조제20호의 도시형 생활주택이 아닌 것을 말한다)를 임대하는 민간매입임대주택 또는 제2조제6호의 단기민간임대주택에 대하여 임대사업자가 임대의무기간 내 등록 말소를 신청(신청 당시 체결된 임대차계약이 있는 경우 임

차인의 동의가 있는 경우로 한정한다)하는 경우

12. 임대사업자가 보증금 반환을 지연하여 임차인의 피해가 명백히 발생하였다고 대통령령으로 정하는 경우

12의2. 임대사업자가 임차인에게 보증금을 변제하지 아니하여 보증회사가 보증채무를 2회 이상 또는 2호 이상 대위변제한 후 6개월이 경과한 후에도 보증채무를 전액상환하지 아니한 경우로서 다음 각 목의 어느 하나에 해당하여 보증회사가 시장·군수·구청장에게 통보한 경우

가. 대위변제 후 1년간 임의상환 이력이 없는 경우

나. 보증회사의 미회수채권 총액이 2억원 이상인 경우

13. 제46조에 따른 임대차계약 신고 또는 변경신고를 하지 아니하여 시장·군수·구청장이 제61조제1항에 따라 보고를 하게 하였으나 거짓으로 보고하거나 3회 이상 불응한 경우

14. 제49조제1항에 따른 임대보증금에 대한 보증에 가입하지 아니한 경우로서 대통령령으로 정하는 경우

15. 국세 또는 지방세를 체납하여 보증금반환채무의 이행과 관련한 임차인의 피해가 명백히 예상되는 경우로서 대통령령으로 정하는 경우

16. 임차인에 대한 보증금반환채무의 이행과 관련하여 「형법」 제347조의 죄를 범하여 금고 이상의 실형(집행유예를 포함한다)을 선고받고 그 형이 확정된 경우

17. 그 밖에 민간임대주택으로 계속 임대하는 것이 어렵다고 인정하는 경우로서 대통령령으로 정하는 경우

② 시장·군수·구청장은 제1항에 따라 등록을 말소하는 경우 청문을 하여야 한다. 다만, 제1항제3호, 제5호 및 제6호의 경우는 제외한다.

③ 시장·군수·구청장은 제1항에 따라 등록을 말소하면 해당 임대사업자의 명칭과 말소 사유 등 필요한 사항을 공고하여야 한다.

④ 임대사업자가 제1항제3호에 따라 등록말소를 신청하거나 제2항에 따른 청문 통보를 받은 경우 7일 이내에 그 사실을 임차인에게 통지하여야 한다.

⑤ 종전의 「민간임대주택에 관한 특별법」 제2조제5호에 따른 장기일반민간임대주택 중 아파트(「주택법」 제2조제20호의 도시형 생

활주택이 아닌 것을 말한다)를 임대하는 민간매입임대주택 및 제2조제6호에 따른 단기민간임대주택은 임대의무기간이 종료한 날 등록이 말소된다. 〈개정 2020. 8. 18., 2021. 3. 16.〉

⑥ 제1항 각 호(제5호 중 제43조제2항에 따라 민간임대주택을 다른 임대사업자에게 양도하는 경우는 제외한다) 및 제5항에 따라 등록이 말소된 경우에는 그 임대사업자(해당 주택을 양도한 경우에는 그 양수한 자를 말한다)를 이미 체결된 임대차계약의 기간이 끝날 때까지 임차인에 대한 관계에서 이 법에 따른 임대사업자로 본다. 〈개정 2020. 8. 18.〉

제7조(주택임대관리업의 등록) ① 주택임대관리업을 하려는 자는 시장·군수·구청장에게 등록할 수 있다. 다만, 100호 이상의 범위에서 대통령령으로 정하는 규모 이상으로 주택임대관리업을 하려는 자[국가, 지방자치단체, 「공공기관의 운영에 관한 법률」 제4조제1항에 따른 공공기관(이하 "공공기관"이라 한다), 「지방공기업법」 제49조제1항에 따라 설립된 지방공사(이하 "지방공사"라 한다)는 제외한다]는 등록하여야 한다.

② 제1항에 따라 등록하는 경우에는 자기관리형 주택임대관리업과 위탁관리형 주택임대관리업을 구분하여 등록하여야 한다. 이 경우 자기관리형 주택임대관리업을 등록한 경우에는 위탁관리형 주택임대관리업도 등록한 것으로 본다.

③ 제1항에 따라 등록한 자가 등록한 사항을 변경하거나 말소하고자 할 경우 시장·군수·구청장에게 신고하여야 한다. 다만, 자본금의 증가 등 국토교통부령으로 정하는 경미한 사항은 신고하지 아니하여도 된다.

④ 시장·군수·구청장은 제3항에 따른 신고를 받은 날부터 5일 이내에 신고수리 여부를 신고인에게 통지하여야 한다. 〈신설 2020. 6. 9.〉

⑤ 시장·군수·구청장이 제4항에서 정한 기간 내에 신고수리 여부 또는 민원 처리 관련 법령에 따른 처리기간의 연장을 신고인에게 통지하지 아니하면 그 기간(민원 처리 관련 법령에 따라 처리기간이 연장 또는 재연장된 경우에는 해당 처리기간을 말한다)이 끝난 날의 다음 날에 신고를 수리한 것으로 본다. 〈신설 2020. 6. 9.〉

⑥ 제1항부터 제5항까지의 등록 및 신고의 절차 등에 필요한 사

항은 대통령령으로 정한다. 〈개정 2020. 6. 9.〉

제8조(주택임대관리업의 등록기준) 제7조에 따라 등록을 하려는 자는 다음 각 호의 요건을 갖추어야 한다.

1. 자본금(법인이 아닌 경우 자산평가액을 말한다)이 1억원 이상으로서 대통령령으로 정하는 금액 이상일 것
2. 주택관리사 등 대통령령으로 정하는 전문인력을 보유할 것
3. 사무실 등 대통령령으로 정하는 시설을 보유할 것

제9조(주택임대관리업의 결격사유) 다음 각 호의 어느 하나에 해당하는 자는 주택임대관리업의 등록을 할 수 없다. 법인의 경우 그 임원 중 다음 각 호의 어느 하나에 해당하는 사람이 있을 때에도 또한 같다. 〈개정 2016. 1. 19.〉

1. 파산선고를 받고 복권되지 아니한 자
2. 피성년후견인 또는 피한정후견인
3. 제10조에 따라 주택임대관리업의 등록이 말소된 후 2년이 지나지 아니한 자. 이 경우 등록이 말소된 자가 법인인 경우에는 말소 당시의 원인이 된 행위를 한 사람과 대표자를 포함한다.
4. 이 법, 「주택법」, 「공공주택 특별법」 또는 「공동주택관리법」을 위반하여 금고 이상의 실형을 선고받고 집행이 종료(집행이 종료된 것으로 보는 경우를 포함한다)되거나 그 집행이 면제된 날부터 3년이 지나지 아니한 사람
5. 이 법, 「주택법」, 「공공주택 특별법」 또는 「공동주택관리법」을 위반하여 형의 집행유예를 선고받고 그 유예기간 중에 있는 사람

제10조(주택임대관리업의 등록말소 등) ① 시장·군수·구청장은 주택임대관리업자가 다음 각 호의 어느 하나에 해당하면 그 등록을 말소하거나 1년 이내의 기간을 정하여 영업의 전부 또는 일부의 정지를 명할 수 있다. 다만, 제1호, 제2호 또는 제6호에 해당하는 경우에는 그 등록을 말소하여야 한다.

1. 거짓이나 그 밖의 부정한 방법으로 등록을 한 경우
2. 영업정지기간 중에 주택임대관리업을 영위한 경우 또는 최근 3년간 2회 이상의 영업정지처분을 받은 자로서 그 정지처분을 받은 기간이 합산하여 12개월을 초과한 경우
3. 고의 또는 중대한 과실로 임대를 목적으로 하는 주택을 잘못 관리하여 임대인 및 임차인에게 재산상의 손해를 입힌 경우

4. 정당한 사유 없이 최종 위탁계약 종료일의 다음 날부터 1년 이상 위탁계약 실적이 없는 경우

5. 제8조에 따른 등록기준을 갖추지 못한 경우. 다만, 일시적으로 등록기준에 미달하는 등 대통령령으로 정하는 경우는 그러하지 아니하다.

6. 제16조제1항을 위반하여 다른 자에게 자기의 명의 또는 상호를 사용하여 이 법에서 정한 사업이나 업무를 수행하게 하거나 그 등록증을 대여한 경우

7. 제61조에 따른 보고, 자료의 제출 또는 검사를 거부·방해 또는 기피하거나 거짓으로 보고한 경우

② 시장·군수·구청장은 주택임대관리업자가 제1항제3호부터 제5호까지 및 제7호 중 어느 하나에 해당하는 경우에는 영업정지를 갈음하여 1천만원 이하의 과징금을 부과할 수 있다.

③ 시장·군수·구청장은 주택임대관리업자가 제2항에 따라 부과받은 과징금을 기한까지 내지 아니하면 「지방행정제재·부과금의 징수 등에 관한 법률」에 따라 징수한다. 〈개정 2020. 3. 24.〉

④ 제1항에 따른 등록말소 및 영업정지처분에 관한 기준과 제2항에 따른 과징금을 부과하는 위반행위의 종류 및 위반정도에 따른 과징금의 금액 등에 필요한 사항은 대통령령으로 정한다.

제11조(주택임대관리업자의 업무 범위) ① 주택임대관리업자는 임대를 목적으로 하는 주택에 대하여 다음 각 호의 업무를 수행한다.

1. 임대차계약의 체결·해제·해지·갱신 및 갱신거절 등

2. 임대료의 부과·징수 등

3. 임차인의 입주 및 명도·퇴거 등(「공인중개사법」 제2조제3호에 따른 중개업은 제외한다)

② 주택임대관리업자는 임대를 목적으로 하는 주택에 대하여 부수적으로 다음 각 호의 업무를 수행할 수 있다.

1. 시설물 유지·보수·개량 및 그 밖의 주택관리 업무

2. 그 밖에 임차인의 주거 편익을 위하여 필요하다고 대통령령으로 정하는 업무

제12조(주택임대관리업자의 현황 신고) ① 주택임대관리업자는 분기마다 그 분기가 끝나는 달의 다음 달 말일까지 자본금, 전문인력, 관리 호수 등 대통령령으로 정하는 정보를 시장·군수·구청장에게

신고하여야 한다. 이 경우 신고받은 시장·군수·구청장은 국토교통부장관에게 이를 보고하여야 한다.

② 제1항에 따른 신고 및 보고 등에 필요한 사항은 대통령령으로 정한다.

③ 국토교통부장관은 다음 각 호의 정보를 제60조제1항에 따른 임대주택정보체계 등 대통령령으로 정하는 방식에 따라 공개할 수 있다.

1. 제1항 후단에 따라 보고받은 정보
2. 제61조에 따라 보고받은 정보

제13조(위·수탁계약서 등) ① 주택임대관리업자는 제11조의 업무를 위탁받은 경우 위·수탁계약서를 작성하여 주택의 소유자에게 교부하고 그 사본을 보관하여야 한다.

② 제1항의 위·수탁계약서에는 계약기간, 주택임대관리업자의 의무 등 대통령령으로 정하는 사항이 포함되어야 한다.

③ 국토교통부장관은 제1항에 따른 위·수탁계약의 체결에 필요한 표준위·수탁계약서를 작성하여 보급하고 활용하게 할 수 있다.

제14조(보증상품의 가입) ① 자기관리형 주택임대관리업을 하는 주택임대관리업자는 임대인 및 임차인의 권리보호를 위하여 보증상품에 가입하여야 한다.

② 제1항에 따른 보증상품의 종류와 가입절차 등에 필요한 사항은 대통령령으로 정한다.

제15조(자기관리형 주택임대관리업자의 의무) 임대사업자인 임대인이 자기관리형 주택임대관리업자에게 임대관리를 위탁한 경우 주택임대관리업자는 위탁받은 범위에서 이 법에 따른 임대사업자의 의무를 이행하여야 한다. 이 경우 제7장을 적용할 때에는 주택임대관리업자를 임대사업자로 본다. 〈개정 2020. 6. 9.〉

제16조(등록증 대여 등 금지) ① 주택임대관리업자는 다른 자에게 자기의 명의 또는 상호를 사용하여 이 법에서 정한 업무를 수행하게 하거나 그 등록증을 대여하여서는 아니 된다.

② 주택임대관리업자가 아닌 자는 주택임대관리업 또는 이와 유사한 명칭을 사용하지 못한다.

제3장 민간임대주택의 건설

제17조(민간임대주택의 건설) 민간임대주택의 건설은 「주택법」 또는 「건축법」에 따른다. 이 경우 관계 법률에서 「주택법」 제15조에 따른 사업계획의 승인 또는 「건축법」 제11조에 따른 건축허가 등을 준용하는 경우 그 법률을 포함한다. 〈개정 2016. 1. 19.〉

제18조(토지 등의 우선 공급) ① 국가 · 지방자치단체 · 공공기관 또는 지방공사가 그가 소유하거나 조성한 토지를 공급(매각 또는 임대를 말한다. 이하 이 조에서 같다)하는 경우에는 「주택법」 제30조제1항에도 불구하고 민간임대주택을 건설하려는 임대사업자에게 우선적으로 공급할 수 있다. 〈개정 2016. 1. 19.〉

② 국가 · 지방자치단체 · 공공기관 또는 지방공사가 공공지원민간임대주택 건설용으로 토지를 공급하거나 종전부동산을 보유하고 있는 공공기관[같은 법 제43조제3항의 매입공공기관(이하 "매입공공기관"이라 한다)을 포함한다]이 공공지원민간임대주택 건설용으로 종전부동산을 매각하는 경우에는 「택지개발촉진법」, 「혁신도시 조성 및 발전에 관한 특별법」 등 관계 법령에도 불구하고 추첨, 자격 제한, 수의계약 등 대통령령으로 정하는 방법 및 조건에 따라 공급할 수 있다. 〈개정 2017. 12. 26., 2018. 1. 16.〉

③ 국가 · 지방자치단체 · 한국토지주택공사 또는 지방공사는 그가 조성한 토지 중 1퍼센트 이상의 범위에서 대통령령으로 정하는 비율 이상을 임대사업자[소속 근로자에게 임대하기 위하여 민간임대주택을 건설하려는 고용자(법인에 한정한다)로서 임대사업자로 등록한 자를 포함한다]에게 우선 공급하여야 한다. 다만, 해당 토지는 2개 단지 이상의 공동주택용지 공급계획이 포함된 경우로서 대통령령으로 정하는 규모 이상이어야 한다. 〈개정 2017. 1. 17.〉

④ 제1항부터 제3항까지의 규정에 따라 토지 및 종전부동산(이하 이 조에서 "토지등"이라 한다)을 공급받은 자는 토지등을 공급받은 날부터 4년 이하의 범위에서 대통령령으로 정하는 기간 이내에 민간임대주택을 건설하여야 한다.

⑤ 제4항에도 불구하고 민간임대주택을 건설하지 아니한 경우 토지등을 공급한 자는 대통령령으로 정하는 기준과 절차에 따라 토지등을 환매하거나 임대차계약을 해제 또는 해지할 수 있다.

⑥ 「주택법」 제54조에 따른 사업주체가 주택을 공급하는 경우에는 같은 조 제1항에도 불구하고 그 주택을 공공지원민간임대주택

또는 장기일반민간임대주택으로 운영하려는 임대사업자에게 주택(같은 법 제57조에 따른 분양가상한제 적용주택은 제외한다) 전부를 우선적으로 공급할 수 있다. 〈개정 2016. 1. 19., 2018. 1. 16.〉

제19조(간선시설의 우선 설치) 「주택법」 제28조에 따라 간선시설(幹線施設)을 설치하는 자는 민간임대주택 건설사업이나 민간임대주택 건설을 위한 대지조성사업에 필요한 간선시설을 다른 주택건설사업이나 대지조성사업보다 우선하여 설치하여야 한다. 〈개정 2016. 1. 19.〉

제20조(「공익사업을 위한 토지 등의 취득 및 보상에 관한 법률」에 관한 특례) ① 임대사업자가 전용면적 85제곱미터 이하의 민간임대주택을 100호 이상의 범위에서 대통령령으로 정하는 호수 이상 건설하기 위하여 사업 대상 토지 면적의 80퍼센트 이상을 매입한 경우(토지 소유자로부터 매입에 관한 동의를 받은 경우를 포함한다)로서 나머지 토지를 취득하지 아니하면 그 사업을 시행하기가 현저히 곤란해질 사유가 있는 경우에는 시·도지사에게 「공익사업을 위한 토지 등의 취득 및 보상에 관한 법률」 제4조제5호에 따른 지정을 요청할 수 있다. 이 경우 요청절차, 제출서류 등 필요한 사항은 대통령령으로 정한다. 〈개정 2018. 1. 16.〉

② 제1항에 따라 지정을 받은 임대사업자가 「주택법」 제15조에 따른 사업계획승인을 받으면 「공익사업을 위한 토지 등의 취득 및 보상에 관한 법률」 제20조제1항에 따른 사업인정을 받은 것으로 본다. 다만, 재결신청(裁決申請)은 「공익사업을 위한 토지 등의 취득 및 보상에 관한 법률」 제23조제1항 및 같은 법 제28조제1항에도 불구하고 사업계획승인을 받은 주택건설사업 기간에 할 수 있다. 〈개정 2016. 1. 19.〉

제21조(「국토의 계획 및 이용에 관한 법률」 등에 관한 특례) 「주택법」 제15조에 따른 사업계획승인권자 또는 「건축법」 제11조에 따른 허가권자(이하 "승인권자등"이라 한다)는 임대사업자가 공공지원민간임대주택을 건설하기 위하여 「주택법」 제15조에 따른 사업계획승인을 신청하거나 「건축법」 제11조에 따른 건축허가를 신청하는 경우에 관계 법령에도 불구하고 다음 각 호에 따라 완화된 기준을 적용할 수 있다. 다만, 공공지원민간임대주택과 공공지원민간임대주택이 아닌 시설을 같은 건축물로 건축하는 경우 전체 연면적 대비 공공

지원민간임대주택 연면적의 비율이 50퍼센트 이상의 범위에서 대통령령으로 정하는 비율 이상인 경우에 한정한다. 〈개정 2016. 1. 19., 2018. 1. 16.〉

1. 「국토의 계획 및 이용에 관한 법률」 제77조에 따라 조례로 정한 건폐율에도 불구하고 같은 조 및 관계 법령에 따른 건폐율의 상한까지 완화

2. 「국토의 계획 및 이용에 관한 법률」 제52조에 따라 지구단위계획에서 정한 용적률 또는 같은 법 제78조에 따라 조례로 정한 용적률에도 불구하고 같은 조 및 관계 법령에 따른 용적률의 상한까지 완화

3. 「건축법」 제2조제2항에 따른 건축물의 층수 제한을 대통령령으로 정하는 바에 따라 완화

제21조의2(용적률의 완화로 건설되는 주택의 공급 등) ① 승인권자 등이 임대사업자의 사업계획승인 또는 건축허가 신청 당시 30호 이상으로서 대통령령으로 정하는 호수 이상의 공공지원민간임대주택을 건설하는 사업에 대하여 「국토의 계획 및 이용에 관한 법률」에 따라 해당 지방자치단체의 조례로 정한 용적률 또는 지구단위계획으로 정한 용적률(이하 "기준용적률"이라 한다)보다 완화된 제21조제2호에 따른 용적률(이하 "완화용적률"이라 한다)을 적용하는 경우 승인권자 등은 시ㆍ도지사 및 임대사업자와 협의하여 임대사업자에게 다음 각 호의 어느 하나에 해당하는 조치를 명할 수 있다. 다만, 다른 법령에서 임대사업자에게 부여한 이행 부담이 있는 경우에는 본문에 따른 조치를 감면하여야 한다. 〈개정 2020. 4. 7.〉

1. 임대사업자는 완화용적률에서 기준용적률을 뺀 용적률의 50퍼센트 이하의 범위에서 해당 지방자치단체의 조례로 정하는 비율을 곱하여 증가하는 면적에 해당하는 임대주택을 건설하여 시ㆍ도지사에게 공급하여야 한다. 이 경우 주택의 공급가격은 「공공주택 특별법」 제50조의3제1항에 따른 공공건설임대주택의 분양전환가격 산정기준에서 정하는 건축비로 하고, 그 부속토지는 시ㆍ도지사에게 기부채납한 것으로 본다.

2. 임대사업자는 완화용적률에서 기준용적률을 뺀 용적률의 50퍼센트 이하의 범위에서 해당 지방자치단체의 조례로 정하는 비율을 곱하여 증가하는 면적에 해당하는 주택의 부속토지에 해당하는 가격

을 시·도지사에게 현금으로 납부하여야 한다. 이 경우 토지의 가격은 사업계획승인 또는 건축허가 신청 당시 표준지공시지가를 기준으로 「감정평가 및 감정평가사에 관한 법률」 제2조제4호에 따른 감정평가법인등(이하 "감정평가법인등"이라 한다)이 평가한 금액으로 한다.

3. 임대사업자는 완화용적률에서 기준용적률을 뺀 용적률의 100퍼센트 이하의 범위에서 해당 지방자치단체의 조례로 정하는 비율을 곱하여 증가하는 면적의 범위에서 주거지원대상자에게 공급하는 임대주택을 건설하거나 복합지원시설을 설치하여야 한다.

4. 임대사업자는 완화용적률에서 기준용적률을 뺀 용적률의 50퍼센트 이하의 범위에서 해당 지방자치단체의 조례로 정하는 비율을 곱하여 증가하는 면적에 해당하는 임대주택을 건설하여 주거지원대상자에게 20년 이상 민간임대주택으로 공급하여야 한다.

② 제1항제2호에 따라 임대사업자가 납부한 현금은 「주택법」 제84조에 따라 설치되는 국민주택사업특별회계의 재원으로 귀속된다.

③ 제1항 및 제2항에서 규정한 사항 외에 시·도지사에게 주택을 공급하는 절차, 토지의 가격 산정 절차, 현금납부 방법, 설치된 복합지원시설의 운영 등 필요한 사항은 대통령령으로 정한다.

[본조신설 2018. 1. 16.]

제21조의3(용도지역의 변경 결정을 통하여 건설되는 주택의 공급 등) 공공지원민간임대주택의 공급확대를 위하여 「국토의 계획 및 이용에 관한 법률」 제30조에 따라 해당 용도지역을 용적률이 완화되는 용도지역으로 변경 결정하고 사업계획승인 또는 건축허가를 하는 경우 임대주택의 건설, 공급, 부속토지의 현금 납부, 복합지원시설의 설치 등에 관하여는 제21조의2를 준용한다. 이 경우 "기준용적률"은 "용도지역 변경 전에 조례 또는 지구단위계획에서 정한 용적률"로, "완화용적률"은 "용도지역 변경 후 승인권자등이 사업계획승인 또는 건축허가 시 적용한 용적률"로 본다.

[본조신설 2018. 1. 16.]

제4장 공공지원민간임대주택 공급촉진지구 〈개정 2018. 1. 16.〉

제22조(촉진지구의 지정) ① 시·도지사는 공공지원민간임대주택이

원활하게 공급될 수 있도록 공공지원민간임대주택 공급촉진지구(이하 "촉진지구"라 한다)를 지정할 수 있다. 이 경우 촉진지구는 다음 각 호의 요건을 모두 갖추어야 한다. 〈개정 2018. 1. 16., 2019. 4. 23.〉

1. 촉진지구에서 건설·공급되는 전체 주택 호수의 50퍼센트 이상이 공공지원민간임대주택으로 건설·공급될 것

2. 촉진지구의 면적은 5천제곱미터 이상의 범위에서 대통령령으로 정하는 면적 이상일 것. 다만, 역세권등에서 촉진지구를 지정하는 경우 1천제곱미터 이상의 범위에서 해당 지방자치단체가 조례로 정하는 면적 이상이어야 한다.

3. 유상공급 토지면적(도로, 공원 등 관리청에 귀속되는 공공시설 면적을 제외한 면적을 말한다. 이하 이 호에서 같다) 중 주택건설 용도가 아닌 토지로 공급하는 면적이 유상공급 토지면적의 50퍼센트를 초과하지 아니할 것

② 삭제 〈2018. 1. 16.〉

③ 국토교통부장관은 제1항에도 불구하고 국민의 주거안정을 위하여 공공지원민간임대주택을 건설·공급할 필요가 있는 경우에는 촉진지구를 지정할 수 있다. 〈개정 2017. 1. 17., 2018. 1. 16.〉

④ 제1항 및 제3항에 따른 촉진지구의 지정기준, 지정절차 등 필요한 사항은 대통령령으로 정한다. 〈개정 2017. 1. 17., 2018. 1. 16.〉

제23조(시행자) ① 제22조에 따라 촉진지구를 지정할 수 있는 자(이하 "지정권자"라 한다)는 다음 각 호의 자 중에서 공공지원민간임대주택 개발사업의 시행자(이하 "시행자"라 한다)를 지정한다. 〈개정 2017. 1. 17., 2018. 1. 16.〉

1. 촉진지구에서 국유지·공유지를 제외한 토지 면적의 50퍼센트 이상에 해당하는 토지를 소유한 임대사업자

2. 「공공주택 특별법」 제4조제1항 각 호에 해당하는 자

② 시행자가 할 수 있는 공공지원민간임대주택 개발사업의 범위는 다음 각 호와 같다. 다만, 제1항제2호에 해당하는 시행자는 이 항 제2호에 따른 주택건설사업 중 공공지원민간임대주택 건설사업을 시행할 수 없다. 〈신설 2018. 1. 16.〉

1. 촉진지구 조성사업

2. 공공지원민간임대주택 건설사업 등 주택건설사업

③ 지정권자는 촉진지구 조성사업의 시행자를 지정하는 경우 제1항 각 호에 해당하는 자를 공동시행자로 지정할 수 있다. 〈개정 2018. 1. 16.〉

④ 제1항 각 호에 해당하는 자 또는 촉진지구 안에서 국유지·공유지를 제외한 토지면적의 50퍼센트 이상에 해당하는 토지소유자의 동의를 받은 자는 지정권자에게 촉진지구의 지정을 제안할 수 있다. 이 경우 지정권자는 그 지정을 제안한 자가 제1항제1호의 요건을 갖춘 경우에 우선적으로 시행자로 지정할 수 있다. 〈개정 2017. 1. 17., 2018. 1. 16.〉

⑤ 지정권자는 다음 각 호의 어느 하나에 해당하는 경우에는 시행자를 변경할 수 있다. 〈신설 2017. 1. 17., 2018. 1. 16., 2020. 12. 22.〉

1. 시행자가 출자한 「부동산투자회사법」 제2조제1호에 따른 부동산투자회사로 시행자 변경을 요청하는 경우

2. 시행자의 부도·파산, 사정 변경 등 대통령령으로 정하는 사유로 촉진지구 사업 추진이 곤란하여 시행자를 공공기관 또는 지방공사로 변경하는 경우

3. 제40조제1항에 따라 지구계획 승인이 취소되어 시행자를 공공기관 또는 지방공사로 변경하는 경우

⑥ 제1항제2호에 따른 자가 시행자인 경우 지정권자는 촉진지구에 복합지원시설을 건설·운영하도록 요청할 수 있다. 이 경우 시행자는 대통령령으로 정하는 바에 따라 복합지원시설의 설치·운영계획을 수립하여야 한다. 〈신설 2018. 1. 16.〉

⑦ 그 밖에 촉진지구 지정·변경 및 해제의 제안절차, 제출서류, 동의자 수의 산정방법 및 동의절차 등에 필요한 사항은 국토교통부령으로 정한다. 〈개정 2017. 1. 17., 2018. 1. 16.〉

제24조(촉진지구의 지정 절차) ① 지정권자가 제22조에 따라 촉진지구를 지정하는 경우에는 관계 중앙행정기관의 장 및 관할 지방자치단체의 장과 협의하여야 한다. 촉진지구를 변경하는 경우에도 또한 같다. 〈개정 2017. 1. 17.〉

② 지정권자가 제1항에 따라 협의를 하는 경우 다음 각 호에서 정한 협의를 별도로 하여야 한다. 이 경우 협의기간은 30일 이내로 한다. 〈개정 2017. 10. 24.〉

1. 「환경영향평가법」 제16조에 따른 전략환경영향평가 협의(「자연환경보전법」 제28조에 따른 자연경관영향 협의를 포함한다)

2. 「자연재해대책법」에 따른 재해영향평가등의 협의

③ 지정권자가 촉진지구를 지정하려면 「국토의 계획 및 이용에 관한 법률」 제106조에 따른 중앙도시계획위원회(이하 "중앙도시계획위원회"라 한다) 또는 같은 법 제113조에 따른 시·도도시계획위원회(이하 "시·도도시계획위원회"라 한다)의 심의를 거쳐야 하며, 이 경우 같은 법 제8조 및 제9조는 적용하지 아니한다. 다만, 촉진지구의 면적을 10퍼센트 범위에서 증감하는 경우 등 대통령령으로 정하는 경미한 사항은 심의를 거치지 아니하여도 된다.

제25조(주민 등의 의견청취) ① 지정권자는 촉진지구를 지정하려면 대통령령으로 정하는 바에 따라 주민 및 관계 전문가 등의 의견을 들어야 한다. 촉진지구 면적 등 대통령령으로 정하는 중요 사항을 변경하는 경우에도 또한 같다. 〈개정 2017. 1. 17.〉

② 지정권자는 제1항에 따른 의견 청취와 「환경영향평가법」 제13조에 따른 전략환경영향평가를 위한 주민 등의 의견 수렴을 동시에 할 수 있다.

제26조(촉진지구 지정 등의 고시 등) ① 지정권자는 촉진지구를 지정한 경우 위치·면적, 시행자, 사업의 종류, 수용 또는 사용할 「공익사업을 위한 토지 등의 취득 및 보상에 관한 법률」 제3조에서 정하는 토지·물건 및 권리(이하 "토지등"이라 한다)의 세목 등을 대통령령으로 정하는 바에 따라 관보 또는 공보에 고시하고, 관계 서류의 사본을 시장·군수·구청장에게 송부하여야 하며 「토지이용규제 기본법」 제8조에 따라 지형도면을 고시하여야 한다. 촉진지구를 변경한 경우에도 또한 같다. 〈개정 2017. 1. 17.〉

② 제1항에 따라 관계 서류의 사본을 송부받은 시장·군수·구청장은 이를 일반인이 열람할 수 있도록 하여야 한다.

③ 제25조제1항에 따라 촉진지구의 지정 또는 변경에 관한 주민 등의 의견청취 공고 등이 있는 지역 및 촉진지구 내에서 건축물의 건축 등 대통령령으로 정하는 행위를 하고자 하는 자는 시장·군수·구청장의 허가를 받아야 한다. 허가받은 사항을 변경하는 경우에도 또한 같다. 〈개정 2017. 1. 17.〉

④ 다음 각 호의 어느 하나에 해당하는 행위는 제3항에도 불구하

고 허가를 받지 아니하고 할 수 있다.

1. 재해복구 또는 재난수습에 필요한 응급조치를 위하여 하는 행위

2. 그 밖에 경작을 위한 토지의 형질 변경 등 대통령령으로 정하는 행위

⑤ 제3항에 따라 허가를 받아야 하는 행위로서 제25조제1항에 따른 의견청취 공고 당시 또는 촉진지구의 지정·고시 당시에 이미 관계 법령에 따라 행위허가를 받았거나 그 공사 또는 사업에 착수한 자는 대통령령으로 정하는 바에 따라 시장·군수·구청장에게 신고한 후 이를 계속 시행할 수 있다. 〈개정 2017. 1. 17.〉

⑥ 시장·군수·구청장은 제3항을 위반한 자에 대하여 원상회복을 명할 수 있다. 이 경우 명령을 받은 자가 그 의무를 이행하지 아니하는 때에는 「행정대집행법」에 따라 대집행할 수 있다.

⑦ 제3항에 따른 허가에 관하여 이 법에서 규정한 것을 제외하고는 「국토의 계획 및 이용에 관한 법률」 제57조부터 제60조까지 및 제62조를 준용한다. 〈신설 2017. 1. 17.〉

⑧ 제3항에 따라 허가를 받은 경우에는 「국토의 계획 및 이용에 관한 법률」 제56조에 따라 허가를 받은 것으로 본다. 〈신설 2017. 1. 17.〉

⑨ 제1항에 따라 촉진지구가 지정·고시된 경우 「국토의 계획 및 이용에 관한 법률」 제6조제1호에 따른 도시지역과 같은 법 제50조에 따른 지구단위계획구역(이하 "지구단위계획구역"이라 한다)으로 결정되어 고시된 것으로 본다. 〈개정 2017. 1. 17.〉

제27조(촉진지구 지정의 해제) ① 지정권자는 다음 각 호의 어느 하나에 해당하는 경우에는 촉진지구의 지정을 해제할 수 있다. 〈개정 2018. 1. 16.〉

1. 촉진지구가 지정고시된 날부터 2년 이내에 제28조에 따른 지구계획 승인을 신청하지 아니하는 경우

2. 공공지원민간임대주택 개발사업이 완료된 경우

② 제1항에 따라 촉진지구의 지정이 해제되는 경우 지정권자는 대통령령으로 정하는 바에 따라 관보 또는 공보에 고시하고, 다음 각 호의 구분에 따라 조치하여야 한다.

1. 국토교통부장관: 관계 행정기관의 장 및 관할 시·도지사에게 통보할 것. 이 경우 통보를 받은 시·도지사는 관할 시장·군수·구

청장에게 통보하여야 하고, 통보를 받은 시장·군수·구청장은 관계 서류의 사본을 일반인에게 공람시켜야 한다.

2. 시·도지사: 국토교통부장관, 관계 행정기관의 장 및 관할 시장·군수·구청장에게 통보할 것. 이 경우 지정권자인 특별자치시장·특별자치도지사 및 통보를 받은 시장·군수·구청장은 관계 서류의 사본을 일반인에게 공람시켜야 한다.

③ 제1항제1호의 사유로 촉진지구가 해제고시된 경우 「국토의 계획 및 이용에 관한 법률」에 따른 용도지역·용도지구·용도구역, 지구단위계획구역 및 도시·군계획시설은 각각 지정 당시로 환원된 것으로 본다. 다만, 해제하는 당시 이미 사업이나 공사에 착수한 경우 등 해제 고시에서 별도로 정하는 도시·군계획시설은 그 사업이나 공사를 계속할 수 있다.

제28조(지구계획 승인 등) ① 시행자는 대통령령으로 정하는 바에 따라 다음 각 호의 내용을 포함한 공공지원민간임대주택 공급촉진지구계획(이하 "지구계획"이라 한다)을 작성하여 지정권자의 승인을 받아야 한다. 승인받은 지구계획을 변경(대통령령으로 정하는 경미한 사항의 변경은 제외한다)하는 경우에도 또한 같다. 〈개정 2017. 1. 17., 2018. 1. 16.〉

1. 지구계획의 개요
2. 사업시행자의 성명 또는 명칭(주소와 대표자의 성명을 포함한다)
3. 사업 시행기간 및 재원조달 계획
4. 토지이용계획 및 개략설계도서
5. 인구·주택 수용계획
6. 교통·공공·문화체육시설 등을 포함한 기반시설 설치 계획
7. 환경보전 및 탄소저감 등 환경계획
8. 그 밖에 지구단위계획 등 대통령령으로 정하는 사항

② 지정권자는 지구계획에 따른 기반시설 확보를 위하여 필요한 부지 또는 설치비용의 전부 또는 일부를 시행자에게 부담시킬 수 있다. 이 경우 기반시설의 부지 또는 설치비용의 부담은 건축제한의 완화에 따른 토지가치상승분(감정평가법인등이 건축제한 완화 전·후에 대하여 각각 감정평가한 토지가액의 차이를 말한다)을 초과하지 아니하도록 한다. 〈개정 2016. 1. 19., 2018. 1. 16., 2020. 4. 7.〉

③ 지정권자가 제1항에 따라 지구계획을 승인하는 경우 시행자의

요청이 있으면 제32조에 따른 공공지원민간임대주택 통합심의위원회의 심의를 거쳐야 한다. 〈개정 2018. 1. 16.〉

④ 지정권자가 제1항에 따라 지구계획을 승인 또는 변경승인하려는 경우에는 관할 지방자치단체의 장의 의견을 들어야 한다. 다만, 시행자가 미리 관할 지방자치단체의 장과 협의한 경우에는 그러하지 아니하다. 〈신설 2023. 8. 16.〉

⑤ 제4항에 따른 의견을 요청받은 관할 지방자치단체의 장은 요청받은 날부터 30일 내에 의견을 제출하여야 하며, 그 기간 동안 의견을 제출하지 아니하면 의견이 없는 것으로 본다. 〈신설 2023. 8. 16.〉

⑥ 지정권자는 제1항에 따라 지구계획을 승인한 때에는 대통령령으로 정하는 바에 따라 관보 또는 공보에 고시하고, 관계 서류의 사본을 시장·군수·구청장에게 송부하여야 하며, 이를 송부받은 시장·군수·구청장은 이를 일반인이 열람할 수 있도록 하여야 한다. 〈개정 2023. 8. 16.〉

⑦ 제6항에 따라 관계 서류의 사본을 송부받은 시장·군수·구청장은 관계 서류에 도시·군관리계획결정사항이 포함되어 있는 경우에는 「국토의 계획 및 이용에 관한 법률」 제32조 및 「토지이용규제 기본법」 제8조에 따라 지형도면 작성에 필요한 조치를 하여야 한다. 이 경우 시행자는 지형도면 고시에 필요한 서류를 시장·군수·구청장에게 제출하여야 한다. 〈개정 2023. 8. 16.〉

제28조의2(촉진지구 조성사업에 관한 공사의 감리) ① 제28조제6항에 따라 지구계획 서류의 사본을 송부 받은 시장·군수·구청장은 「건설기술 진흥법」에 따른 건설엔지니어링사업자 또는 「건축사법」에 따른 건축사를 촉진지구 조성사업의 공사에 대한 감리를 하는 자로 지정하고 지도·감독하여야 한다. 다만, 시행자가 제23조제1항제2호에 해당하는 자인 경우에는 그러하지 아니하다. 〈개정 2021. 3. 16., 2023. 8. 16.〉

② 제1항에도 불구하고 촉진지구 조성사업을 「주택법」 제15조에 따른 주택건설사업계획 승인대상 공사 또는 「건축법」에 따른 감리대상인 공사와 함께 시행하는 경우에는 「주택법」 등 관련 법령에서 정하는 바에 따른다.

[본조신설 2018. 1. 16.]

제29조(다른 법률에 따른 인가 · 허가 등의 의제) ① 제28조에 따른 지구계획의 승인 · 승인고시 또는 변경승인 · 변경승인고시가 있는 때에는 다음 각 호의 승인 · 허가 · 인가 · 결정 · 신고 · 지정 · 면허 · 협의 · 동의 · 해제 · 심의 등(이하 "인 · 허가등"이라 한다)을 받은 것으로 보며, 지구계획 승인고시 또는 변경승인고시가 있는 때에는 다음 각 호의 법률에 따른 인 · 허가등의 고시 또는 공고가 있는 것으로 본다. 〈개정 2016. 12. 27., 2017. 1. 17., 2018. 1. 16., 2020. 3. 31., 2022. 12. 27.〉

1. 「공유수면 관리 및 매립에 관한 법률」 제8조에 따른 공유수면의 점용 · 사용허가, 같은 법 제28조에 따른 공유수면의 매립면허, 같은 법 제35조에 따른 국가 등이 시행하는 매립의 협의 또는 승인 및 같은 법 제38조에 따른 공유수면매립실시계획의 승인 · 고시

2. 「공유재산 및 물품 관리법」 제20조에 따른 사용 · 수익허가

3. 「관광진흥법」 제54조에 따른 조성계획의 승인, 같은 법 제55조에 따른 조성사업시행의 허가

4. 「광업법」 제24조에 따른 광업권설정의 불허가처분, 같은 법 제34조에 따른 광업권 취소처분 또는 광구 감소처분

5. 「국유재산법」 제30조에 따른 행정재산의 사용허가(허가기간은 공공지원민간임대주택 개발사업 준공 시까지로 한다)

6. 「국토의 계획 및 이용에 관한 법률」 제30조에 따른 도시 · 군관리계획의 결정, 같은 법 제50조에 따른 지구단위계획의 결정, 같은 법 제56조에 따른 개발행위의 허가, 같은 법 제86조에 따른 도시 · 군계획시설사업의 시행자의 지정, 같은 법 제88조에 따른 실시계획의 작성 및 인가, 같은 법 제118조에 따른 토지거래계약에 관한 허가

7. 「농어촌정비법」 제23조에 따른 농업생산기반시설의 사용허가

8. 「농지법」 제34조에 따른 농지전용(農地轉用)의 허가 또는 협의, 같은 법 제35조에 따른 농지의 전용신고, 같은 법 제36조에 따른 농지의 타용도 일시사용허가 · 협의, 같은 법 제40조에 따른 용도변경의 승인

9. 「대기환경보전법」 제23조에 따른 배출시설의 설치 허가 및 신고

10. 「도로법」 제36조에 따른 도로공사 시행의 허가, 같은 법 제

61조에 따른 도로의 점용 허가

11. 「도시개발법」 제3조에 따른 도시개발구역의 지정, 같은 법 제4조에 따른 개발계획의 수립 및 변경, 같은 법 제11조에 따른 사업시행자의 지정, 같은 법 제17조에 따른 실시계획의 작성 및 인가, 같은 법 제26조에 따른 조성토지등의 공급 계획 제출, 같은 법 제53조에 따른 조성토지등의 준공 전 사용의 허가

12. 「사도법」 제4조에 따른 사도(私道)의 개설허가

13. 「사방사업법」 제14조에 따른 벌채 등의 허가, 같은 법 제20조에 따른 사방지(砂防地) 지정의 해제

14. 「산림자원의 조성 및 관리에 관한 법률」 제36조제1항 · 제5항에 따른 입목벌채등의 허가 · 신고

15. 「산지관리법」 제14조 · 제15조에 따른 산지전용허가 및 산지전용신고, 같은 법 제15조의2에 따른 산지일시사용허가 · 신고, 같은 법 제25조에 따른 토석채취허가

16. 「소음 · 진동관리법」 제8조에 따른 배출시설 설치 허가 및 신고

17. 「소하천정비법」 제10조에 따른 소하천공사 시행의 허가, 같은 법 제14조에 따른 소하천 점용 등의 허가

18. 「수도법」 제17조 또는 제49조에 따른 수도사업의 인가, 같은 법 제52조 또는 제54조에 따른 전용상수도 또는 전용공업용수도의 설치 인가

19. 「물환경보전법」 제33조에 따른 배출시설의 설치 허가 및 신고

20. 「에너지이용 합리화법」 제10조에 따른 에너지사용계획의 협의

21. 「유통산업발전법」 제8조에 따른 대규모점포의 개설등록

22. 「장사 등에 관한 법률」 제27조제1항에 따른 무연분묘의 개장허가

23. 「전기안전관리법」 제8조에 따른 자가용전기설비의 공사계획의 인가 또는 신고

24. 「집단에너지사업법」 제4조에 따른 집단에너지의 공급 타당성에 관한 협의

25. 「공간정보의 구축 및 관리 등에 관한 법률」 제86조제1항에 따른 사업의 착수 · 변경 또는 완료의 신고

26. 「체육시설의 설치 · 이용에 관한 법률」 제12조에 따른 사업계획의 승인

27. 「초지법」 제21조의2에 따른 토지의 형질변경 등의 허가, 같은 법 제23조에 따른 초지전용의 허가

28. 「하수도법」 제16조에 따른 공공하수도공사 시행의 허가, 같은 법 제24조에 따른 공공하수도의 점용허가

29. 「하천법」 제30조에 따른 하천공사 시행의 허가 및 하천공사 실시계획의 인가, 같은 법 제33조에 따른 하천의 점용허가, 같은 법 제50조에 따른 하천수의 사용허가

② 시행자는 제1항에 따른 인 · 허가등의 의제를 받으려는 경우에는 해당 법률에서 정하는 서류를 제출하여야 한다.

③ 지정권자는 제1항 각 호의 어느 하나에 해당하는 사항이 포함되어 있는 지구계획을 승인하고자 하는 경우에는 시행자가 제출한 관계 서류를 첨부하여 미리 관계 행정기관의 장과 협의하여야 한다. 이 경우 관계 행정기관의 장은 협의요청을 받은 날부터 30일 이내에 의견을 제출하여야 하며 같은 기간 이내에 의견제출이 없는 경우에는 의견이 없는 것으로 본다.

제30조(관계 법률에 관한 특례) ① 제23조제1항제1호에 해당하는 자가 제안하는 촉진지구를 지정하기 위하여 「국토의 계획 및 이용에 관한 법률」 제2조제3호에 따른 도시 · 군기본계획의 변경이 필요한 경우 시 · 도지사는 공청회, 지방의회 의견청취 등을 동시에 실시하여 90일 이내의 범위에서 대통령령으로 정하는 기간 이내에 변경 여부를 결정하여야 한다. 〈개정 2018. 1. 16.〉

② 제23조제1항제2호에 해당하는 자가 제안하는 촉진지구를 지정, 변경 또는 해제하기 위하여 도시 · 군기본계획의 변경이 필요한 경우 지정권자가 촉진지구의 지정, 변경 또는 해제를 고시한 때에는 「국토의 계획 및 이용에 관한 법률」 제18조, 제22조 및 제22조의2에 따라 도시 · 군기본계획의 변경이 확정되거나 도지사의 승인을 받은 것으로 본다. 〈신설 2018. 1. 16.〉

③ 제28조에 따라 지구계획이 승인된 때에는 국토교통부장관과 특별시장 · 광역시장 · 특별자치시장 · 특별자치도지사 · 시장 · 군수(광역시의 군수는 제외한다. 이하 이 조에서 같다)는 이를 「수도법」 제5조에 따른 수도정비계획에 우선적으로 반영하여야 한다. 이 경우 기후에너지환경부장관은 정당한 사유가 없으면 관할 특별시장 · 광역시장 · 특별자치시장 · 특별자치도지사 · 시장 · 군수로부터 수도정비계

획 승인 신청을 접수한 날부터 30일 이내에 수도정비계획을 승인하여야 한다. 〈개정 2018. 1. 16., 2022. 1. 11., 2025. 10. 1.〉

④ 제28조에 따라 지구계획이 승인된 때에는 특별시장·광역시장·특별자치시장·특별자치도지사·시장·군수는 이를 「하수도법」 제5조 및 제6조에 따른 하수도정비기본계획에 우선적으로 반영하여야 한다. 이 경우 기후에너지환경부장관은 정당한 사유가 없으면 관할 특별시장·광역시장·특별자치시장·특별자치도지사·시장·군수로부터 하수도정비기본계획 승인 신청을 접수한 날부터 40일 이내에 하수도정비기본계획을 승인하여야 한다. 〈개정 2018. 1. 16., 2025. 10. 1.〉

제31조(개발제한구역에 관한 특례) ① 「개발제한구역의 지정 및 관리에 관한 특별조치법」 제3조제1항에 따라 해제할 필요가 있는 개발제한구역에 촉진지구 지정이 필요한 경우 제23조제1항제2호에 해당하는 시행자는 개발제한구역의 해제를 위한 도시·군관리계획의 변경을 지정권자에게 제안할 수 있다. 이 경우 지정권자는 촉진지구 지정 절차와 함께 개발제한구역 해제 절차를 진행하거나 이를 관계 기관에 요청할 수 있다. 〈개정 2018. 1. 16.〉

② 다음 각 호의 어느 하나에 해당하는 경우에는 개발제한구역에서 해제된 지역이 개발제한구역으로 환원된 것으로 본다.

1. 제1항에 따른 개발제한구역 해제에 관한 도시·군관리계획이 결정·고시된 날부터 2년 이내에 제28조에 따른 지구계획이 수립·고시되지 아니한 경우

2. 제27조제1항제1호에 따라 촉진지구가 해제된 경우

③ 국토교통부장관은 제2항에 따라 개발제한구역으로 환원된 사실을 대통령령으로 정하는 바에 따라 고시하고, 그 지역을 관할하는 시·도지사에게 통보하여야 한다.

제32조(공공지원민간임대주택 통합심의위원회) ① 지정권자는 도시계획·건축·환경·교통·재해 등 지구계획 승인과 관련된 다음 각 호의 사항을 검토 및 심의하기 위하여 공공지원민간임대주택 통합심의위원회(이하 "통합심의위원회"라 한다)를 둔다. 〈개정 2017. 10. 24., 2018. 1. 16.〉

1. 「국토의 계획 및 이용에 관한 법률」에 따른 도시·군관리계획 관련 사항

2. 「대도시권 광역교통 관리에 관한 특별법」에 따른 광역교통개선대책

3. 「도시교통정비 촉진법」에 따른 교통영향평가

4. 「산지관리법」에 따라 촉진지구에 속한 산지의 이용계획

5. 「에너지이용 합리화법」에 따른 에너지사용계획

6. 「자연재해대책법」에 따른 재해영향평가등

7. 「교육환경 보호에 관한 법률」에 따른 교육환경에 대한 평가

8. 「경관법」에 따른 사전경관계획

9. 「건축법」에 따른 건축 심의

10. 그 밖에 지정권자가 필요하다고 인정하여 통합심의위원회의 회의에 부치는 사항

② 통합심의위원회는 위원장 1명, 부위원장 1명을 포함하여 24명 이내의 위원으로 구성한다.

③ 통합심의위원회의 위원은 다음 각 호의 사람이 되고, 위원장은 제2호에 해당하는 사람 중 위원들이 호선하는 사람으로 한다. 〈개정 2017. 1. 17., 2017. 10. 24., 2018. 1. 16.〉

1. 국토교통부, 관계 행정기관(제24조제1항에 따라 사전협의를 거치는 기관을 말한다) 또는 지정권자 소속의 관계 부서의 장으로서 대통령령으로 정하는 공무원

2. 도시계획 · 건축 · 교통 · 환경 · 재해 분야 등의 전문가로서 택지개발 및 주택사업에 관한 학식과 경험이 풍부한 사람 중 지정권자가 위촉하는 사람

3. 중앙도시계획위원회(국토교통부장관이 촉진지구를 지정한 경우에 한정한다) 또는 시 · 도도시계획위원회의 위원 중 도시계획전문가 · 설계전문가 · 환경전문가 각 1명 이상을 포함하여 해당 위원회의 위원장이 추천하는 사람

4. 「국가통합교통체계효율화법」에 따른 국가교통위원회 또는 지방교통위원회의 위원 중 해당 위원회의 위원장이 추천하는 사람

5. 「도시교통정비 촉진법」에 따른 교통영향평가심의위원회의 위원 중 해당 위원회의 위원장이 추천하는 사람

6. 「산지관리법」에 따라 해당 주택지구에 속한 산지의 이용계획에 대하여 심의권한을 가진 산지관리위원회의 위원 중 해당 위원회의 위원장이 추천하는 사람

7. 「에너지이용 합리화법」에 따른 에너지사용계획에 대하여 심의 권한을 가진 위원회의 위원 중 해당 위원회의 위원장이 추천하는 사람

8. 「자연재해대책법」에 따른 재해영향평가심의위원회의 위원 중 해당 위원회의 위원장이 추천하는 사람

9. 「교육환경 보호에 관한 법률」에 따른 시·도교육환경보호위원회의 위원 중 해당 위원회의 위원장이 추천하는 사람

10. 「경관법」에 따른 경관위원회의 위원 중 해당 위원회의 위원장이 추천하는 사람

11. 「건축법」에 따른 건축위원회의 위원 중 해당 위원회의 위원장이 추천하는 사람

④ 통합심의위원회의 회의는 재적위원 과반수의 출석으로 개의하고, 출석위원 과반수의 찬성으로 의결한다.

⑤ 통합심의위원회는 회의내용을 녹취하고 회의록을 작성하여야 한다.

⑥ 통합심의를 받고자 하는 시행자는 대통령령으로 정하는 바에 따라 제1항 각 호와 관련된 서류를 제출하여야 하며 통합심의위원회에 최종의견서를 제출할 수 있다.

⑦ 통합심의위원회는 지구계획의 승인과 관련된 사항, 시행자의 최종의견서, 관계 기관 의견서 등을 종합적으로 검토하여 심의하여야 한다. 이 경우 정당한 사유가 없으면 지정권자는 심의 결과를 반영하여 지구계획을 승인하여야 한다.

⑧ 통합심의위원회의 검토 및 심의를 거친 경우에는 다음 각 호에서 정한 위원회의 검토 및 심의를 거친 것으로 본다. 〈개정 2017. 10. 24., 2018. 1. 16.〉

1. 중앙도시계획위원회(국토교통부장관이 촉진지구를 지정한 경우에 한정한다) 및 시·도도시계획위원회

2. 「국가통합교통체계효율화법」에 따른 국가교통위원회

3. 「도시교통정비 촉진법」에 따른 교통영향평가심의위원회

4. 「산지관리법」에 따른 산지관리위원회

5. 「에너지이용 합리화법」에 따른 에너지사용계획에 대하여 심의 권한을 가진 위원회

6. 「자연재해대책법」에 따른 재해영향평가심의위원회

7. 「교육환경 보호에 관한 법률」에 따른 시·도교육환경보호위원회
8. 「경관법」에 따른 경관위원회
9. 「건축법」에 따른 건축위원회. 다만, 제33조에 따라 촉진지구 지정과 동시에 지구계획 승인, 사업계획승인(건축허가를 포함한다)을 동시에 진행하는 경우에 한정한다.
[제목개정 2018. 1. 16.]

제33조(촉진지구 지정절차에 관한 특례) ① 촉진지구가 10만제곱미터 이하의 범위에서 대통령령으로 정하는 면적 이하인 경우 시행자는 촉진지구 지정을 신청할 때 다음 각 호의 승인 또는 허가를 포함하여 신청할 수 있다. 이 경우 지정권자는 촉진지구 지정과 통합하여 승인 또는 허가를 하여야 한다. 〈개정 2016. 1. 19.〉
1. 제28조에 따른 지구계획 승인
2. 「주택법」 제15조에 따른 사업계획승인
3. 「건축법」 제11조에 따른 건축허가
② 지정권자는 「국토의 계획 및 이용에 관한 법률」 제36조제1항에 따른 녹지지역이 아닌 도시지역으로서 대통령령으로 정하는 지역에서 제1항에 따라 촉진지구 지정과 지구계획을 통합 승인하기 위하여 통합심의위원회 심의를 거친 경우에는 제24조제3항에 따른 중앙도시계획위원회 또는 시·도도시계획위원회의 심의를 생략할 수 있다. 〈신설 2018. 1. 16.〉
③ 지정권자는 「국토의 계획 및 이용에 관한 법률」 제36조제1항제1호가목에 따른 주거지역 안에서 10만제곱미터 이하의 범위에서 대통령령으로 정하는 면적 이하의 촉진지구를 지정 또는 변경하는 경우에는 중앙도시계획위원회 또는 시·도도시계획위원회의 심의를 생략할 수 있다. 〈개정 2018. 1. 16.〉
④ 시행자가 제3항에 따른 촉진지구의 지정 또는 변경을 제안할 때에는 토지이용계획 등 대통령령으로 정하는 사항을 포함하여야 한다. 〈개정 2018. 1. 16.〉
⑤ 제2항 및 제3항에 따라 지정되는 촉진지구에 대하여는 「국토의 계획 및 이용에 관한 법률」 제8조, 제9조 및 제59조를 적용하지 아니한다. 〈개정 2018. 1. 16.〉

제34조(토지등의 수용 등) ① 시행자는 촉진지구 토지 면적의 3분의 2 이상에 해당하는 토지를 소유하고 토지 소유자 총수의 2분의 1

이상에 해당하는 자의 동의를 받은 경우 나머지 토지등을 수용 또는 사용할 수 있다. 다만, 제23조제1항제2호의 자가 시행자인 경우 본문의 요건을 적용하지 아니하고 수용 또는 사용할 수 있다.

② 촉진지구를 지정하여 고시한 때에는 「공익사업을 위한 토지 등의 취득 및 보상에 관한 법률」 제20조제1항 및 같은 법 제22조에 따른 사업인정 및 사업인정의 고시가 있는 것으로 본다. 〈개정 2017. 1. 17.〉

③ 재결신청은 제1항에 따른 토지를 확보한 후에 할 수 있으며, 「공익사업을 위한 토지 등의 취득 및 보상에 관한 법률」 제23조제1항 및 제28조제1항에도 불구하고 지구계획에서 정하는 사업시행기간 종료일까지 하여야 한다. 〈신설 2017. 1. 17.〉

④ 제1항에 따른 토지등의 수용 또는 사용에 관하여 동의 요건의 산정기준일, 동의자 수 산정방법 등 필요한 사항은 대통령령으로 정하고, 그 밖에 이 법에 특별한 규정이 있는 것을 제외하고는 「공익사업을 위한 토지 등의 취득 및 보상에 관한 법률」을 준용한다. 〈개정 2017. 1. 17.〉

제35조(촉진지구에서의 공공지원민간임대주택 건설에 관한 특례) ① 지정권자는 촉진지구에서 공공지원민간임대주택 건설의 원활한 시행을 위하여 다음 각 호의 완화된 기준을 적용한다. 〈개정 2017. 1. 17., 2018. 1. 16.〉

1. 「국토의 계획 및 이용에 관한 법률」 제76조에 따른 용도지역에서의 건축물 용도, 종류 및 규모 제한에도 불구하고 공공지원민간임대주택 외의 건축물 중 위락시설, 일반숙박시설 등 대통령령으로 정하는 시설을 제외하고는 설치를 허용. 다만, 제33조제3항에 따라 주거지역에 촉진지구를 지정하는 경우로서 용도지역별로 허용하는 범위를 초과하는 건축물을 설치하는 경우에는 통합심의위원회의 심의를 거쳐야 한다.

2. 「국토의 계획 및 이용에 관한 법률」 제77조에 따라 조례로 정한 건폐율에도 불구하고 같은 조 및 관계 법령에 따른 건폐율의 상한까지 완화

3. 「국토의 계획 및 이용에 관한 법률」 제78조에 따라 조례로 정한 용적률에도 불구하고 같은 조 및 관계 법령에 따른 용적률의 상한까지 완화

4. 「건축법」 제2조제2항에 따른 건축물의 층수 제한을 대통령령으로 정하는 바에 따라 완화

② 지정권자는 촉진지구에서 공공지원민간임대주택 건설의 원활한 시행을 위하여 다음 각 호에 따른 관계 규정에도 불구하고 대통령령으로 정하는 범위에서 완화된 기준을 적용한다. 〈개정 2016. 1. 19., 2018. 1. 16.〉

1. 「건축법」 제42조, 제60조 및 제61조에 따른 대지의 조경, 건축물의 높이 등 건축 제한

2. 「도시공원 및 녹지 등에 관한 법률」 제14조에 따른 도시공원 또는 녹지 확보 기준

3. 「주택법」 제35조에 따른 주택건설기준

③ 국가, 지방자치단체, 한국토지주택공사 또는 지방공사가 조성한 토지에 공공지원민간임대주택을 건설하기 위하여 지구단위계획을 변경한 경우에는 촉진지구로 지정하지 아니한 경우에도 제1항 및 제2항을 적용한다. 〈개정 2018. 1. 16.〉

[제목개정 2018. 1. 16.]

제35조의2(촉진지구에서의 용적률 완화 등을 통하여 건설되는 주택의 공급 등) 공공지원민간임대주택의 공급 촉진을 위하여 촉진지구에서 용적률을 완화하여 사업계획승인 또는 건축허가를 하는 경우 임대주택의 건설, 공급, 부속토지의 현금 납부, 복합지원시설의 설치 등에 관하여는 제21조의2를 준용한다. 이 경우 "승인권자등"은 "지정권자 또는 승인권자등"으로, "지구단위계획"은 "촉진지구 지정 전의 지구단위계획"으로 본다.

[본조신설 2018. 1. 16.]

제36조(「국유재산법」 등에 관한 특례) ① 국가와 지방자치단체는 「국유재산법」, 「공유재산 및 물품 관리법」, 그 밖의 관계 법률에도 불구하고 시행자에게 수의계약의 방법으로 국유재산 또는 공유재산을 사용허가하거나 매각·대부할 수 있다. 이 경우 국가와 지방자치단체는 사용허가 및 대부의 기간을 50년 이내로 할 수 있다.

② 제1항의 국유재산은 국토교통부장관이 관리하는 행정재산 중 본래의 기능을 유지하는 범위에서 사용하려는 철도, 유수지 및 주차장으로서 기획재정부장관과 협의를 거친 것에 한정한다.

③ 국가와 지방자치단체는 「국유재산법」 및 「공유재산 및 물품 관

리법」에도 불구하고 시행자에게 제1항에 따라 사용허가나 대부를 받은 국유재산 또는 공유재산에 영구시설물을 축조하게 할 수 있다. 이 경우 해당 영구시설물의 소유권은 국가, 지방자치단체 또는 그 밖의 관계 기관과 시행자 간에 별도의 합의가 없으면 그 국유재산 또는 공유재산을 반환할 때까지 시행자에게 귀속된다.

제36조(「국유재산법」 등에 관한 특례) ① 국가와 지방자치단체는 「국유재산법」, 「공유재산 및 물품 관리법」, 그 밖의 관계 법률에도 불구하고 시행자에게 수의계약의 방법으로 국유재산 또는 공유재산을 사용허가하거나 매각·대부할 수 있다. 이 경우 국가와 지방자치단체는 사용허가 및 대부의 기간을 50년 이내로 할 수 있다.

② 제1항의 국유재산은 국토교통부장관이 관리하는 행정재산 중 본래의 기능을 유지하는 범위에서 사용하려는 철도, 유수지 및 주차장으로서 재정경제부장관과 협의를 거친 것에 한정한다. 〈개정 2025. 10. 1.〉

③ 국가와 지방자치단체는 「국유재산법」 및 「공유재산 및 물품 관리법」에도 불구하고 시행자에게 제1항에 따라 사용허가나 대부를 받은 국유재산 또는 공유재산에 영구시설물을 축조하게 할 수 있다. 이 경우 해당 영구시설물의 소유권은 국가, 지방자치단체 또는 그 밖의 관계 기관과 시행자 간에 별도의 합의가 없으면 그 국유재산 또는 공유재산을 반환할 때까지 시행자에게 귀속된다.

[시행일: 2026. 1. 2.] 제36조제2항

제37조(지방이전 공공기관의 종전부동산 활용계획 변경) ① 매입공공기관이 「혁신도시 조성 및 발전에 관한 특별법」 제43조제5항에 따라 활용계획이 수립된 종전부동산의 전부 또는 일부를 공공지원민간임대주택 건설용으로 매각하려는 경우에는 국토교통부장관에게 종전부동산 활용계획의 변경을 요청할 수 있다. 〈개정 2017. 12. 26., 2018. 1. 16.〉

② 제1항에 따라 요청을 받은 국토교통부장관은 종전부동산 소재지를 관할하는 시·도지사 및 시장·군수·구청장과 협의하고, 「수도권정비계획법」 제21조에 따른 수도권정비위원회 심의를 거쳐 종전부동산 활용계획을 변경할 수 있다.

제38조(준공된 사업지구 내 미매각 용지 활용) 국가, 지방자치단체, 공공기관 또는 지방공사가 조성한 토지가 준공 후에도 매각되지 아

니한 경우에 지정권자는 해당 토지의 전부 또는 일부를 촉진지구로 지정할 수 있다.

제39조(조성토지의 공급) ① 시행자는 촉진지구 조성사업으로 조성된 토지(시행자가 직접 사용하는 토지는 제외한다)를 지구계획에서 정한 바에 따라 공급하여야 한다.

② 제1항에 따라 공급하는 토지의 용도, 공급의 절차 · 방법 · 대상자 및 조건 등에 필요한 사항은 대통령령으로 정한다.

제39조의2(준공검사) ① 시행자가 촉진지구 조성사업의 공사를 완료한 때에는 국토교통부령으로 정하는 바에 따라 공사완료 보고서를 작성하여 시장 · 군수 · 구청장에게 준공검사를 받아야 한다. 다만, 시행자가 한국토지주택공사 또는 지방공사인 경우에는 시장 · 군수 · 구청장의 준공검사 권한을 한국토지주택공사 또는 지방공사에 위탁할 수 있다.

② 시장 · 군수 · 구청장은 공사완료 보고서의 내용에 포함된 공공시설(제28조제2항에 따른 기반시설을 포함한다)을 인수하거나 관리하게 될 국가기관 · 지방자치단체 또는 공공기관의 장 등에게 준공검사에 참여할 것을 요청할 수 있다. 이 경우 기관 · 단체의 장은 특별한 사유가 없으면 요청에 따라야 한다.

③ 시장 · 군수 · 구청장은 준공검사를 한 결과 공공지원민간임대주택사업이 실시계획대로 끝났다고 인정되면 시행자에게 준공검사 증명서를 내어주고 공사 완료 공고를 하여야 하며, 실시계획대로 끝나지 아니하였으면 지체 없이 보완 시공 등 필요한 조치를 하도록 명하여야 한다.

④ 시행자가 준공검사를 받은 경우에는 제29조에 따라 의제되는 인 · 허가등에 따른 해당 사업의 준공검사 또는 준공인가를 받은 것으로 본다.

⑤ 제1항부터 제4항까지에서 규정한 사항 외에 공사완료 공고, 준공검사 신청 절차 등 준공검사에 필요한 사항은 국토교통부령으로 정한다.

[본조신설 2018. 1. 16.]

제40조(감독) ① 지정권자는 시행자가 다음 각 호의 어느 하나에 해당하는 경우에는 이 장에 따른 허가 또는 승인을 취소하거나 공사의 중지 · 변경, 시설물 또는 물건의 개축 · 변경 또는 이전 등을 명

할 수 있다. 〈개정 2018. 1. 16.〉

1. 거짓이나 그 밖의 부정한 방법으로 이 장에 따른 허가 또는 승인을 받은 경우

2. 제28조제1항에 따른 지구계획의 승인 또는 변경승인의 내용을 위반하여 사업을 시행한 경우

3. 사정의 변경으로 인하여 촉진지구 조성사업 또는 주택건설사업의 계속적인 시행이 불가능하게 된 경우

4. 제39조의2에 따른 준공검사를 받지 아니한 경우

② 제1항에 따라 허가 또는 승인을 취소하는 경우에는 청문을 하여야 한다.

③ 지정권자가 제1항에 따른 처분 또는 명령을 한 때에는 대통령령으로 정하는 바에 따라 이를 고시하여야 한다.

제41조(관계 법률의 준용) 촉진지구 지정, 사업의 시행, 공공시설의 귀속, 조성사업의 감리 및 준공검사 등에 관하여 이 법에서 정하지 아니한 사항은 「도시개발법」을 준용한다. 〈개정 2018. 1. 16.〉

제41조의2(촉진지구 밖의 사업에 대한 준용) 공공지원민간임대주택 개발사업의 원활한 추진을 위하여 촉진지구 밖에 기반시설을 설치하는 등에 관한 사업에 대해서는 제25조, 제26조제3항부터 제6항까지, 제28조, 제28조의2, 제29조부터 제31조까지, 제34조, 제36조, 제39조, 제39조의2, 제40조, 제62조의 규정을 준용한다.

[본조신설 2018. 1. 16.]

제5장 민간임대주택의 공급, 임대차계약 및 관리

제42조(민간임대주택의 공급) ① 임대사업자는 임대기간 중 민간임대주택의 임차인 자격 및 선정방법 등에 대하여 다음 각 호에서 정하는 바에 따라 공급하여야 한다. 〈개정 2018. 1. 16., 2020. 8. 18., 2024. 12. 3.〉

1. 공공지원민간임대주택의 경우: 주거지원대상자 등의 주거안정을 위하여 국토교통부령으로 정하는 기준에 따라 공급

2. 장기일반민간임대주택 및 단기민간임대주택의 경우: 임대사업자가 정한 기준에 따라 공급

② 공공지원민간임대주택의 임차인은 국토교통부령으로 정하는 임차인의 자격을 갖추어야 하며, 거짓이나 그 밖의 부정한 방법으로

공공지원민간임대주택을 공급받아서는 아니 된다. 〈개정 2018. 1. 16.〉

③ 민간임대주택의 공급에 관한 사항에 대해서는 「주택법」 제20조, 제54조, 제57조부터 제63조까지, 제64조 및 제65조를 적용하지 아니한다. 다만, 임차인 자격 확인 등 임차인의 원활한 모집과 관리가 필요한 경우에 국토교통부령으로 정하는 바에 따라 일부 적용할 수 있다. 〈신설 2018. 1. 16., 2019. 4. 23.〉

④ 동일한 주택단지에서 30호 이상의 민간임대주택을 건설 또는 매입한 임대사업자가 최초로 민간임대주택을 공급하는 경우에는 시장·군수·구청장에게 대통령령으로 정하는 방법에 따라 신고하여야 한다. 〈신설 2017. 1. 17., 2018. 1. 16.〉

⑤ 시장·군수·구청장은 제4항에 따라 공공지원민간임대주택의 공급신고를 받은 경우 그 내용을 검토하여 이 법에 적합하면 신고를 수리하여야 한다. 〈신설 2020. 6. 9.〉

⑥ 시장·군수·구청장은 제4항에 따라 장기일반민간임대주택 또는 단기민간임대주택의 공급신고를 받은 날부터 7일 이내에 신고수리 여부를 신고인에게 통지하여야 한다. 〈신설 2020. 6. 9.〉

⑦ 시장·군수·구청장이 제6항에서 정한 기간 내에 신고수리 여부 또는 민원 처리 관련 법령에 따른 처리기간의 연장을 신고인에게 통지하지 아니하면 그 기간(민원 처리 관련 법령에 따라 처리기간이 연장 또는 재연장된 경우에는 해당 처리기간을 말한다)이 끝난 날의 다음 날에 신고를 수리한 것으로 본다. 〈신설 2020. 6. 9.〉

제42조의2(공공지원민간임대주택의 중복 입주 등의 확인) ① 국토교통부장관 및 지방자치단체의 장은 공공지원민간임대주택과 「공공주택 특별법」 제2조제1호가목에 따른 공공임대주택(이하 "공공임대주택"이라 한다)에 중복하여 입주 또는 계약하고 있는 임차인(임대차계약 당사자를 말한다. 이하 이 조에서 같다)이 있는지를 확인할 수 있다.

② 임대사업자는 다음 각 호에 해당하는 공공지원민간임대주택 임차인에 관한 정보를 국토교통부장관이 지정·고시하는 기관(이하 이 조에서 "전산관리지정기관"이라 한다)에 통보하여야 한다.

1. 임차인의 성명
2. 임차인의 주민등록번호

3. 민간임대주택의 유형
4. 거주지 주소
5. 최초 입주일자

③ 전산관리지정기관은 제2항에 따른 정보를 전산으로 관리하여야 하며, 임차인에 관한 정보가 분실·도난·위조·변조 또는 훼손되지 아니하도록 안정성 확보에 필요한 조치를 마련하여야 한다.

④ 공공지원민간임대주택과 공공임대주택의 중복 입주 또는 계약 여부 확인 방법 및 절차, 중복 입주자 또는 계약자에 대한 조치 등에 필요한 사항은 국토교통부령으로 정한다.

[본조신설 2018. 1. 16.]

제42조의3(임차인의 자격 확인) 임대사업자는 임차인(입주를 신청하는 자와 계약 중인 임차인을 포함한다. 이하 이 조, 제42조의4부터 제42조의6까지에서 같다) 자격 확인을 위하여 필요한 경우 임차인 및 배우자, 임차인 또는 배우자와 세대를 같이하는 세대원(이하 "임차인등"이라 한다)으로부터 소득 자료를 제출받아 확인할 수 있다. 〈개정 2019. 4. 23.〉

[본조신설 2018. 1. 16.]

[제목개정 2019. 4. 23.]

제42조의4(임차인의 자격 확인 요청 등) ① 임대사업자는 임차인 자격 확인을 위하여 필요한 경우 국토교통부장관에게 제42조의5부터 제42조의7까지의 규정에 따라 임차인의 자격을 확인하여 줄 것을 요청할 수 있다. 〈신설 2019. 4. 23.〉

② 국토교통부장관은 제1항에 따라 임대사업자가 요청한대로 임차인의 자격을 확인하여 주는 것이 임차인의 주거 생활 안정 등을 위하여 필요하다고 인정하는 경우 임차인등에게 다음 각 호의 정보 또는 자료를 제공받는 데 필요한 동의서면을 제출하도록 요청할 수 있다. 〈개정 2019. 4. 23.〉

1. 「금융실명거래 및 비밀보장에 관한 법률」 제2조제2호·제3호에 따른 금융자산 및 금융거래의 내용에 대한 자료 또는 정보 중 예금·적금·저축의 잔액 또는 불입금·지급금과 유가증권 등 금융자산에 대한 증권·증서의 가액(이하 "금융정보"라 한다)

2. 「신용정보의 이용 및 보호에 관한 법률」 제2조제1호에 따른 신용정보 중 채무액과 연체정보(이하 "신용정보"라 한다)

3. 「보험업법」 제4조제1항 각 호에 따른 보험에 가입하여 납부한 보험료, 환급금 및 지급금(이하 "보험정보"라 한다)

③ 국토교통부장관이 제2항에 따라 동의서면의 제출을 요청하는 경우 임차인등은 동의서면을 제출하여야 한다. 〈신설 2019. 4. 23.〉

④ 제1항부터 제3항까지의 규정에 따른 확인 요청의 방법, 동의 방법·절차 등에 필요한 사항과 구체적인 자료 또는 정보의 내용은 대통령령으로 정한다. 〈개정 2019. 4. 23.〉

[본조신설 2018. 1. 16.]

[제목개정 2019. 4. 23.]

제42조의5(금융정보등의 제공) ① 국토교통부장관은 제42조의4제2항에 따라 임차인의 자격을 확인하여 주는 것이 필요하다고 인정한 경우 「금융실명거래 및 비밀보장에 관한 법률」 제4조제1항과 「신용정보의 이용 및 보호에 관한 법률」 제32조제1항에도 불구하고 임차인등이 제출한 동의서면을 전자적 형태로 바꾼 문서에 의하여 금융기관등(「금융실명거래 및 비밀보장에 관한 법률」 제2조제1호에 따른 금융회사등, 「신용정보의 이용 및 보호에 관한 법률」 제25조에 따른 신용정보집중기관을 말한다. 이하 같다)의 장에게 금융정보·신용정보 또는 보험정보(이하 "금융정보등"이라 한다)의 제공을 요청할 수 있다. 〈개정 2019. 4. 23.〉

② 제1항에 따라 금융정보등의 제공을 요청받은 금융기관등의 장은 「금융실명거래 및 비밀보장에 관한 법률」 제4조제1항과 「신용정보의 이용 및 보호에 관한 법률」 제32조제1항 및 제3항에도 불구하고 명의인의 금융정보등을 제공하여야 한다.

③ 제2항에 따라 금융정보등을 제공한 금융기관등의 장은 금융정보등의 제공사실을 명의인에게 통보하여야 한다. 다만, 명의인의 동의가 있는 경우에는 「금융실명거래 및 비밀보장에 관한 법률」 제4조의2제1항과 「신용정보의 이용 및 보호에 관한 법률」 제35조에도 불구하고 통보하지 아니할 수 있다.

④ 제1항 및 제2항에 따른 금융정보등의 제공요청 및 제공은 「정보통신망 이용촉진 및 정보보호 등에 관한 법률」 제2조제1항제1호에 따른 정보통신망을 이용하여야 한다. 다만, 정보통신망의 손상 등 불가피한 사유가 있는 경우에는 그러하지 아니하다.

⑤ 제1항·제2항 및 제4항에 따른 금융정보등의 제공요청 및 제공 등에 필요한 사항은 대통령령으로 정한다.

[본조신설 2018. 1. 16.]

제42조의6(자료요청) ① 국토교통부장관은 제42조의4제2항에 따라 임차인의 자격을 확인하여 주는 것이 필요하다고 인정한 경우 임차인등에 대한 다음 각 호의 자료를 관계 기관의 장에게 요청할 수 있다. 이 경우 자료의 제공을 요청받은 관계 기관의 장은 특별한 사유가 없으면 이에 따라야 한다. 〈개정 2019. 4. 23.〉

1. 「가족관계의 등록 등에 관한 법률」 제9조제1항에 따른 가족관계 등록사항 또는 「주민등록법」 제30조제1항에 따른 주민등록전산정보자료, 「출입국관리법」에 따른 외국인 등록자료

2. 국세 및 지방세에 관한 자료

3. 국민연금·공무원연금·군인연금·사립학교교직원연금·별정우체국연금·장애인연금·건강보험·고용보험·산업재해보상보험·보훈급여 등 각종 연금·보험·급여에 관한 자료

4. 「부동산등기법」 제2조제1호에 따른 등기부, 「건축법」 제38조에 따른 건축물대장, 「자동차관리법」 제5조에 따른 자동차등록원부 등 부동산 및 자동차에 관한 자료

② 제1항에 따라 국토교통부장관 또는 제62조에 따라 업무를 위임·위탁받은 기관에 제공되는 자료에 대해서는 사용료, 수수료 등을 면제한다.

[본조신설 2018. 1. 16.]

제42조의7(자료 및 정보의 수집 등) ① 국토교통부장관, 제42조의2에 따른 전산관리지정기관, 임대사업자 및 제62조에 따라 제42조의4부터 제42조의6까지의 업무를 위임·위탁받은 기관의 장은 민간임대주택 공급을 위하여 제42조의2부터 제42조의6까지의 규정에 따라 제공받은 자료 및 정보를 제공받은 목적의 범위에서 수집·관리·보유 또는 활용할 수 있다. 〈개정 2019. 4. 23.〉

② 국토교통부장관 및 지방자치단체의 장은 제42조의5 및 제42조의6에 따른 자료 및 정보를 확인하기 위하여 「사회복지사업법」 제6조의2제2항에 따른 정보시스템을 연계하여 사용할 수 있다.

③ 제42조의2부터 제42조의6까지의 규정에 따른 업무에 종사하거나 종사하였던 자는 제42조의2부터 제42조의6까지의 규정에 따

라 제공받은 정보와 자료를 이 법에서 정한 목적 외의 다른 용도로 사용하거나 다른 사람 또는 기관에 제공하거나 누설해서는 아니 된다. 〈개정 2019. 4. 23.〉

[본조신설 2018. 1. 16.]

제43조(임대의무기간 및 양도 등) ① 임대사업자는 임대사업자 등록일 등 대통령령으로 정하는 시점부터 제2조제4호·제5호 또는 제6호의2에 따른 기간(이하 "임대의무기간"이라 한다) 동안 민간임대주택을 계속 임대하여야 하며, 그 기간이 지나지 아니하면 이를 양도할 수 없다. 〈개정 2020. 8. 18., 2021. 9. 14., 2024. 12. 3.〉

② 제1항에도 불구하고 임대사업자는 임대의무기간 동안에도 국토교통부령으로 정하는 바에 따라 시장·군수·구청장에게 신고한 후 민간임대주택을 다른 임대사업자에게 양도할 수 있다. 이 경우 양도받는 자는 양도하는 자의 임대사업자로서의 지위를 포괄적으로 승계하며, 이러한 뜻을 양수도계약서에 명시하여야 한다.

③ 임대사업자가 임대의무기간이 지난 후 민간임대주택을 양도하려는 경우 국토교통부령으로 정하는 바에 따라 시장·군수·구청장에게 신고하여야 한다. 이 경우 양도받는 자가 임대사업자로 등록하는 경우에는 제2항 후단을 적용한다. 〈개정 2020. 6. 9.〉

④ 제1항에도 불구하고 임대사업자는 임대의무기간 중에도 다음 각 호의 어느 하나에 해당하는 경우에는 임대의무기간 내에도 계속 임대하지 아니하고 말소하거나, 대통령령으로 정하는 바에 따라 시장·군수·구청장에게 허가를 받아 임대사업자가 아닌 자에게 민간임대주택을 양도할 수 있다. 〈개정 2020. 8. 18.〉

1. 부도, 파산, 그 밖의 대통령령으로 정하는 경제적 사정 등으로 임대를 계속할 수 없는 경우

2. 공공지원임대주택을 20년 이상 임대하기 위한 경우로서 필요한 운영비용 등을 마련하기 위하여 제21조의2제1항제4호에 따라 20년 이상 공급하기로 한 주택 중 일부를 10년 임대 이후 매각하는 경우

3. 제6조제1항제11호에 따라 말소하는 경우

⑤ 임대사업자가 제2항에 따라 임대의무기간 동안 다른 임대사업자에게 민간임대주택을 양도하기 위하여 신고하거나 제3항에 따라 임대의무기간이 지난 후 공공지원민간임대주택을 양도하기 위하여 신고하

는 경우 시장·군수·구청장은 그 내용을 검토하여 이 법에 적합하면 신고를 수리하여야 한다. 〈신설 2020. 6. 9., 2020. 8. 18.〉

⑥ 임대사업자는 제3항에 따라 신고된 장기일반민간임대주택 및 단기민간임대주택과 제5항에 따라 신고가 수리된 공공지원민간임대주택을 양도할 수 있다. 〈신설 2020. 6. 9., 2020. 8. 18., 2024. 12. 3.〉

제44조(임대료) ① 임대사업자가 민간임대주택을 임대하는 경우에 최초 임대료(임대보증금과 월임대료를 포함한다. 이하 같다)는 다음 각 호의 임대료와 같다. 〈개정 2019. 4. 23., 2020. 8. 18., 2024. 12. 3.〉

1. 공공지원민간임대주택의 경우: 주거지원대상자 등의 주거안정을 위하여 국토교통부령으로 정하는 기준에 따라 임대사업자가 정하는 임대료

2. 장기일반민간임대주택 및 단기민간임대주택의 경우: 임대사업자가 정하는 임대료. 다만, 제5조에 따른 민간임대주택 등록 당시 존속 중인 임대차계약(이하 "종전임대차계약"이라 한다)이 있는 경우에는 그 종전임대차계약에 따른 임대료

② 임대사업자는 임대기간 동안 임대료의 증액을 청구하는 경우에는 임대료의 5퍼센트의 범위에서 주거비 물가지수, 인근 지역의 임대료 변동률, 임대주택 세대 수 등을 고려하여 대통령령으로 정하는 증액 비율을 초과하여 청구해서는 아니 된다. 〈개정 2018. 1. 16., 2018. 8. 14., 2019. 4. 23.〉

③ 제2항에 따른 임대료 증액 청구는 임대차계약 또는 약정한 임대료의 증액이 있은 후 1년 이내에는 하지 못한다. 〈신설 2018. 8. 14.〉

④ 임대사업자가 제2항에 따라 임대료의 증액을 청구하면서 임대보증금과 월임대료를 상호 간에 전환하는 경우의 적용기준은 국토교통부령으로 정한다. 〈신설 2018. 1. 16., 2018. 8. 14.〉

⑤ 임대사업자는 임대료를 현금 또는 「여신전문금융업법」 제2조에 따른 신용카드, 직불카드, 선불카드를 이용한 결제로 받을 수 있다. 〈신설 2018. 12. 18.〉

제44조의2(초과 임대료의 반환 청구) 임차인은 제44조제2항에 따른 증액 비율을 초과하여 증액된 임대료를 지급한 경우 초과 지급한 임대료 상당금액의 반환을 청구할 수 있다.

[본조신설 2018. 8. 14.]

제45조(임대차계약의 해제·해지 등) ① 임대사업자는 임차인이 의무를 위반하거나 임대차를 계속하기 어려운 경우 등 대통령령으로 정하는 사유가 발생한 때를 제외하고는 임대사업자로 등록되어 있는 기간 동안 임대차계약을 해제 또는 해지하거나 재계약을 거절할 수 없다. 〈개정 2018. 8. 14., 2021. 9. 14.〉

② 임차인은 시장·군수·구청장이 임대주택에 거주하기 곤란할 정도의 중대한 하자가 있다고 인정하는 경우 등 대통령령으로 정하는 경우에는 임대차계약을 해제하거나 해지할 수 있다. 〈신설 2018. 8. 14.〉

제46조(임대차계약 신고) ① 임대사업자는 민간임대주택의 임대차기간, 임대료 및 임차인(준주택에 한정한다) 등 대통령령으로 정하는 임대차계약에 관한 사항을 임대차 계약을 체결한 날(종전임대차계약이 있는 경우 민간임대주택으로 등록한 날을 말한다) 또는 임대차계약을 변경한 날부터 3개월 이내에 시장·군수·구청장에게 신고 또는 변경신고를 하여야 한다. 〈개정 2018. 1. 16., 2019. 4. 23.〉

② 제1항에도 불구하고 100세대 이상의 공동주택을 임대하는 임대사업자가 임대차계약에 관한 사항을 변경하여 신고하는 경우에는 변경예정일 1개월 전까지 신고하여야 한다. 〈신설 2018. 1. 16.〉

③ 시장·군수·구청장은 제2항에 따라 신고된 임대료가 제44조제2항에 따른 증액 비율을 초과하여 증액되었거나 해당 지역의 경제적 사정 변동 등으로 조정될 필요가 있다고 인정하는 경우에는 임대료를 조정하도록 권고할 수 있다. 〈신설 2018. 1. 16., 2018. 8. 14.〉

④ 제3항에 따른 조정권고를 받은 임대사업자는 권고사항을 통지받은 날부터 10일 이내에 재신고하여야 한다. 〈신설 2018. 1. 16.〉

⑤ 시장·군수·구청장은 제1항에 따른 신고 또는 제4항에 따른 재신고를 받거나 제2항에 따른 신고를 받고 조정권고하지 아니한 경우 그 내용을 검토하여 이 법에 적합하면 신고를 수리하여야 한다. 〈신설 2018. 8. 14., 2020. 6. 9.〉

⑥ 제1항, 제2항 및 제4항에 따른 신고의 절차 등에 필요한 사항은 대통령령으로 정한다. 〈개정 2018. 1. 16., 2018. 8. 14.〉

제47조(표준임대차계약서) ① 임대사업자가 민간임대주택에 대한 임

대차계약을 체결하려는 경우에는 국토교통부령으로 정하는 표준임대차계약서를 사용하여야 한다.

② 제1항의 표준임대차계약서에는 다음 각 호의 사항이 포함되어야 한다. 〈개정 2018. 8. 14., 2020. 8. 18.〉

1. 임대료 및 제44조에 따른 임대료 증액 제한에 관한 사항
2. 임대차 계약기간
3. 제49조에 따른 임대보증금의 보증에 관한 사항
4. 민간임대주택의 선순위 담보권, 국세 · 지방세의 체납사실 등 권리관계에 관한 사항
5. 임대사업자 및 임차인의 권리 · 의무에 관한 사항
6. 민간임대주택의 수선 · 유지 및 보수에 관한 사항
7. 임대의무기간 중 남아 있는 기간과 제45조에 따른 임대차계약의 해제 · 해지 등에 관한 사항
8. 그 밖에 국토교통부령으로 정하는 사항

제48조(임대사업자의 설명의무) ① 민간임대주택에 대한 임대차계약을 체결하거나 월임대료를 임대보증금으로 전환하는 등 계약내용을 변경하는 경우에는 임대사업자는 다음 각 호의 사항을 임차인에게 설명하고 이를 확인받아야 한다. 〈개정 2018. 1. 16., 2018. 8. 14., 2020. 8. 18.〉

1. 제49조에 따른 임대보증금에 대한 보증의 보증기간 등 대통령령으로 정하는 사항
2. 민간임대주택의 선순위 담보권, 국세 · 지방세의 체납사실 등 권리관계에 관한 사항. 이 경우 등기부등본 및 납세증명서를 제시하여야 한다.
3. 임대의무기간 중 남아 있는 기간과 제45조에 따른 임대차계약의 해제 · 해지 등에 관한 사항
4. 제44조제2항에 따른 임대료 증액 제한에 관한 사항

② 민간임대주택에 둘 이상의 임대차계약이 존재하는 등 대통령령으로 정하는 사유에 해당하는 경우 임대사업자는 그 주택에 대한 임대차계약을 체결하려는 자에게 「주택임대차보호법」 제3조의6제2항에 따라 확정일자부에 기재된 주택의 차임 및 보증금 등의 정보를 제공하여야 한다. 〈신설 2020. 8. 18.〉

③ 제1항에 따른 설명 및 확인의 방법, 절차 등과 제2항에 따른

제공 정보의 범위, 정보제공의 방법 및 절차 등에 필요한 사항은 대통령령으로 정한다. 〈개정 2020. 8. 18.〉

[제목개정 2019. 11. 26.]

제49조(임대보증금에 대한 보증) ① 임대사업자(제5조제1항에 따라 임대사업자로 등록하려는 자를 포함한다. 이하 이 조에서 같다)는 다음 각 호의 어느 하나에 해당하는 민간임대주택을 임대하는 경우 임대보증금에 대한 보증에 가입하여야 한다. 〈개정 2019. 4. 23., 2020. 8. 18., 2023. 6. 1.〉

1. 민간건설임대주택

2. 제18조제6항에 따라 분양주택 전부를 우선 공급받아 임대하는 민간매입임대주택

3. 동일 주택단지에서 100호 이상으로서 대통령령으로 정하는 호수 이상의 주택을 임대하는 민간매입임대주택(제2호에 해당하는 민간매입임대주택은 제외한다)

4. 제2호와 제3호 외의 민간매입임대주택

② 제1항에 따른 보증에 가입하는 경우 보증대상은 임대보증금 전액으로 한다. 다만, 임대사업자가 사용검사 전에 임차인을 모집하는 경우 임차인을 모집하는 날부터 사용검사를 받는 날까지의 보증대상액은 임대보증금 중 사용검사 이후 납부하는 임대보증금을 제외한 금액으로 한다. 〈개정 2017. 1. 17.〉

③ 제2항에도 불구하고 다음 각 호에 모두 해당하는 경우에는 담보권이 설정된 금액과 임대보증금을 합한 금액에서 주택가격의 100분의 60에 해당하는 금액을 뺀 금액 이상으로 대통령령에서 정하는 금액을 보증대상으로 할 수 있다. 이 경우 주택가격의 산정방법은 대통령령으로 정한다. 〈개정 2019. 4. 23., 2021. 9. 14.〉

1. 근저당권이 세대별로 분리된 경우(근저당권이 주택단지에 설정된 경우에는 근저당권의 공동담보를 해제하고, 채권최고액을 감액하는 근저당권 변경등기의 방법으로 할 수 있다)

2. 임대사업자가 임대보증금보다 선순위인 제한물권(다만, 제1호에 따라 세대별로 분리된 근저당권은 제외한다), 압류·가압류·가처분 등을 해소한 경우

3. 전세권이 설정된 경우 또는 임차인이 「주택임대차보호법」 제3조의2제2항에 따른 대항요건과 확정일자를 갖춘 경우

4. 임차인이 이 항 각 호 외의 부분 전단에 따른 대통령령으로 정하는 금액을 보증대상으로 하는 데 동의한 경우

5. 그 밖에 제1호에서 제4호까지에 준하는 경우로서 대통령령으로 정하는 경우

④ 임대사업자는 제1항에 따른 보증에 다음 각 호의 시점 이전까지 가입하여야 하며, 제6조에 따라 임대사업자 등록이 말소되는 날(임대사업자 등록이 말소되는 날에 임대 중인 경우에는 임대차계약이 종료되는 날로 한다)까지 가입을 유지하여야 한다. 〈개정 2017. 1. 17., 2019. 4. 23., 2020. 8. 18., 2021. 9. 14., 2023. 6. 1.〉

1. 제1항제1호 및 제2호에 해당하는 민간임대주택: 「주택법」 제49조에 따른 사용검사, 임시 사용승인 또는 「건축법」 제22조에 따른 사용승인, 임시 사용승인의 신청일. 다만, 신청일 이전에 임차인을 모집하는 경우에는 모집일로 한다.

2. 제1호 이외의 민간임대주택 중 등록일에 존속 중인 임대차계약이 있는 경우: 민간임대주택 등록 신청일

3. 제1호 이외의 민간임대주택 중 등록일에 존속 중인 임대차계약이 없는 경우: 민간임대주택 등록일 이후 최초 임대차계약 개시일

⑤ 임대사업자는 제1항에 따른 보증의 수수료를 1년 단위로 재산정하여 분할납부할 수 있으며, 임대사업자가 보증 가입 후 1년이 지났으나 재산정한 보증수수료를 보증회사에 납부하지 아니하는 경우에는 보증회사는 그 보증계약을 해지할 수 있다. 다만, 임차인이 보증수수료를 납부하는 경우에는 그러하지 아니하다. 〈개정 2023. 6. 1.〉

⑥ 제1항에 따라 임대사업자가 보증에 가입하거나 제5항에 따라 보증회사가 보증계약을 해지하는 경우 보증회사는 보증 가입 또는 보증계약 해지 사실을 시장·군수·구청장에게 알리고, 관련 자료를 제출하여야 한다. 이 경우 시장·군수·구청장은 대통령령으로 정하는 바에 따라 국토교통부장관에게 관련 자료를 제공하여야 한다. 〈신설 2020. 8. 18., 2021. 9. 14.〉

⑦ 제1항에도 불구하고 다음 각 호의 어느 하나에 해당하면 임대보증금에 대한 보증에 가입하지 아니할 수 있다. 〈신설 2021. 9. 14.〉

1. 임대보증금이 「주택임대차보호법」 제8조제3항에 따른 금액 이

하이고 임차인이 임대보증금에 대한 보증에 가입하지 아니하는 것에 동의한 경우

2. 임대사업자가 「공공주택 특별법」 제45조의2에 따라 기존주택을 임차하는 공공주택사업자와 임대차계약을 체결하는 경우로서 해당 공공주택사업자가 보증 가입 등 임대보증금 회수를 위하여 필요한 조치를 취한 경우

3. 임차인이 보증회사 및 이에 준하는 기관에서 운용하는 전세금반환을 보장하는 보증에 가입하였고, 임대사업자가 해당 보증의 보증수수료를 임차인에게 전부 지급한 경우

⑧ 제1항에 따라 임대사업자가 보증에 가입한 경우 보증회사는 그 임대사업자의 허위서류 제출을 포함한 사기, 고의 또는 중대한 과실이 있는 경우에도 이에 대하여 임차인에게 책임이 있는 사유가 없으면 임차인에게 해당 임대보증금에 대한 보증의 해지 또는 취소로써 대항할 수 없다. 〈개정 2025. 1. 14.〉

⑨ 보증회사는 제1항에 따라 보증에 가입한 임대사업자 중 제6조제1항제12호의2에 따른 말소요건에 해당하는 임대사업자(이하 이 조에서 "보증금 미반환 임대사업자"라 한다)를 별도 관리하여야 하고, 보증금 미반환 임대사업자가 추가적으로 제1항에 따라 보증에 가입되지 아니하도록 하여야 한다. 다만, 법원의 변제계획인가를 얻었거나 그 인가계획에 따라 채무를 이행하고 있는 경우 등 대통령령으로 정하는 경우에는 그러하지 아니하다. 〈개정 2025. 1. 14.〉

⑩ 보증회사는 제9항 본문에 따라 추가적으로 보증에 가입되지 아니하도록 하기 위하여 보증금 미반환 임대사업자의 식별에 필요한 정보 등을 공유할 수 있고, 그 밖에 구체적인 정보 공유의 범위, 절차 등에 필요한 사항은 대통령령으로 정한다. 〈개정 2025. 1. 14.〉

⑪ 제1항에 따른 보증에 가입하는 경우 보증수수료의 납부방법, 소요 비용의 부담비율, 보증대상 임대보증금의 범위, 보증의 가입·유지·탈퇴 등에 필요한 사항은 대통령령으로 정한다. 〈신설 2025. 1. 14.〉

제50조(준주택의 용도제한) ① 민간임대주택으로 등록한 준주택은 주거용이 아닌 용도로 사용할 수 없다.

② 시장·군수·구청장은 민간임대주택으로 등록한 준주택이 주거용으로 사용되고 있는지를 확인하기 위하여 필요한 경우 임대사업자

및 임차인에게 필요한 서류 등의 제출을 요구할 수 있고, 소속 공무원으로 하여금 해당 준주택에 출입하여 조사하게 하거나 관계인에게 필요한 질문을 하게 할 수 있다. 이 경우 임대사업자 및 임차인은 정당한 사유가 없으면 이에 따라야 한다.

제50조의2(가정어린이집 운영에 관한 특례) ① 민간임대주택의 임대사업자는 보육 수요 충족을 위하여 필요한 경우 해당 민간임대주택의 일부 세대를 「영유아보육법」 제10조제5호에 따른 가정어린이집을 운영하려는 자에게 임대할 수 있다.

② 임대사업자는 제1항에 따라 민간임대주택을 임대하는 경우 제42조 및 제44조제1항에도 불구하고 국토교통부령으로 정하는 바에 따라 임차인의 자격, 선정방법 및 임대료를 달리 정할 수 있다.

[본조신설 2019. 11. 26.]

제51조(민간임대주택의 관리) ① 민간건설임대주택 및 대통령령으로 정하는 민간매입임대주택의 회계서류 작성, 보관 등 관리에 필요한 사항은 대통령령으로 정하는 바에 따라 「공동주택관리법」을 적용한다. 〈개정 2015. 8. 28.〉

② 임대사업자는 민간임대주택이 300세대 이상의 공동주택 등 대통령령으로 정하는 규모 이상에 해당하면 「공동주택관리법」 제2조제1항제15호에 따른 주택관리업자에게 관리를 위탁하거나 자체관리하여야 한다. 〈개정 2015. 8. 28.〉

③ 임대사업자가 제2항에 따라 민간임대주택을 자체관리하려면 대통령령으로 정하는 기술인력 및 장비를 갖추고 국토교통부령으로 정하는 바에 따라 시장·군수·구청장의 인가를 받아야 한다.

④ 임대사업자(둘 이상의 임대사업자를 포함한다)가 동일한 시(특별시·광역시·특별자치시·특별자치도를 포함한다)·군 지역에서 민간임대주택을 관리하는 경우에는 대통령령으로 정하는 바에 따라 공동으로 관리할 수 있다.

⑤ 임대사업자는 국토교통부령으로 정하는 바에 따라 임차인으로부터 민간임대주택을 관리하는 데에 필요한 경비를 받을 수 있다.

⑥ 임대사업자는 민간임대주택을 관리하는 데 필요한 경비를 임차인이 최초로 납부하기 전까지 해당 민간임대주택의 유지관리 및 운영에 필요한 경비(이하 "선수관리비"라 한다)를 대통령령으로 정하는 바에 따라 부담할 수 있다. 〈신설 2023. 8. 16.〉

제52조(임차인대표회의) ① 임대사업자가 20세대 이상의 범위에서 대통령령으로 정하는 세대 이상의 민간임대주택을 공급하는 공동주택단지에 입주하는 임차인은 임차인대표회의를 구성할 수 있다. 다만, 임대사업자가 150세대 이상의 민간임대주택을 공급하는 공동주택단지 중 대통령령으로 정하는 공동주택단지에 입주하는 임차인은 임차인대표회의를 구성하여야 한다. 〈개정 2018. 8. 14.〉

② 임대사업자는 입주예정자의 과반수가 입주한 때에는 과반수가 입주한 날부터 30일 이내에 입주현황과 임차인대표회의를 구성할 수 있다는 사실 또는 구성하여야 한다는 사실을 입주한 임차인에게 통지하여야 한다. 다만, 임대사업자가 본문에 따른 통지를 하지 아니하는 경우 시장·군수·구청장이 임차인대표회의를 구성하도록 임차인에게 통지할 수 있다. 〈개정 2018. 8. 14.〉

③ 제1항 단서에 따라 임차인대표회의를 구성하여야 하는 임차인이 임차인대표회의를 구성하지 아니한 경우 임대사업자는 임차인이 임차인대표회의를 구성할 수 있도록 대통령령으로 정하는 바에 따라 지원하여야 한다. 〈신설 2018. 8. 14.〉

④ 제1항에 따라 임차인대표회의가 구성된 경우에는 임대사업자는 다음 각 호의 사항에 관하여 협의하여야 한다. 〈개정 2018. 8. 14.〉

1. 민간임대주택 관리규약의 제정 및 개정
2. 관리비
3. 민간임대주택의 공용부분·부대시설 및 복리시설의 유지·보수
4. 임대료 증감
5. 그 밖에 민간임대주택의 유지·보수·관리 등에 필요한 사항으로서 대통령령으로 정하는 사항

⑤ 제1항의 임차인대표회의의 구성 및 운영 등에 필요한 사항은 대통령령으로 정한다. 〈개정 2018. 8. 14.〉

제53조(특별수선충당금의 적립 등) ① 제51조제2항에 따른 민간임대주택의 임대사업자는 주요 시설을 교체하고 보수하는 데에 필요한 특별수선충당금(이하 "특별수선충당금"이라 한다)을 적립하여야 한다. 〈개정 2017. 1. 17.〉

② 임대사업자가 제51조제2항에 따른 민간임대주택을 양도하는 경우에는 특별수선충당금을 「공동주택관리법」 제11조에 따라 최초로 구성되는 입주자대표회의에 넘겨주어야 한다. 〈개정 2015. 8.

28., 2017. 1. 17.〉

③ 특별수선충당금의 요율, 사용 절차, 사후 관리와 적립 방법 등에 필요한 사항은 대통령령으로 정한다.

④ 제1항에 따른 주요 시설의 범위·교체 및 보수 시기·방법 등에 필요한 사항은 국토교통부령으로 정한다.

제54조(준주택에 관한 특례) 민간임대주택으로 등록한 준주택에 대하여는 제51조부터 제53조까지의 규정을 적용하지 아니한다.

제55조(임대주택분쟁조정위원회) ① 시장·군수·구청장은 임대주택[민간임대주택 및 공공임대주택을 말한다. 이하 같다]에 관한 학식 및 경험이 풍부한 자 등으로 임대주택분쟁조정위원회(이하 "조정위원회"라 한다)를 구성한다. 〈개정 2017. 1. 17.〉

② 조정위원회는 위원장 1명을 포함하여 10명 이내로 구성하되, 조정위원회의 운영, 절차 등에 필요한 사항은 대통령령으로 정한다. 〈개정 2018. 8. 14.〉

③ 위원장은 해당 지방자치단체의 장이 된다.

④ 위원장을 제외한 위원은 다음 각 호의 어느 하나에 해당하는 사람 중에서 해당 시장·군수·구청장이 성별을 고려하여 임명하거나 위촉하되, 각 호의 사람이 각각 1명 이상 포함되어야 하고, 공무원이 아닌 위원이 6명 이상이 되어야 한다. 〈신설 2018. 8. 14.〉

1. 법학, 경제학이나 부동산학 등 주택 분야와 관련된 학문을 전공한 사람으로서 「고등교육법」 제2조제1호·제2호 또는 제5호에 따른 학교에서 조교수 이상으로 1년 이상 재직한 사람

2. 변호사, 공인회계사, 감정평가사 또는 세무사로서 해당 자격과 관련된 업무에 1년 이상 종사한 사람

3. 「공동주택관리법」 제67조제2항에 따른 주택관리사가 된 후 관련 업무에 3년 이상 근무한 사람

4. 국가 또는 다른 지방자치단체에서 민간임대주택 또는 공공임대주택 사업의 인·허가 등 관련 업무를 수행하는 5급 이상 공무원으로서 해당 기관의 장이 추천한 사람 또는 해당 지방자치단체에서 민간임대주택 또는 공공임대주택 사업의 인·허가 등 관련 업무를 수행하는 5급 이상 공무원

5. 한국토지주택공사 또는 지방공사에서 민간임대주택 또는 공공임대주택 사업 관련 업무에 종사하고 있는 임직원으로서 해당 기관

의 장이 추천한 사람

6. 임대주택과 관련된 시민단체 또는 소비자단체가 추천한 사람

⑤ 공무원이 아닌 위원의 임기는 2년으로 하며 두 차례만 연임할 수 있다. 〈신설 2018. 8. 14.〉

제56조(분쟁의 조정신청) ① 임대사업자 또는 임차인대표회의는 다음 각 호의 어느 하나에 해당하는 분쟁에 관하여 조정위원회에 조정을 신청할 수 있다. 〈개정 2018. 8. 14., 2020. 12. 22.〉

1. 제44조에 따른 임대료의 증액
2. 제51조에 따른 주택관리
3. 제52조제4항 각 호의 사항
4. 그 밖에 대통령령으로 정하는 사항

② 공공주택사업자 또는 임차인대표회의는 다음 각 호의 어느 하나에 해당하는 분쟁에 관하여 조정위원회에 조정을 신청할 수 있다. 〈개정 2020. 12. 22.〉

1. 제1항 각 호의 사항
2. 공공임대주택의 분양전환가격. 다만, 분양전환승인에 관한 사항은 제외한다.

③ 공공주택사업자, 임차인대표회의 또는 임차인은 「공공주택 특별법」 제50조의3에 따른 우선 분양전환 자격에 대한 분쟁에 관하여 조정위원회에 조정을 신청할 수 있다. 〈신설 2020. 12. 22.〉

제57조(조정의 효력) 제56조제1항부터 제3항까지의 규정에 따른 조정의 각 당사자가 조정위원회의 조정안을 받아들이면 당사자 간에 조정조서와 같은 내용의 합의가 성립된 것으로 본다. 〈개정 2020. 12. 22.〉

제6장 보칙

제58조(협회의 설립 등) ① 임대사업자는 민간임대사업의 건전한 발전을 도모하기 위하여 임대사업자단체를 설립할 수 있다.

② 주택임대관리업자는 주택임대관리업의 효율적인 업무수행을 위하여 주택임대관리업자단체를 설립할 수 있다.

③ 제1항 및 제2항에 따른 단체(이하 "협회"라 한다)는 각각 법인으로 한다.

④ 협회는 그 주된 사무소의 소재지에서 설립등기를 함으로써 성

립한다.

⑤ 이 법에 따라 국토교통부장관, 시·도지사 또는 시장·군수·구청장으로부터 영업의 정지처분을 받은 협회 회원의 권리·의무는 그 영업 및 자격의 정지기간 중에는 정지되며, 임대사업자 등록이 말소된 때에는 협회의 회원자격을 상실한다.

제59조(협회의 설립인가 등) ① 협회를 설립하려면 5인 이상의 범위에서 대통령령으로 정하는 수 이상의 인원을 발기인으로 하여 정관을 마련한 후 창립총회의 의결을 거쳐 국토교통부장관의 인가를 받아야 한다.

② 국토교통부장관은 제1항에 따른 인가를 하였을 때에는 이를 지체 없이 공고하여야 한다.

제59조의2(임대사업 등의 지원) ① 국토교통부장관 또는 지방자치단체의 장은 민간임대주택의 원활한 공급을 위하여 한국토지주택공사, 지방공사 또는 「한국부동산원법」에 따른 한국부동산원(이하 "부동산원"이라 한다)에 다음 각 호의 어느 하나에 해당하는 업무를 수행하게 할 수 있다. 다만, 부동산원이 수행할 수 있는 업무는 제1호, 제4호 및 제5호의 업무로 한정한다. 〈개정 2019. 4. 23., 2020. 6. 9.〉

1. 공공지원민간임대주택 사업계획의 자문 및 사업성 분석
2. 사업계획 수립 시 기반시설 설치계획 등의 자문
3. 공공지원민간임대주택의 건설 및 재원조달 등 사업 지원
4. 임차인의 모집·선정 및 명도·퇴거 지원
5. 임대료의 부과·징수 등의 업무 지원

② 한국토지주택공사, 지방공사 및 부동산원은 제1항제4호에 따라 임차인의 자격 확인이 필요한 경우에 제42조의3부터 제42조의7에 따른 자료 또는 정보를 해당 기관에 요청하여 그 자료 또는 정보를 활용할 수 있다. 〈개정 2020. 6. 9.〉

③ 한국토지주택공사, 지방공사 및 부동산원의 소속 임직원은 제2항에 따라 제공받은 자료 또는 정보를 이 법에서 정한 목적 외의 다른 용도로 사용하거나 다른 사람 또는 기관에 제공하거나 누설해서는 아니 된다. 〈개정 2020. 6. 9.〉

[본조신설 2018. 1. 16.]

제60조(임대주택정보체계) ① 국토교통부장관은 임대주택에 대한 국민의 정보 접근을 쉽게 하고 관련 통계의 정확성을 제고하며 부동

산 정책 등에 활용하기 위하여 임대주택정보체계(이하 "정보체계"라 한다)를 구축·운영할 수 있다. 〈개정 2020. 8. 18.〉

② 시장·군수·구청장과 공공주택사업자는 임대주택, 임대사업자(시행자를 포함한다), 임차인(공공임대주택에 한정한다), 임대차계약 등 대통령령으로 정하는 자료를 국토교통부령으로 정하는 절차 및 방법에 따라 국토교통부장관에게 제공하여야 한다.

③국토교통부장관은 정보체계상의 임대주택 등록자료와 임대주택 통계의 정확성을 제고하기 위하여 주민등록·국세·지방세 등 대통령령으로 정하는 자료를 관계 기관의 장에게 요청할 수 있다. 이 경우 관계 기관의 장은 자료의 사용 목적·방법, 자료 사용의 안전성 등을 검토하여 정당한 이유가 없으면 요청에 따라야 한다. 〈신설 2017. 12. 26.〉

④ 지방자치단체의 장은 임대주택을 효율적으로 관리하기 위하여 정보체계에서 제공하는 자료를 활용할 수 있다. 이 경우 국토교통부장관은 정보체계 운영을 위하여 불가피한 사유가 있거나 개인정보 보호를 위하여 필요하다고 인정할 때에는 제공하는 정보의 종류와 내용을 제한할 수 있다. 〈개정 2017. 12. 26.〉

⑤ 제1항부터 제4항까지의 업무에 종사하고 있거나 종사하였던 자는 제2항부터 제4항까지의 규정에 따라 받은 정보 또는 자료를 이 법에서 정한 목적 외의 다른 용도로 사용하거나 다른 자 또는 기관에 제공하거나 누설하여서는 아니 된다. 다만, 다른 법률에 특별한 규정이 있는 경우에는 제2항부터 제4항까지의 규정에 따라 받은 정보 또는 자료를 제공할 수 있다. 〈개정 2017. 12. 26., 2020. 8. 18.〉

⑥ 국토교통부장관은 이 법에 따라 정보체계에 구축된 정보를 활용하는 경우 개인의 사생활의 비밀을 침해하지 아니하도록 정보를 보호하여야 한다. 〈신설 2020. 8. 18.〉

⑦ 정보체계의 구축·운영에 필요한 사항은 대통령령으로 정한다. 〈개정 2017. 12. 26., 2020. 8. 18.〉

제60조의2(보증금반환채무를 이행하지 아니한 임대사업자의 공개) ① 국토교통부장관은 시장·군수·구청장이 제6조제1항제12호에 따라 임대사업자 등록을 말소한 날부터 6개월이 경과하였음에도 불구하고 해당 임대사업자가 반환하지 아니한 보증금이 1억원 이상인

경우 3년간 다음 각 호의 사항을 국토교통부의 인터넷 홈페이지 등 「정보통신망 이용촉진 및 정보보호 등에 관한 법률」 제2조제1항제1호에 따른 정보통신망을 이용하여 공개할 수 있다. 다만, 임대사업자가 사망한 경우 등 대통령령으로 정하는 사유가 있는 경우에는 그러하지 아니하다.

1. 등록이 말소된 임대사업자의 성명 또는 명칭, 임대사업자 등록번호
2. 등록이 말소된 임대주택의 소재지
3. 임대사업자 등록 말소사유 및 말소일자

② 제6조제1항제12호에 따라 임대사업자 등록을 말소한 시장·군수·구청장은 제1항 각 호의 사항을 대통령령으로 정하는 바에 따라 국토교통부장관에게 제출하여야 한다.

③ 국토교통부장관은 제1항에 따라 임대사업자의 등록말소 사실을 정보통신망에 공개하려는 경우 해당 임대사업자에게 그 사실을 통지하여야 한다.

④ 임대사업자는 제3항에 따른 통지를 받은 후 1개월 이내에 국토교통부장관에게 서면으로 이의를 신청할 수 있다.

⑤ 제1항 각 호의 사항의 공개 여부를 심의하기 위하여 국토교통부에 임대인정보공개심의위원회를 둔다. 이 경우 임대인정보공개심의위원회의 구성·운영 등에 필요한 사항은 대통령령으로 정한다.

⑥ 국토교통부장관은 임대사업자가 보증금을 반환하는 등 대통령령으로 정하는 사유가 발생한 경우에는 제1항 각 호의 사항을 정보통신망에서 삭제하여야 한다.

⑦ 제1항에 따른 정보의 공개 절차·방법 및 관리, 제3항에 따른 통지 및 제4항에 따른 이의신청의 절차·방법, 그 밖에 필요한 사항은 대통령령으로 정한다.

[본조신설 2023. 3. 28.]

제61조(보고·검사 등) ① 국토교통부장관 또는 지방자치단체의 장은 필요하다고 인정할 때에는 임대사업자, 주택임대관리업자, 그 밖에 이 법에 따른 인가·승인 또는 등록을 한 자에게 필요한 보고를 하게 하거나 관계 공무원으로 하여금 사업장에 출입하여 필요한 검사를 하게 할 수 있다.

② 제1항에 따른 검사를 할 때에는 검사 7일 전까지 검사 일시,

검사 이유 및 검사 내용 등 검사계획을 검사를 받을 자에게 알려야 한다. 다만, 긴급한 경우나 사전에 통지하면 증거인멸 등으로 검사 목적을 달성할 수 없다고 인정하는 경우에는 그러하지 아니하다.

③ 제1항에 따라 검사를 하는 공무원은 그 권한을 나타내는 증표를 지니고 이를 관계인에게 내보여야 한다.

④ 지방자치단체의 장은 제5조에 따른 임대주택 등록실적, 제46조에 따른 임대조건 등 대통령령으로 정한 사항에 대하여 분기마다 그 분기가 끝나는 달의 다음 달 말일까지 국토교통부장관에게 보고하여야 한다.

제62조(권한의 위임 등) ① 국토교통부장관은 이 법에 따른 권한의 일부를 대통령령으로 정하는 바에 따라 시·도지사에게 위임할 수 있다. 〈개정 2015. 8. 28., 2016. 1. 19., 2018. 8. 14.〉

② 제1항에 따라 권한을 위임받은 시·도지사는 그 권한의 일부를 국토교통부장관의 승인을 받아 시장(행정시의 시장을 포함한다)·군수·구청장에게 재위임할 수 있다.

③ 시·도지사는 이 법에 따른 권한의 일부를 대통령령으로 정하는 바에 따라 시장·군수·구청장 또는 시행자에게 위임 또는 위탁할 수 있다.

④ 국토교통부장관은 다음 각 호의 업무를 위임 또는 위탁할 수 있다. 〈신설 2018. 1. 16., 2018. 8. 14., 2020. 6. 9.〉

1. 제42조의4에 따른 동의서 제출에 관한 업무: 임대사업자
2. 제42조의5 및 제42조의6에 따른 관계기관의 장에 대한 자료제공 요청에 관한 업무: 보건복지부장관 또는 지방자치단체의 장
3. 제60조에 따른 임대주택정보체계 구축·운영: 한국토지주택공사 또는 부동산원

제63조(가산금리) ① 국토교통부장관은 다음 각 호의 어느 하나에 해당하는 임대사업자에 대하여 주택도시기금 융자금에 연 1퍼센트포인트의 범위에서 가산금리를 부과할 수 있다. 〈개정 2017. 1. 17., 2019. 4. 23.〉

1. 제49조에 따른 보증에 가입하지 아니하거나 보증수수료(분할납부액을 포함한다)를 납부하지 아니한 자
2. 제67조제2항제8호에 따라 과태료를 부과받은 시점부터 6개월 이상 특별수선충당금을 적립하지 아니한 자

② 제1항에 따른 가산금리 부과의 방법 및 절차 등은 국토교통부령으로 정한다.

제64조(벌칙 적용에서 공무원 의제) 통합심의위원회의 위원 중 공무원이 아닌 사람은 「형법」 제129조부터 제132조까지의 규정을 적용할 때에는 공무원으로 본다.

제7장 벌칙

제65조(벌칙) ① 제42조의7제3항, 제59조의2제3항 및 제60조제5항을 위반하여 정보 또는 자료를 사용·제공 또는 누설한 자는 5년 이하의 징역이나 5천만원 이하의 벌금에 처한다. 〈개정 2017. 12. 26., 2018. 1. 16.〉

② 다음 각 호의 어느 하나에 해당하는 자는 2년 이하의 징역이나 2천만원 이하의 벌금에 처한다. 〈개정 2019. 11. 26., 2020. 6. 9.〉

1. 제5조의3제1항을 위반하여 신고하지 아니하고 조합원을 모집하거나 조합원을 공개로 모집하지 아니한 자
2. 제5조의5제1항을 위반하여 가입비등을 예치하게 하지 아니한 자
3. 제5조의5제4항을 위반하여 가입비등의 반환을 요청하지 아니한 자
4. 제7조에 따른 등록을 하지 아니하고 주택임대관리업을 한 자 또는 거짓이나 그 밖의 부정한 방법으로 등록한 자
5. 제10조에 따른 영업정지기간 중에 주택임대관리업을 영위한 주택임대관리업자
6. 제14조에 따른 보증상품에 가입하지 아니한 주택임대관리업자
7. 제16조제1항을 위반하여 다른 자에게 자기의 명의 또는 상호를 사용하여 이 법에서 정한 사업이나 업무를 수행하게 하거나 그 등록증을 대여한 주택임대관리업자
8. 제16조제2항을 위반하여 주택임대관리업자가 아니면서 주택임대관리업 또는 이와 유사한 명칭을 사용한 자
9. 삭제 〈2021. 9. 14.〉

③ 다음 각 호의 어느 하나에 해당하는 자는 1년 이하의 징역이나 1천만원 이하의 벌금에 처한다. 〈개정 2017. 1. 17., 2018. 1. 16.〉

1. 거짓 또는 부정한 방법으로 제23조에 따른 시행자 지정 또는 변경을 받은 자

2. 제26조제3항을 위반하여 촉진지구 내에서 시장ㆍ군수ㆍ구청장의 허가를 받지 아니하고 건축물의 건축 등의 행위를 하거나 거짓 또는 부정한 방법으로 허가를 받은 자

3. 거짓 또는 부정한 방법으로 제28조에 따른 지구계획 승인(제41조의2에 따라 준용하는 경우를 포함한다)을 받은 자

4. 제28조제1항에 따른 지구계획의 승인 또는 변경승인(제41조의2에 따라 준용하는 경우를 포함한다)의 내용을 위반하여 사업을 시행한 자

5. 제42조제2항을 위반하여 공공지원민간임대주택을 공급받은 자

6. 제51조를 위반하여 민간임대주택을 관리한 자

제66조(양벌규정) ① 법인의 대표자, 대리인, 사용인, 그 밖의 종업원이 그 법인의 업무에 관하여 제65조에 따른 위반행위를 하면 그 행위자를 벌할 뿐만 아니라 그 법인에도 해당 조문의 벌금형을 과(科)한다. 다만, 법인이 그 위반행위를 방지하기 위하여 해당 업무에 관하여 상당한 주의와 감독을 게을리하지 아니한 때에는 그러하지 아니하다.

② 개인의 대리인, 사용인, 그 밖의 종업원이 그 개인의 업무에 관하여 제65조에 따른 위반행위를 하면 그 행위자를 벌할 뿐만 아니라 그 개인에게도 해당 조문의 벌금형을 과한다. 다만, 개인이 그 위반행위를 방지하기 위하여 해당 업무에 관하여 상당한 주의와 감독을 게을리하지 아니한 때에는 그러하지 아니하다.

제67조(과태료) ① 다음 각 호의 어느 하나에 해당하는 자에게는 3천만원 이하의 과태료를 부과한다. 〈신설 2019. 4. 23., 2020. 6. 9., 2020. 8. 18.〉

1. 제43조제1항을 위반하여 임대의무기간 중에 민간임대주택을 임대하지 아니한 자

2. 제43조제4항을 위반하여 시장ㆍ군수ㆍ구청장의 허가를 받지 아니하고 임대의무기간 중에 임대사업자가 아닌 자에게 민간임대주택을 양도한 자

3. 제44조제1항제1호를 위반하여 공공지원민간임대주택의 최초 임대료를 국토교통부령으로 정하는 기준에 따라 정하지 아니한 자

4. 제44조제2항에 따른 임대료의 증액 비율을 초과하여 임대료의 증액을 청구한 자

② 다음 각 호의 어느 하나에 해당하는 자에게는 1천만원 이하의 과태료를 부과한다. 〈개정 2017. 1. 17., 2018. 1. 16., 2019. 4. 23.〉

1. 제42조제4항을 위반하여 신고를 하지 아니한 임대사업자

2. 삭제 〈2019. 4. 23.〉

3. 삭제 〈2019. 4. 23.〉

4. 제45조를 위반하여 임대차계약을 해제·해지하거나 재계약을 거절한 임대사업자

5. 제46조에 따른 임대차계약 신고를 하지 아니하거나 거짓으로 신고한 자

6. 제47조에 따른 표준임대차계약서를 사용하지 아니한 임대사업자

7. 제50조를 위반하여 준주택을 주거용이 아닌 용도로 사용한 자

8. 제53조제1항 및 제2항에 따라 특별수선충당금을 적립하지 아니하거나 입주자대표회의에 넘겨주지 아니한 자

③ 다음 각 호의 어느 하나에 해당하는 자에게는 500만원 이하의 과태료를 부과한다. 〈개정 2018. 8. 14., 2019. 4. 23., 2019. 11. 26., 2020. 6. 9., 2020. 8. 18.〉

1. 제5조의2에 따른 부기등기를 하지 아니한 자

2. 제5조의4를 위반하여 설명하지 않거나 설명한 사항을 확인받지 아니한 자

3. 제7조를 위반하여 등록사항 변경신고 또는 말소신고를 하지 아니한 주택임대관리업자

4. 제12조에 따른 현황 신고를 하지 아니한 주택임대관리업자

5. 제48조제1항에 따른 설명 및 확인의무를 위반하거나 제48조제2항에 따른 정보 제공 의무를 위반한 임대사업자

6. 제50조제2항, 제60조 및 제61조에 따른 보고, 자료의 제출 또는 검사를 거부·방해 또는 기피하거나 거짓으로 보고한 자

7. 제52조제4항을 위반하여 임차인대표회의와 관리규약 제정·개정 등을 협의하지 아니한 임대사업자

8. 제5조제7항에 따라 등록 신청 당시 임대차계약이 없는 경우 산정한 임대보증금의 상한을 추후 임대차계약에서 준수하지 아니한 임대사업자

④ 다음 각 호의 어느 하나에 해당하는 자에게는 100만원 이하의 과태료를 부과한다. 〈개정 2018. 8. 14., 2019. 4. 23.〉

1. 삭제 〈2020. 6. 9.〉

2. 제13조제1항 및 제2항에 따른 위·수탁계약서 작성·교부 및 보관의무를 게을리한 주택임대관리업자

2의2. 제43조제2항 또는 제3항을 위반하여 민간임대주택 양도신고를 하지 아니하고 민간임대주택을 양도한 자

3. 제52조제2항을 위반하여 임차인대표회의를 구성할 수 있다는 사실 또는 구성하여야 한다는 사실을 임차인에게 통지하지 아니한 임대사업자

⑤ 제49조를 위반하여 임대보증금에 대한 보증에 가입하지 아니한 임대사업자에게는 임대보증금의 100분의 10 이하에 상당하는 금액의 과태료를 부과한다. 이 경우 그 금액이 3천만원을 초과하는 경우에는 3천만원으로 한다. 〈신설 2021. 9. 14.〉

⑥ 이 조에 따른 과태료는 대통령령으로 정하는 바에 따라 국토교통부장관이나 시장·군수·구청장이 부과·징수한다. 〈개정 2019. 4. 23., 2021. 9. 14.〉

부칙 〈제13474호, 2015. 8. 11.〉 (공동주택관리법)

제1조(시행일) 이 법은 공포 후 1년이 경과한 날부터 시행한다.

제2조 부터 제33조까지 생략

제34조(다른 법률의 개정) ①부터 ⑩까지 생략

⑪ 법률 제13499호 임대주택법 전부개정법률 일부를 다음과 같이 개정한다. 〈개정 2015. 8. 28.〉

제3조 중 "「건축법」"을 "「건축법」, 「공동주택관리법」"으로 한다.

제51조제1항 중 "「주택법」"을 "「공동주택관리법」"으로 하고, 같은 조 제2항 중 "「주택법」 제53조"를 "「공동주택관리법」 제2조제1항제15호"로 한다.

제53조제2항 중 "「주택법」 제43조"를 "「공동주택관리법」 제11조"로 한다.

제62조 중 "제58조 및 「주택법」 제81조"를 "제58조, 「주택법」 제81조 또는 「공동주택관리법」 제81조"로 한다.

⑫부터 ⑯까지 생략

제35조 및 제36조 생략

부칙 〈제13499호, 2015. 8. 28.〉

제1조(시행일) 이 법은 공포 후 4개월이 경과한 날부터 시행한다.

제2조(일반적 적용례) ① 민간건설임대주택에 관한 이 법의 개정규정은 이 법 시행 후 최초로 사업계획의 승인을 신청하는 경우부터 적용한다.

② 민간매입임대주택에 관한 이 법의 개정규정은 이 법 시행 후 최초로 민간매입임대주택으로 등록되어 공급되는 경우부터 적용한다.

제3조(이미 등록한 임대주택에 관한 특례) ① 이 법 시행 당시 제5조의 개정규정에 따른 임대사업자가 등록한 민간건설임대주택 및 민간매입임대주택, 준공공임대주택을 다른 법령에서 인용하는 경우 종전의 「임대주택법」 제2조제2호의3, 제3호 및 제3호의3에 따라 등록한 민간건설임대주택 및 민간매입임대주택, 준공공임대주택까지 포함한다.

② 삭제 〈2020. 6. 9.〉

③ 다음 각 호의 어느 하나에 해당하는 주택은 각 호의 구분에 따른 이 법의 임대주택으로 본다. 다만, 임대의무기간, 임대의무기간 이내 매각요건 및 절차, 저당권 설정 등의 제한, 임대주택의 전대제한, 경매 시 임차인 우선매수권 부여, 특별수선충당금의 적립대상에 관하여는 종전의 「임대주택법」을 적용한다. 〈신설 2020. 8. 18.〉

1. 종전의 「임대주택법」 제6조의2에 따라 등록한 준공공임대주택: 제2조제5호에 따른 준공공임대주택

2. 종전의 「임대주택법」 제16조제1항제3호에 따라 임대차 계약기간을 10년 이상으로 정하여 신고한 민간건설임대주택: 제2조제5호에 따른 준공공임대주택

3. 종전의 「임대주택법」 제16조제1항제4호에 따른 민간건설임대주택 또는 매입임대주택(제1호에 해당하는 임대주택은 제외한다): 제2조제6호에 따른 단기임대주택

제4조(민간건설임대주택에 관한 특례) 이 법 시행 당시 종전의 「임대주택법」 제6조에 따라 등록한 임대사업자(주택도시기금이 출자한

부동산투자회사에 한정한다)가 민간건설임대주택으로 사업계획승인을 신청하였거나 받은 경우에는 제4조의 개정규정을 적용하여 주택도시기금을 지원할 수 있다.

제5조(처분 등에 관한 일반적 경과조치) 이 법 시행 당시 종전의 규정에 따른 행정기관의 행위나 행정기관에 대한 행위는 그에 해당하는 이 법에 따른 행정기관의 행위나 행정기관에 대한 행위로 본다.

제6조(공공건설임대주택에 관한 경과조치) ① 이 법 시행 당시 「공공주택 특별법」에 따른 공공주택사업자에 해당하는 자가 건설하였거나 건설하고 있는 주택은 「공공주택 특별법」의 규정을 적용한다.

② 이 법 시행 당시 「공공주택 특별법」에 따른 공공주택사업자가 아닌 자가 건설하였거나 건설하는 주택으로서 다음 각 호의 어느 하나에 해당하는 주택에 대하여는 종전의 「임대주택법」 제2조제2호의2에 따른 공공건설임대주택으로 보아 종전의 규정을 적용한다. 다만, 임대료 증액, 임대차계약 신고·변경신고 및 조정권고에 관해서는 그러하지 아니하다. 〈개정 2018. 1. 16., 2018. 8. 14., 2019. 4. 23.〉

1. 이 법 시행 당시 국가·지방자치단체의 재정 또는 주택도시기금의 자금을 지원받아 공공건설임대주택으로 건설하였거나 건설하고 있는 주택

2. 이 법 시행 당시 공공사업으로 조성된 택지에 「주택법」 제16조에 따라 공공건설임대주택으로 사업계획승인을 받아 건설하였거나 건설하고 있는 주택

3. 이 법 시행 당시 공공사업으로 조성된 택지를 공공건설임대주택 용도로 공급받아 이 법 시행 후 건설하는 주택

제7조(토지임대부 임대주택에 관한 경과조치) 이 법 시행 당시 종전의 「임대주택법」 제2조제2호가목의 토지임대부 임대주택에 대하여는 종전의 「임대주택법」 제16조의2 및 제21조의4의 규정을 적용한다. 〈개정 2020. 6. 9.〉

[시행일:2020. 12. 10.] 제7조

제8조(부도등에 관한 경과조치) 이 법 시행 당시 종전의 「임대주택법」 제2조제8호의 부도임대주택등에 관해서는 종전의 「임대주택법」 제21조의2, 제22조부터 제25조까지 및 제30조의 규정을 적용한다. 종전의 「임대주택법」 제2조제2호의2의 공공건설임대주택 중 공공주

택사업자가 아닌 자가 건설한 주택에 대하여 이 법 시행 후 같은 조 제7호의 부도등이 발생한 경우에도 같다. 〈개정 2020. 6. 9.〉
[시행일:2020. 12. 10.] 제8조
제9조(임대사업자에 대한 경과조치) 이 법 시행 당시 종전의 「임대주택법」 제6조에 따라 등록한 임대사업자(공공주택사업자는 제외한다)는 이 법에 따른 일반형임대사업자로 본다. 이 경우 제5조제4항의 개정규정에 따른 등록기준을 충족하는 경우에는 기업형임대사업자로 등록할 수 있다.
제10조(임대주택조합에 대한 경과조치) 이 법 시행 당시 종전의 「임대주택법」 제7조에 따라 설립된 임대주택조합은 이 법에 따른 임대사업자로 보되, 종전의 「임대주택법」 제7조부터 제9조까지의 규정을 적용한다. 〈개정 2020. 6. 9.〉
[시행일:2020. 12. 10.] 제10조
제11조(주택임대관리업 등록에 관한 경과조치 등) ① 이 법 시행 당시 「주택법」에 따른 주택임대관리업의 등록은 이 법에 따라 등록한 것으로 본다.
② 제9조제2호의 개정규정에 따른 피성년후견인 및 피한정후견인은 법률 제10429호 민법 일부개정법률 부칙 제2조에 따라 금치산 또는 한정치산 선고의 효력이 유지되는 사람을 포함하는 것으로 본다.
③ 주택임대관리업의 등록말소에 관한 제10조의 개정규정은 이 법 시행 당시 「주택법」 제53조의2에 따라 등록한 주택임대관리업에도 적용한다.
제12조(교통영향분석 · 개선대책 등에 관한 경과조치) 제32조제1항제3호, 제3항제5호 및 제8항제3호의 개정규정 중 "교통영향평가" 및 "교통영향평가심의위원회"는 2016년 1월 24일까지는 각각 "교통영향분석 · 개선대책" 및 "교통영향분석 · 개선대책심의위원회"로 본다.
제13조(임대주택분쟁조정위원회에 대한 경과조치) 이 법 시행 당시 종전의 「임대주택법」 제33조에 따라 구성된 임대주택분쟁조정위원회는 이 법에 따라 구성된 것으로 본다.
제14조(벌칙이나 과태료에 관한 경과조치) 이 법 시행 전의 행위에 대하여 벌칙이나 과태료를 적용할 때에는 종전의 규정에 따른다.

제15조(다른 법률의 개정) ① 2018 평창 동계올림픽대회 및 장애인동계올림픽대회 지원 등에 관한 특별법 일부를 다음과 같이 개정한다.

제82조제1항 중 "임대주택"을 "임대주택(「민간임대주택에 관한 특별법」에 따른 민간임대주택 및 「공공주택 특별법」에 따른 공공임대주택을 말한다. 이하 같다)"으로 하고, 같은 조 제2항 중 "「임대주택법」 제16조제1항"을 "「민간임대주택에 관한 특별법」 제43조제1항 또는 「공공주택 특별법」 제50조의2제1항"으로 하며, 같은 조 제3항 중 "「임대주택법」 제20조 및 제21조"를 "「민간임대주택에 관한 특별법」 제42조 및 제44조, 「공공주택 특별법」 제48조, 제49조 및 제50조의3"으로 하고, 같은 조 제4항 중 "「임대주택법」"을 "「민간임대주택에 관한 특별법」, 「공공주택 특별법」"으로 한다.

② 경제자유구역의 지정 및 운영에 관한 특별법 일부를 다음과 같이 개정한다.

제24조의2제1항 중 "임대주택"을 "임대주택(「민간임대주택에 관한 특별법」에 따른 민간임대주택 및 「공공주택 특별법」에 따른 공공임대주택을 말한다. 이하 같다)"으로 하고, 같은 조 제2항 중 "「임대주택법」 제16조제1항"을 "「민간임대주택에 관한 특별법」 제43조제1항 및 「공공주택 특별법」 제50조의2제1항"으로 하며, 같은 조 제3항 중 "「임대주택법」 제20조 및 제21조"를 "「민간임대주택에 관한 특별법」 제42조 및 제44조, 「공공주택 특별법」 제48조, 제49조 및 제50조의3"으로 하고, 같은 조 제4항 중 "「임대주택법」"을 "「민간임대주택에 관한 특별법」, 「공공주택 특별법」"으로 한다.

③ 공공기관 지방이전에 따른 혁신도시 건설 및 지원에 관한 특별법 일부를 다음과 같이 개정한다.

제47조제2항 중 "제38조 및 「임대주택법」 제3조"를 "제38조, 「민간임대주택에 관한 특별법」 제3조 및 「공공주택 특별법」 제48조"로 한다.

④ 공무원연금법 일부를 다음과 같이 개정한다.

제16조의2 전단 중 "「택지개발촉진법」 또는 「임대주택법」"을 "「택지개발촉진법」, 「민간임대주택에 관한 특별법」 또는 「공공주택 특별법」"으로 한다.

⑤ 농어촌마을 주거환경 개선 및 리모델링 촉진을 위한 특별법 일부를 다음과 같이 개정한다.

제12조 중 "「임대주택법」 제6조"를 "「민간임대주택에 관한 특별

법」 제5조"로 한다.

⑥ 농어촌정비법 일부를 다음과 같이 개정한다.

제63조제1호 중 "「임대주택법」 제6조"를 "「민간임대주택에 관한 특별법」 제5조"로 한다.

⑦ 대도시권 광역교통 관리에 관한 특별법 일부를 다음과 같이 개정한다.

제11조의2제1항제3호 각 목 외의 부분 중 "5년"을 "4년"으로, "「임대주택법」에 따라 임대주택"을 "「민간임대주택에 관한 특별법」에 따른 민간임대주택 또는 「공공주택 특별법」에 따른 공공임대주택"으로 한다.

제11조의3제4항 중 "「임대주택법」 제21조제10항"을 "「공공주택 특별법」 제50조의3"으로 한다.

⑧ 도시개발법 일부를 다음과 같이 개정한다

제5조제1항제15호 중 "임대주택건설계획"을 "임대주택(「민간임대주택에 관한 특별법」에 따른 민간임대주택 및 「공공주택 특별법」에 따른 공공임대주택을 말한다. 이하 같다)건설계획"으로 한다.

제21조의3제4항 전단 중 "「임대주택법」 제20조 및 제21조"를 "「민간임대주택에 관한 특별법」 제42조 및 제44조, 「공공주택 특별법」 제48조, 제49조 및 제50조의3"으로 한다.

⑨ 도시 및 주거환경정비법 일부를 다음과 같이 개정한다.

제4조의2제1항제2호 중 "임대주택"을 "임대주택(「민간임대주택에 관한 특별법」에 따른 민간임대주택 및 「공공주택 특별법」에 따른 공공임대주택을 말한다. 이하 같다)"으로 한다.

제30조의3제3항 후단 중 "「임대주택법」 제16조제3항"을 "「공공주택 특별법」 제50조의2"로 한다.

제50조제4항 본문 중 "「임대주택법」 제20조와 제21조"를 "「민간임대주택에 관한 특별법」 제42조 및 제44조, 「공공주택 특별법」 제48조, 제49조 및 제50조의3"으로 한다.

제67조제1항 중 "임대주택(「임대주택법」 제2조제1호에 따른 임대주택을 말한다. 이하 같다)"을 "임대주택"으로 한다.

⑩ 도청이전을 위한 도시건설 및 지원에 관한 특별법 일부를 다음과 같이 개정한다.

제32조제4항 중 "「임대주택법」 제4조"를 "「공공주택 특별법」 제

48조”로 한다.

⑪ 법인세법 일부를 다음과 같이 개정한다.

제51조의2제1항제6호 중 “「임대주택법」”을 “「민간임대주택에 관한 특별법」 또는 「공공주택 특별법」”으로 한다.

⑫ 부도공공건설임대주택 임차인 보호를 위한 특별법 일부를 다음과 같이 개정한다.

제1조 중 “「임대주택법」”을 “「임대주택법」(법률 제13499호로 개정되기 전의 것을 말한다. 이하 같다)”으로 한다.

⑬ 부동산투자회사법 일부를 다음과 같이 개정한다.

제14조의8제3항제2호 및 제16조제3항 중 “「임대주택법」 제2조제1호의 임대주택”을 각각 “임대주택(「민간임대주택에 관한 특별법」에 따른 민간임대주택 및 「공공주택 특별법」에 따른 공공임대주택을 말한다)”으로 한다.

⑭ 사회기반시설에 대한 민간투자법 일부를 다음과 같이 개정한다.

제2조제1호조목을 다음과 같이 한다.

조. 「공공주택 특별법」 제2조제1호가목에 따른 공공임대주택

⑮ 사회보장급여의 이용 · 제공 및 수급권자 발굴에 관한 법률 일부를 다음과 같이 개정한다.

제48조제1항 전단 중 “「임대주택법」”을 “「공공주택 특별법」”으로 한다.

⑯ 장기공공임대주택 입주자 삶의 질 향상 지원법 일부를 다음과 같이 개정한다.

제5조 중 “「임대주택법」 제20조제3항”을 “「공공주택 특별법」 제49조제4항”으로 한다.

제7조제2항 중 “「임대주택법」 제31조”를 “「공공주택 특별법」 제50조의4”로 한다.

제11조 중 “「임대주택법」 및 「공공주택건설 등에 관한 특별법」”을 “「공공주택 특별법」”으로 한다.

⑰ 장애인 · 고령자 등 주거약자 지원에 관한 법률 일부를 다음과 같이 개정한다.

제2조제2호가목부터 다목까지를 각각 다음과 같이 한다.

가. 주거약자에게 임대할 목적으로 건설하는 「민간임대주택에

관한 특별법」 제2조제2호의 민간건설임대주택

나. 주거약자에게 임대할 목적으로 개조한 「민간임대주택에 관한 특별법」 제2조제2호의 민간건설임대주택 또는 같은 조 제3호의 민간매입임대주택

다. 「공공주택 특별법」 제2조제1호가목의 공공임대주택으로서 가목과 나목에 준하는 주택

제4조 중 "「임대주택법」"을 "「민간임대주택에 관한 특별법」"으로 한다.

제10조제1항 중 "국가 또는 지방자치단체의 재정이나 「주택도시기금법」에 따른 주택도시기금(이하 "주택도시기금"이라 한다)의 자금을 지원받아 「임대주택법」 제2조제2호가목에 해당하는 건설임대주택"을 "「공공주택 특별법」 제2조제1호가목의 공공임대주택"으로 한다.

제14조제1항 각 호 외의 부분 전단 중 "「임대주택법」 제26조"를 "「민간임대주택에 관한 특별법」 제46조 또는 「공공주택 특별법」 제49조제6항"으로, "임대 조건"을 "임대차계약"으로 한다.

⑱ 조세특례제한법 일부를 다음과 같이 개정한다.

제96조제1항 중 "「임대주택법」 제2조제3호의3"을 "「민간임대주택에 관한 특별법」 제2조제5호"로 한다.

제97조제1항 각 호 외의 부분 단서 중 "「임대주택법」에 따른 건설임대주택"을 "「민간임대주택에 관한 특별법」 또는 「공공주택 특별법」에 따른 건설임대주택"으로 한다.

제97조의2제1항제1호 각 목 외의 부분 중 "「임대주택법」에 따른 건설임대주택"을 "「민간임대주택에 관한 특별법」 또는 「공공주택 특별법」에 따른 건설임대주택"으로 하고, 같은 항 제2호 각 목 외의 부분 중 "「임대주택법」에 따른 매입임대주택"을 "「민간임대주택에 관한 특별법」 또는 「공공주택 특별법」에 따른 매입임대주택"으로 한다.

제97조의3제1항 각 호 외의 부분 본문 중 "「임대주택법」 제2조제3호의3"을 "「민간임대주택에 관한 특별법」 제2조제5호"로, "같은 법 제6조의2"를 "같은 법 제5조"로 한다.

제97조의4제1항 본문 중 "「임대주택법」 제2조제3호에 따른 매입임대주택"을 "「민간임대주택에 관한 특별법」 제2조제3호의 민간매입임대주택 및 「공공주택 특별법」 제2조제1호의3에 따른 공공매입임대주택"으로 한다.

제97조의5제1항 각 호 외의 부분 중 “「임대주택법」 제2조제3호의3”을 “「민간임대주택에 관한 특별법」 제2조제5호”로 하고, 같은 항 제1호 중 “「임대주택법」 제2조제3호의 매입임대주택”을 “「민간임대주택에 관한 특별법」 제2조제3호의 민간매입임대주택 및 「공공주택 특별법」 제2조제1호의3에 따른 공공매입임대주택”으로, “「임대주택법」 제6조의2”를 “「민간임대주택에 관한 특별법」 제5조”로 한다.

제98조의6제1항제2호, 제98조의8제1항 전단 중 “「임대주택법」 제6조”를 각각 “「민간임대주택에 관한 특별법」 제5조”로 한다.

제106조제1항제4호의5 중 “「임대주택법」 제16조제1항제1호”를 “「공공주택 특별법」 제50조의2제1항”으로 한다.

⑲ 종합부동산세법 일부를 다음과 같이 개정한다.

제8조제2항제1호 중 “「임대주택법」 제2조제1호의 규정에 의한 임대주택”을 “「민간임대주택에 관한 특별법」에 따른 민간임대주택, 「공공주택 특별법」에 따른 공공임대주택”으로 한다.

⑳ 주택도시기금법 일부를 다음과 같이 개정한다.

제2조제1항제5호 중 “「임대주택법」 제2조제1호에 따른 임대주택”을 “「민간임대주택에 관한 특별법」에 따른 민간임대주택 및 「공공주택 특별법」에 따른 공공임대주택”으로 한다.

㉑ 주택법 일부를 다음과 같이 개정한다.

제2조제3호의2 중 “「임대주택법」 제2조제2호의 건설임대주택”을 “「민간임대주택에 관한 특별법」 제2조제2호에 따른 민간건설임대주택 및 「공공주택 특별법」에 따른 공공임대주택”으로 하고, 같은 조 제6호의2 중 “「임대주택법」 제2조제1호에 따른 임대주택”을 “임대주택(「민간임대주택에 관한 특별법」에 따른 민간임대주택 및 「공공주택 특별법」에 따른 공공임대주택을 말한다. 이하 같다)”으로 하며, 같은 조 제14호라목 중 “「임대주택법」 제2조제4호에 따른 임대사업자”를 “임대사업자(「민간임대주택에 관한 특별법」 제2조제7호에 따른 임대사업자 또는 「공공주택 특별법」 제4조제1항에 따른 공공주택사업자를 말한다. 이하 같다)”로 하고, 같은 조 제18호를 삭제한다.

제6조제1항 중 “「임대주택법」”을 “「민간임대주택에 관한 특별법」 및 「공공주택 특별법」”으로 한다.

제9조제3항을 삭제한다.

제38조의6제3항 중 “「임대주택법」 제16조제3항”을 “「공공주택 특

별법」 제50조의2"로 한다.

제43조제10항 전단 중 "「임대주택법」 제2조제4호에 따른 임대사업자"를 "임대사업자"로 하고, 같은 항 후단 중 "「임대주택법」 제29조"를 "「민간임대주택에 관한 특별법」 제52조 및 「공공주택 특별법」 제50조"로 한다.

제44조제4항 전단 중 "「임대주택법」 제2조제1호에 따른 임대주택"을 "임대주택"으로, "「임대주택법」 제2조제4호에 따른 임대사업자(이하 이 조에서 "임대사업자"라 한다)"를 "임대사업자"로 하고, 같은 항 후단 중 "「임대주택법」 제29조제3항"을 "「민간임대주택에 관한 특별법」 제52조 및 「공공주택 특별법」 제50조"로 한다.

제53조의2부터 제53조의7까지를 각각 삭제한다.

제55조제1항제2호 및 제55조의2제3항제2호 중 "「임대주택법」 제2조제4호에 따른 임대사업자"를 각각 "임대사업자"로 한다.

제81조제3항을 삭제한다.

제82조제1항제3호, 제97조제14호의2, 제98조제7호의2, 제101조제3항제13호의2 및 제13호의3을 각각 삭제한다.

㉒ 지방세특례제한법 일부를 다음과 같이 개정한다.

제31조제1항 각 호 외의 부분 본문 중 "「임대주택법」 제2조제4호에 따른 임대사업자"를 "「공공주택 특별법」에 따른 공공주택사업자 및 「민간임대주택에 관한 특별법」에 따른 임대사업자"로, "「임대주택법」 제2조제3호에 따른 오피스텔"을 "「민간임대주택에 관한 특별법」 제2조제1호에 따른 준주택 중 오피스텔"로 하고, 같은 항 제2호 중 "「임대주택법」 제16조제1항제1호·제2호·제2호의2 및 제3호에 따른"을 "「민간임대주택에 관한 특별법」 또는 「공공주택 특별법」에 따라 10년 이상의"로 하며, 같은 조 제2항 중 "「임대주택법」 제16조제1항 각 호"를 "「민간임대주택에 관한 특별법」 제43조제1항 또는 「공공주택 특별법」 제50조의2제1항"으로 하고, 같은 조 제3항 제1호 중 "「임대주택법」 제16조제1항제1호 및 제2호에 따른"을 "「공공주택 특별법」 제50조의2제1항에 따라 30년 이상"으로 한다.

제31조의3제1항 각 호 외의 부분 중 "「임대주택법」 제6조의2"를 "「민간임대주택에 관한 특별법」 제2조제5호"로, "「임대주택법」 제2조제3호에 따른 오피스텔"을 "「민간임대주택에 관한 특별법」 제2조제1호에 따른 준주택 중 오피스텔"로 하고, 같은 조 제2항 본문 중

“「임대주택법」 제6조의3”을 “「민간임대주택에 관한 특별법」 제6조”로, “취소”를 “말소”로 하며, 같은 항 단서 중 “「임대주택법」 제16조제3항”을 “「민간임대주택에 관한 특별법」 제43조제2항 및 제4항”으로, “매입임대사업자”를 “임대사업자”로, “취소”를 “말소”로 한다.

제139조제1항 각 호 외의 부분 단서 중 “「임대주택법」에 따른 건설임대주택”을 “「민간임대주택에 관한 특별법」 또는 「공공주택 특별법」에 따른 건설임대주택”으로 한다.

제140조제1항제1호 각 목 외의 부분 중 “「임대주택법」에 따른 건설임대주택”을 “「민간임대주택에 관한 특별법」 또는 「공공주택 특별법」에 따른 건설임대주택”으로 하고, 같은 항 제2호 각 목 외의 부분 중 “「임대주택법」에 따른 매입임대주택”을 “「민간임대주택에 관한 특별법」 또는 「공공주택 특별법」에 따른 매입임대주택”으로 한다.

제146조제1항제2호 중 “「임대주택법」 제6조”를 “「민간임대주택에 관한 특별법」 제5조”로 한다.

제180조의2제2항제4호 중 “「임대주택법」 제17조제1항제2호에 따른”을 “대통령령으로 정하는”으로 한다.

㉓ 폐광지역 개발 지원에 관한 특별법 일부를 다음과 같이 개정한다.

제11조의4 중 “「임대주택법」 제16조제1항제2호에 해당하는”을 “「공공주택 특별법」에 따라 30년을 임대하는”으로 한다.

㉔ 한국보훈복지의료공단법 일부를 다음과 같이 개정한다.

제6조의4 전단 중 “「택지개발촉진법」 또는 「임대주택법」”을 “「택지개발촉진법」·「민간임대주택에 관한 특별법」 또는 「공공주택 특별법」”으로 한다.

㉕ 법률 제13474호 공동주택관리법 일부를 다음과 같이 개정한다.

제2조제19호 중 “「임대주택법」 제2조제1호에 따른 임대주택”을 “「민간임대주택에 관한 특별법」 제2조제1호에 따른 민간임대주택 및 「공공주택 특별법」에 따른 공공임대주택”으로, “같은 조 제4호에 따른 임대사업자”를 “「민간임대주택에 관한 특별법」 제2조제7호에 따른 임대사업자 및 「공공주택 특별법」 제4조제1항에 따른 공공주택사업자”로, “같은 법 제29조”를 “「민간임대주택에 관한 특별법」

제52조 및 「공공주택 특별법」 제50조"로 한다.
제4조제2항 중 "「임대주택법」"을 "「민간임대주택에 관한 특별법」 또는 「공공주택 특별법」"으로 한다.
제10조제1항 후단 중 "「임대주택법」 제29조제3항"을 "「민간임대주택에 관한 특별법」 제52조제3항"으로 한다.
제14조제4항제3호 중 "「임대주택법」"을 "「민간임대주택에 관한 특별법」, 「공공주택 특별법」"으로 한다.
제56조제2항제2호 중 "「임대주택법」 제2조제1호에 따른 임대주택"을 "「민간임대주택에 관한 특별법」 제2조제1호에 따른 민간임대주택 및 「공공주택 특별법」에 따른 공공임대주택"으로 한다.
제60조 중 "「임대주택법」에 따른 임대사업자"를 "「민간임대주택에 관한 특별법」 및 「공공주택 특별법」에 따른 임대사업자"로 한다.
법률 제13474호 공동주택관리법 부칙 제34조제11항을 다음과 같이 한다.
⑪ 법률 제13499호 임대주택법 전부개정법률 일부를 다음과 같이 개정한다.
제3조 중 "「건축법」"을 "「건축법」, 「공동주택관리법」"으로 한다.
제51조제1항 중 "「주택법」"을 "「공동주택관리법」"으로 하고, 같은 조 제2항 중 "「주택법」 제53조"를 "「공동주택관리법」 제2조제1항제15호"로 한다.
제53조제2항 중 "「주택법」 제43조"를 "「공동주택관리법」 제11조"로 한다.
제62조 중 "제58조 및 「주택법」 제81조"를 "제58조, 「주택법」 제81조 또는 「공동주택관리법」 제81조"로 한다.
제16조(다른 법령과의 관계) 이 법 시행 당시 다른 법령에서 종전의 「임대주택법」 또는 그 규정을 인용하고 있는 경우 이 법 중 그에 해당하는 규정이 있는 경우에는 종전의 「임대주택법」 또는 그 규정을 갈음하여 이 법 또는 이 법의 해당 조항을 인용한 것으로 본다.

부칙 〈제13782호, 2016. 1. 19.〉 (감정평가 및 감정평가사에 관한 법률)
제1조(시행일) 이 법은 2016년 9월 1일부터 시행한다.
제2조 부터 제6조까지 생략

제7조(다른 법률의 개정) ①부터 ⑪까지 생략

⑫ 민간임대주택에 관한 특별법 일부를 다음과 같이 개정한다.

제28조제2항 후단 중 "「부동산 가격공시 및 감정평가에 관한 법률」"을 "「감정평가 및 감정평가사에 관한 법률」"로 한다.

⑬부터 ㉕까지 생략

제8조 생략

부칙 〈제13805호, 2016. 1. 19.〉 (주택법)

제1조(시행일) 이 법은 2016년 8월 12일부터 시행한다.

제2조 부터 제20조까지 생략

제21조(다른 법률의 개정) ①부터 ㉝까지 생략

㉞ 민간임대주택에 관한 특별법 일부를 다음과 같이 개정한다.

제2조제2호나목 중 "「주택법」 제9조"를 "「주택법」 제4조"로, "같은 법 제16조"를 "같은 법 제15조"로 하고, 제9조제4호 및 제5호 중 "「주택법」 또는 「공공주택 특별법」"을 각각 "「주택법」, 「공공주택 특별법」 또는 「공동주택관리법」"으로 하며, 제17조 후단 중 "「주택법」 제16조"를 "「주택법」 제15조"로 하고, 제18조제1항 중 "「주택법」 제25조"를 "「주택법」 제30조"로 하며, 같은 조 제6항 중 "「주택법」 제38조"를 "「주택법」 제54조"로, "같은 법 제38조의2"를 "같은 법 제57조"로 하고, 제19조 중 "「주택법」 제23조"를 "「주택법」 제28조"로 하며, 제20조제2항 본문 중 "「주택법」 제16조"를 "「주택법」 제15조"로 하고, 제21조 각 호 외의 부분 본문 중 "「주택법」 제16조"를 각각 "「주택법」 제15조"로 하며, 제33조제1항제2호 중 "「주택법」 제16조"를 "「주택법」 제15조"로 하고, 제35조제2항제3호 중 "「주택법」 제21조"를 "「주택법」 제35조"로 하며, 제42조제2항 중 "「주택법」 제4장을"을 "「주택법」 제20조, 제54조, 제55조, 제57조부터 제65조까지를"로 하고, 제62조제1항 중 "「주택법」 제81조"를 "「주택법」 제85조"로 한다.

㉟부터 〈86〉까지 생략

제22조 생략

부칙 〈제14480호, 2016. 12. 27.〉 (농어촌정비법)

제1조(시행일) 이 법은 공포한 날부터 시행한다. 〈단서 생략〉

제2조 부터 제6조까지 생략

제7조(다른 법률의 개정) ①부터 ㉚까지 생략

㉛ 민간임대주택에 관한 특별법 일부를 다음과 같이 개정한다.

제29조제1항제7호 중 "목적 외 사용의 승인"을 "사용허가"로 한다.

㉜부터 〈65〉까지 생략

부칙 〈제14532호, 2017. 1. 17.〉 (물환경보전법)

제1조(시행일) 이 법은 공포 후 1년이 경과한 날부터 시행한다. 다만, 부칙 제6조에 따라 개정되는 법률 중 이 법 시행 전에 공포되었으나 시행일이 도래하지 아니한 법률을 개정한 부분은 각각 해당 법률의 시행일부터 시행한다.

제2조 부터 제5조까지 생략

제6조(다른 법률의 개정) ①부터 ㉞까지 생략

㉟ 민간임대주택에 관한 특별법 일부를 다음과 같이 개정한다.

제29조제1항제19호 중 "「수질 및 수생태계 보전에 관한 법률」 제33조"를 "「물환경보전법」 제33조"로 한다.

㊱부터 〈89〉까지 생략

제7조 생략

부칙 〈제14542호, 2017. 1. 17.〉

제1조(시행일) 이 법은 공포 후 6개월이 경과한 날부터 시행한다.

제2조(토지 등의 우선 공급에 관한 적용례) 제18조제3항 단서의 개정규정은 이 법 시행 후 최초로 공동주택용지 공급계획을 수립하는 경우부터 적용한다.

제3조(촉진지구의 지정 및 촉진지구에서의 시설 설치 특례에 관한 적용례) 제22조제2항 및 제35조제1항제1호의 개정규정은 이 법 시행 후 최초로 지구계획을 승인하는 경우부터 적용한다.

제4조(민간임대주택 공급 신고에 관한 적용례) 제42조제3항의 개정규정은 이 법 시행 후 최초로 임차인을 모집하는 경우부터 적용한다.

제5조(임대보증금에 대한 보증에 관한 적용례) 제49조의 개정규정은 이 법 시행 후 최초로 임차인을 모집하는 경우부터 적용한다.

부칙 〈제14912호, 2017. 10. 24.〉 (자연재해대책법)

제1조(시행일) 이 법은 공포 후 1년이 경과한 날부터 시행한다.
제2조 생략
제3조(다른 법률의 개정) ①부터 ⑥까지 생략
⑦ 민간임대주택에 관한 특별법 일부를 다음과 같이 개정한다.
제24조제2항제2호 중 "사전재해영향성검토에 관한 협의"를 "재해영향평가등의 협의"로 한다.
제32조제1항제6호 중 "사전재해영향성검토"를 "재해영향평가등"으로 하고, 같은 조 제3항제8호 및 제8항제6호의 "사전재해영향성검토위원회"를 각각 "재해영향평가심의위원회"로 한다.
⑧부터 ⑭까지 생략

부칙 〈제15309호, 2017. 12. 26.〉 (혁신도시 조성 및 발전에 관한 특별법)
제1조(시행일) 이 법은 공포 후 3개월이 경과한 날부터 시행한다. 〈단서 생략〉
제2조 생략
제3조(다른 법률의 개정) ①부터 ⑤까지 생략
⑥ 민간임대주택에 관한 특별법 일부를 다음과 같이 개정한다.
제18조제2항 중 "「공공기관 지방이전에 따른 혁신도시 건설 및 지원에 관한 특별법」"을 각각 "「혁신도시 조성 및 발전에 관한 특별법」"으로 한다.
제37조제1항 중 "「공공기관 지방이전에 따른 혁신도시 건설 및 지원에 관한 특별법」"을 "「혁신도시 조성 및 발전에 관한 특별법」"으로 한다.
⑦부터 ⑲까지 생략
제4조 생략

부칙 〈제15319호, 2017. 12. 26.〉
이 법은 공포 후 3개월이 경과한 날부터 시행한다.

부칙 〈제15356호, 2018. 1. 16.〉
제1조(시행일) 이 법은 공포 후 6개월이 경과한 날부터 시행한다.
제2조(용적률의 완화로 건설되는 주택의 공급 등에 관한 적용례) ①

제21조의2(제21조의3 및 제35조의2에 따라 준용되는 경우를 포함한다)의 개정규정은 이 법 시행 후 최초로 「주택법」 제15조에 따른 사업계획승인을 신청하는 경우 또는 「건축법」 제11조에 따른 건축허가를 신청하는 경우부터 적용한다.

② 이 법 시행 후 제21조의2(제21조의3 및 제35조의2에 따라 준용되는 경우를 포함한다)의 개정규정에 따라 해당 지방자치단체의 조례로 정하도록 한 비율을 정하지 아니한 경우에는 같은 개정규정에서 정한 기준 비율을 적용한다.

제3조(촉진지구 통합 승인에 관한 적용례) 제33조의 개정규정은 이 법 시행 전에 촉진지구 지정과 지구계획을 함께 신청한 촉진지구에 대해서도 적용한다.

제4조(임대사업자의 설명의무에 관한 적용례) 제48조제1항제4호의 개정규정은 이 법 시행 후 임대사업자가 임차인과 임대차계약을 체결하거나 계약내용을 변경하는 경우부터 적용한다.

제5조(이미 등록한 민간임대주택등에 관한 특례) ① 이 법 시행 후 제5조의 개정규정에 따라 임대사업자가 등록한 공공지원민간임대주택을 다른 법령에서 인용하는 경우 종전 규정에 따라 등록한 기업형임대주택을 포함한다.

② 이 법 시행 후 제5조의 개정규정에 따라 임대사업자가 등록한 장기일반민간임대주택을 다른 법령에서 인용하는 경우 종전 규정에 따라 등록한 준공공임대주택을 포함한다.

③ 이 법 시행 후 제5조의 개정규정에 따라 임대사업자가 등록한 단기민간임대주택을 다른 법령에서 인용하는 경우 종전 규정에 따라 등록한 단기임대주택을 포함한다.

④ 이 법 시행 당시 또는 이 법 시행 이후 종전 규정에 따라 등록한 기업형임대주택 또는 준공공임대주택(법률 제13499호 임대주택법 전부개정법률 부칙 제3조제3항제1호 및 제2호에 따라 준공공임대주택으로 보는 주택을 포함한다)은 이 법에 따른 장기일반민간임대주택으로 본다. 다만, 법률 제13499호 임대주택법 전부개정법률 부칙 제3조제3항제1호 및 제2호에 따라 준공공임대주택으로 보는 주택의 임대의무기간, 임대의무기간 이내 매각요건 및 절차, 저당권 설정 제한, 임대주택의 전대 제한, 경매 시 임차인 우선매수권 부여, 특별수선충당금의 적립대상에 관하여는 종전의 규정을 적용한

다. 〈개정 2020. 8. 18.〉

⑤ 이 법 시행 당시 종전 규정에 따라 등록한 단기임대주택(법률 제13499호 임대주택법 전부개정법률 부칙 제3조제3항제3호에 따라 단기임대주택으로 보는 주택을 포함한다)은 이 법에 따른 단기민간임대주택으로 본다. 다만, 법률 제13499호 임대주택법 전부개정법률 부칙 제3조제3항제3호에 따라 단기임대주택으로 보는 주택의 임대의무기간, 임대의무기간 이내 매각요건 및 절차, 저당권 설정 제한, 임대주택의 전대 제한, 경매 시 임차인 우선매수권 부여, 특별수선충당금의 적립대상에 관하여는 종전의 규정을 적용한다. 〈개정 2020. 8. 18.〉

⑥ 이 법 시행 당시 종전 규정에 따라 등록한 기업형임대사업자와 일반형임대사업자는 제5조의 개정규정에 따른 임대사업자로 본다.

제6조(토지 등을 우선 공급받은 자 등에 관한 경과조치) 이 법 시행 전에 종전의 제18조에 따라 토지등을 공급받거나 공공택지를 임대주택 용도로 공급받은 자는 종전의 규정에 따른다.

제7조(「국토의 계획 및 이용에 관한 법률」 등 특례에 관한 경과조치) 이 법 시행 전에 종전의 규정에 따라 「주택법」 제15조에 따른 사업계획승인을 신청하였거나 「건축법」 제11조에 따른 건축허가를 신청한 경우에는 제21조의 개정규정에도 불구하고 종전의 규정에 따른다.

제8조(촉진지구로 지정된 지구에 관한 경과조치) 이 법 시행 당시 종전의 규정에 따라 기업형임대주택 공급촉진지구로 지정된 지구는 제22조의 개정규정에 따른 촉진지구로 본다. 다만, 부칙 제5조제4항에도 불구하고 이 법 시행 전에 종전의 규정에 따라 기업형임대주택건설 사업계획승인이 신청된 촉진지구는 종전의 규정에 따른다.

제9조(개발제한구역의 특례에 관한 경과조치) 이 법 시행 전에 촉진지구 지정을 위하여 개발제한구역 해제를 신청한 경우로서 종전의 제31조에 따라 개발제한구역 해제 절차가 진행 중이거나 해제가 완료된 경우에는 제31조의 개정규정에도 불구하고 종전의 규정에 따른다.

제10조(종전부동산 활용계획 변경에 관한 경과조치) 이 법 시행 당시 종전부동산 활용계획 변경이 진행 중인 경우에는 제37조의 개정규정에도 불구하고 종전의 규정에 따른다.

제11조(공공택지 공급에 따른 경과조치) 이 법 시행 당시 기업형임대주택 건설용으로 공공택지를 공급받기 위하여 「부동산투자회사법」 제2조에 따른 부동산투자회사(주택도시기금 또는 주택도시기금이 출자한 부동산투자회사 또는 집합투자기구가 총 지분의 50퍼센트를 초과하여 출자하는 경우로 한정한다)가 같은 법 제9조에 따른 영업인가를 신청한 경우 종전규정에 따른다.

제12조(다른 법률의 개정) ① 법률 제14567호 도시 및 주거환경정비법 일부를 다음과 같이 개정한다.

제9조제1항제10호 각 목 외의 부분 본문 및 단서 중 "기업형임대주택"을 각각 "공공지원민간임대주택"으로 하고, 같은 호 가목 중 "기업형임대주택"을 "공공지원민간임대주택"으로 하며, 같은 호 라목 중 "기업형임대주택"을 "공공지원민간임대주택"으로 한다.

제14조제1항제4호 중 "기업형임대주택"은 "공공지원민간임대주택"으로 한다.

제30조의 제목 "(기업형임대사업자의 선정)"을 "(임대사업자의 선정)"으로 하고, 같은 조 제1항 중 "기업형임대주택"을 "공공지원민간임대주택"으로, "「민간임대주택에 관한 특별법」 제2조제8호에 따른 기업형임대사업자(이하 "기업형임대사업자"라 한다)"를 "「민간임대주택에 관한 특별법」 제2조제7호에 따른 임대사업자(이하 "임대사업자"라 한다)"로 하며, 같은 조 제2항 중 "기업형임대사업자"를 "임대사업자"로 한다.

제52조제1항제8호 중 "기업형임대주택"을 "공공지원민간임대주택"으로 한다.

제74조제1항제4호 각 목 외의 부분 단서 중 "기업형임대사업자"를 "임대사업자"로 하고, 같은 호 나목을 다음과 같이 한다.

나. 공공지원민간임대주택

제114조제5호 중 "기업형임대주택"을 "공공지원민간임대주택"으로 한다.

② 법률 제14569호 빈집 및 소규모주택 정비에 관한 특례법 일부를 다음과 같이 개정한다.

제34조제5항 전단 중 "준공공임대주택(이하 "준공공임대주택"이라 한다)"을 "공공지원민간임대주택(이하 "공공지원민간임대주택"이라 한다)"으로 한다.

제49조제1항제2호를 다음과 같이 한다.

2. 공공지원민간임대주택

③ 조세특례제한법 일부를 다음과 같이 개정한다.

제55조의2제5항제1호 중 “기업형임대주택”을 “공공지원민간임대주택”으로, “준공공임대주택”을 “장기일반민간임대주택”으로 한다.

제96조제1항 중 “기업형임대주택”을 “공공지원민간임대주택”으로, “준공공임대주택”을 “장기일반민간임대주택”으로, “준공공임대주택등”을 “장기일반민간임대주택등”으로 한다.

제96조제2항 중 “준공공임대주택등”을 “장기일반민간임대주택등”으로 한다.

제97조의3의 제목 “(준공공임대주택등에 대한 양도소득세의 과세특례)”를 “(장기일반민간임대주택등에 대한 양도소득세의 과세특례)”로 하고, 같은 조 제1항 각 호 외의 부분 본문 중 “기업형임대주택”을 “공공지원민간임대주택”으로, “준공공임대주택”을 “장기일반민간임대주택”으로, “준공공임대주택등”을 “장기일반민간임대주택등”으로 하며, 같은 항 각 호 외의 부분 단서 중 “준공공임대주택등”을 “장기일반민간임대주택등”으로 한다.

제97조의5의 제목 “(준공공임대주택등에 대한 양도소득세 감면)”을 “(장기일반민간임대주택등에 대한 양도소득세 감면)”으로 하고, 같은 조 제1항 각 호 외의 부분 중 “기업형임대주택”을 “공공지원민간임대주택”으로, “준공공임대주택”을 “장기일반민간임대주택”으로, “준공공임대주택등”을 “장기일반민간임대주택등”으로 하며, 같은 항 제1호 및 제2호 중 “준공공임대주택등”을 각각 “장기일반민간임대주택등”으로 하고, 같은 조 제2항 중 “준공공임대주택등”을 “장기일반민간임대주택등”으로 한다.

제97조의7의 제목 “(기업형임대사업자에게 양도한 토지에 대한 과세특례)”를 “(임대사업자에게 양도한 토지에 대한 과세특례)”로 하고, 같은 조 제1항 중 “「민간임대주택에 관한 특별법」 제2조제8호에 따른 기업형임대사업자(이하 이 조에서 "기업형임대사업자"라 한다)”를 “공공지원민간임대주택을 300호 이상 건설하려는 「민간임대주택에 관한 특별법」 제2조제7호에 따른 임대사업자(이하 이 조에서 "임대사업자"라 한다)”로 하며, 같은 조 제3항 각 호 외의 부분 중 “기업형임대사업자”를 “임대사업자”로 하고, 같은 항 제1호 중 “기

업형임대주택사업"을 "공공지원민간임대주택 개발사업"으로, "기업형임대주택"을 "공공지원민간임대주택"으로 하며, 같은 항 제2호 중 "기업형임대사업자"를 "임대사업자"로, "기업형임대주택"을 각각 "공공지원민간임대주택"으로 한다.

④ 주택법 일부를 다음과 같이 개정한다.

제2조제24호마목 중 "기업형임대주택"을 "공공지원민간임대주택"으로 한다.

⑤ 지방세특례제한법 일부를 다음과 같이 개정한다.

제31조의3의 제목 "(준공공임대주택 등에 대한 감면)"을 "(장기일반민간임대주택 등에 대한 감면)"으로 하고, 같은 조 제1항 각 호 외의 부분 중 "기업형임대주택"을 "공공지원민간임대주택"으로, "준공공임대주택"을 "장기일반민간임대주택"으로 하며, 같은 조 제2항 본문 중 "준공공임대주택 사업자"를 "임대사업자"으로 한다.

제138조제1항 중 "기업형임대주택"을 "공공지원민간임대주택"으로, "준공공임대주택"을 "장기일반민간임대주택"으로, "준공공임대주택등"을 "장기일반민간임대주택등"으로 하고, 같은 조 제2항 중 "(준공공임대주택등의 경우에는 8년)"을 "(장기일반민간임대주택등의 경우에는 8년)"으로 한다.

제140조의2의 제목 "(준공공임대주택에 대한 양도소득분 개인지방소득세 세액감면)"을 "(장기일반민간임대주택등에 대한 양도소득분 개인지방소득세 세액감면)"으로 한다.

제140조의3의 제목 "(기업형임대사업자에게 양도한 토지에 대한 과세특례)"를 "(임대사업자에게 양도한 토지에 대한 과세특례)"로 하고, 같은 조 제1항 중 "「민간임대주택에 관한 특별법」 제2조제8호에 따른 기업형임대사업자(이하 이 조에서 "기업형임대사업자"라 한다)"를 "공공지원민간임대주택을 300호 이상 건설하려는 「민간임대주택에 관한 특별법」 제2조제7호에 따른 임대사업자(이하 이 조에서 "임대사업자"라 한다)"로 하며, 같은 조 제3항 각 호 외의 부분 중 "기업형임대사업자"를 "임대사업자"로 하고, 같은 항 제1호 중 "기업형임대주택사업"을 "공공지원민간임대주택 개발사업"으로, "기업형임대주택"을 "공공지원민간임대주택"으로 하며, 같은 항 제2호 중 "기업형임대사업자"를 "임대사업자"로, "기업형임대주택"을 각각 "공공지원민간임대주택"으로 한다.

⑥ 한국토지주택공사법 일부를 다음과 같이 개정한다.
제19조제3항제5호 중 "「도시개발법」 제50조제2항"을 "「도시개발법」 제50조제2항 및 「민간임대주택에 관한 특별법」 제39조의2제1항"으로 한다.
제13조(다른 법률의 개정에 따른 경과조치) 부칙 제12조제1항에 따라 개정되는 「도시 및 주거환경정비법」 및 이 법의 개정규정에도 불구하고 이 법 시행 당시 종전의 「도시 및 주거환경정비법」 제9조제1항제10호에 따른 기업형임대주택 또는 임대관리 위탁주택의 건설에 관한 사항이 정비계획에 포함되어 같은 법 제16조제2항에 따라 정비구역 변경지정에 관한 고시가 된 경우 종전의 규정에 따른다.

부칙 〈제15460호, 2018. 3. 13.〉 (철도의 건설 및 철도시설 유지관리에 관한 법률)
제1조(시행일) 이 법은 공포 후 1년이 경과한 날부터 시행한다.
제2조(다른 법률의 개정) ①부터 ⑦까지 생략
⑧ 법률 제15356호 민간임대주택에 관한 특별법 일부개정법률 일부를 다음과 같이 개정한다.
제2조제13호가목 중 "「철도건설법」"을 "「철도의 건설 및 철도시설 유지관리에 관한 법률」"로 한다.
⑨부터 ⑳까지 생략
제3조 생략

부칙 〈제15730호, 2018. 8. 14.〉
제1조(시행일) 이 법은 공포 후 6개월이 경과한 날부터 시행한다. 다만, 제62조제4항제3호의 개정규정은 공포한 날부터 시행한다.
제2조(임대료 증액에 관한 적용례) 제44조제2항 및 제3항의 개정규정은 이 법 시행 후 최초로 임대사업자가 임차인과 임대차계약을 체결하거나 존속 중인 임대차계약을 갱신하는 경우부터 적용한다.
제3조(임대사업자의 설명의무에 관한 적용례) 제48조의 개정규정은 이 법 시행 후 최초로 임대사업자가 임차인과 임대차계약을 체결하거나 존속 중인 임대차계약을 갱신하는 경우부터 적용한다.

부칙 〈제16000호, 2018. 12. 18.〉

이 법은 공포 후 6개월이 경과한 날부터 시행한다.

부칙 〈제16386호, 2019. 4. 23.〉

제1조(시행일) 이 법은 공포 후 6개월이 경과한 날부터 시행한다.

제2조(임차인의 자격에 관한 적용례) 이 법 중 임차인의 자격에 관한 개정규정은 이 법 시행 후 최초로 임대사업자가 임차인의 자격을 확인하는 민간임대주택부터 적용한다.

제3조(역세권등에서 촉진지구 지정 시 면적에 관한 적용례) 이 법 시행 후 제22조제1항에 따라 해당 지방자치단체의 조례로 정하도록 한 최소면적을 정하지 아니한 경우에는 제22조제1항제2호 본문에 따른 면적을 적용한다.

제4조(최초 임대료 및 임대차계약신고에 관한 적용례) 제44조제1항 및 제46조제1항의 개정규정은 이 법 시행 이후 최초로 등록하는 민간임대주택부터 적용한다.

제5조(임대보증금에 대한 보증에 관한 적용례) 제49조제1항제3호의 개정 규정은 이 법 시행 후 최초로 임대사업자가 제49조제1항제3호에서 정한 호수 이상의 민간매입임대주택을 등록하는 경우부터 적용한다.

부칙 〈제16630호, 2019. 11. 26.〉

제1조(시행일) 이 법은 공포 후 6개월이 경과한 날부터 시행한다. 다만, 제5조의3제1항제6호 및 제5조의4의 개정규정은 공포 후 1년이 경과한 날부터 시행한다.

제2조(조합원 모집신고 및 공개모집에 관한 적용례) 제5조의2의 개정규정은 이 법 시행 전에 「협동조합 기본법」에 따라 설립된 민간임대협동조합이 이 법 시행일 이후 조합원을 모집하는 경우에도 적용한다.

부칙 〈제17091호, 2020. 3. 24.〉 (지방행정제재·부과금의 징수 등에 관한 법률)

제1조(시행일) 이 법은 공포한 날부터 시행한다. 〈단서 생략〉

제2조 및 제3조 생략

제4조(다른 법률의 개정) ①부터 ㉟까지 생략

㊱ 민간임대주택에 관한 특별법 일부를 다음과 같이 개정한다.

제10조제3항 중 “「지방세외수입금의 징수 등에 관한 법률」”을 “「지방행정제재·부과금의 징수 등에 관한 법률」”로 한다.

㊲부터 〈102〉까지 생략

제5조 생략

부칙 〈제17171호, 2020. 3. 31.〉 (전기안전관리법)

제1조(시행일) 이 법은 공포 후 1년이 경과한 날부터 시행한다. 〈단서 생략〉

제2조 부터 제5조까지 생략

제6조(다른 법률의 개정) ①부터 ㉔까지 생략

㉕ 민간임대주택에 관한 특별법 일부를 다음과 같이 개정한다.

제29조제1항제23호 중 “「전기사업법」 제62조”를 “「전기안전관리법」 제8조”로 한다.

㉖부터 〈60〉까지 생략

제7조 생략

부칙 〈제17219호, 2020. 4. 7.〉 (감정평가 및 감정평가사에 관한 법률)

제1조(시행일) 이 법은 공포 후 3개월이 경과한 날부터 시행한다.

제2조(다른 법률의 개정) ①부터 ⑫까지 생략

⑬ 민간임대주택에 관한 특별법 일부를 다음과 같이 개정한다.

제21조의2제1항제2호 후단 중 “감정평가업자(이하 "감정평가업자"라 한다)가”를 “감정평가법인등(이하 "감정평가법인등"이라 한다)이”로 한다.

제28조제2항 후단 중 “감정평가업자가”를 “감정평가법인등이”로 한다.

⑭부터 ㉕까지 생략

제3조 생략

부칙 〈제17452호, 2020. 6. 9.〉

제1조(시행일) 이 법은 공포 후 6개월이 경과한 날부터 시행한다.

제2조(신고·변경신고에 관한 적용례) 제5조제4항·제5항, 제7조제4항·제5항, 제42조제5항부터 제7항까지, 제43조제4항·제5항 및 제

46조제5항의 개정규정은 이 법 시행 후 최초로 신고·변경신고를 하는 경우부터 적용한다.

제3조(임대료 증액, 임대차계약 신고 및 조정권고에 관한 적용례) 법률 제13499호 임대주택법 전부개정법률 부칙 제3조제3항과 법률 제15356호 민간임대주택에 관한 특별법 일부개정법률 부칙 제5조제4항 및 제5항의 개정규정은 이 법 시행 후 임대사업자가 임차인과 임대차계약을 체결하거나 존속 중인 임대차계약을 갱신하는 경우부터 적용한다.

제4조(부기등기에 관한 경과조치) 이 법 시행 전에 소유권보존등기를 한 민간임대주택의 경우에는 이 법 시행 후 2년 이내에 제5조의2의 개정규정에 따라 부기등기를 하여야 한다.

부칙 〈제17453호, 2020. 6. 9.〉 (법률용어 정비를 위한 국토교통위원회 소관 78개 법률 일부개정을 위한 법률)

이 법은 공포한 날부터 시행한다. 〈단서 생략〉

부칙 〈제17482호, 2020. 8. 18.〉

제1조(시행일) 이 법은 공포한 날부터 시행한다. 다만, 제6조제1항제12호, 제48조제2항 및 법률 제17452호 민간임대주택에 관한 특별법 일부개정법률 제5조, 제5조의6, 제5조의7, 제6조, 제43조, 제67조의 개정규정은 2020년 12월 10일부터 시행한다.

제2조(결격사유에 관한 적용례) ① 법률 제17452호 민간임대주택에 관한 특별법 일부개정법률 제5조의6제1호의 개정규정은 같은 개정규정 시행 후 임대사업자로 등록하거나 제5조제3항 본문에 따른 등록사항 변경신고를 통하여 임대주택을 변경·추가신고하는 경우부터 적용한다.

② 법률 제17452호 민간임대주택에 관한 특별법 일부개정법률 제5조의6제2호의 개정규정은 같은 개정규정 시행 후 임대사업자 등록이 전부 말소되는 경우부터 적용한다.

제3조(임대주택 추가 등록 제한에 관한 적용례) 법률 제17452호 민간임대주택에 관한 특별법 일부개정법률 제5조의7의 개정규정은 같은 개정규정 시행 후 임대사업자 등록이 일부 말소되는 경우부터 적용한다.

제4조(임대보증금 보증에 관한 적용례) 제49조의 개정규정에도 불구하고 이 법 시행 당시 등록되어 있는 민간임대주택 중 제49조제1항제1호부터 제3호까지의 어느 하나에 해당하지 아니한 경우에는 이 법 시행 1년 후 임대차계약을 체결하는 경우부터 적용한다. 이 경우 제49조제4항에 따른 보증의 가입기간의 시점은 그 임대차계약 개시일로 한다.

제5조(폐지되는 민간임대주택 종류에 관한 특례) ① 이 법 시행 당시 종전의 규정에 따라 장기일반민간임대주택 중 아파트를 임대하는 민간매입임대주택 또는 단기민간임대주택을 등록한 임대사업자 및 그 민간임대주택은 임대사업자 및 그 민간임대주택의 등록이 말소되기 전까지 이 법에 따른 임대사업자 및 장기일반민간임대주택으로 보아 이 법을 적용한다. 다만, 임대의무기간은 종전의 규정에 따른다.

② 이 법 시행 당시 종전의 규정에 따라 등록한 단기민간임대주택은 이 법 시행 이후 장기일반민간임대주택 또는 공공지원민간임대주택으로 변경 등록할 수 없다.

제6조(임대의무기간 연장 등에 대한 특례) ① 제2조제4호 및 제5호의 개정규정에 따른 임대의무기간의 연장 및 제43조제4항제2호의 개정규정은 이 법 시행 이후 등록하는 민간임대주택부터 적용한다.

② 제1항에도 불구하고 이 법 시행 당시 주택도시기금 출자를 위한 민간사업자를 모집 공고한 사업에서 공급하는 공공지원민간임대주택은 종전의 규정에 따른 임대의무기간을 적용한다.

③ 제1항에도 불구하고 이 법 시행 당시 「도시 및 주거환경정비법」 제9조제1항에 따른 정비계획에 「도시 및 주거환경정비법」 제9조제1항제10호의 내용이 포함되어 있는 정비사업 (「도시 및 주거환경정비법」 제2조제2호에 따른 정비사업을 말한다)에서 공급하는 공공지원임대주택의 경우에는 종전의 규정에 따른 임대의무기간을 적용한다.

제7조(자동 등록 말소 관련 경과조치) 제6조제5항의 개정규정에도 불구하고 이 법 시행일 당시 종전의 제2조제6호에 따른 단기민간임대주택 또는 제2조제5호에 따른 장기일반임대주택 중 아파트를 임대하는 민간매입임대주택의 임대의무기간이 이 법 시행일 전에 경과된 경우에는 이 법 시행일에 그 임대주택의 등록이 말소된 것으로 본다.

부칙 〈제17738호, 2020. 12. 22.〉

제1조(시행일) 이 법은 공포 후 3개월이 경과한 날부터 시행한다.

제2조(적용례) 제23조제5항제3호의 개정규정은 이 법 시행 전 제40조제1항에 따라 지구계획 승인이 취소된 경우에 대해서도 적용한다.

부칙 〈제17739호, 2020. 12. 22.〉

제1조(시행일) 이 법은 공포한 날부터 시행한다.

제2조(분쟁의 조정에 관한 적용례) 제56조 및 제57조의 개정규정은 법률 제13499호 임대주택법 전부개정법률 부칙 제6조제2항에 따라 공공건설임대주택으로 보는 주택에 대하여도 적용한다. 이 경우 "공공주택사업자"는 "임대사업자"로 본다.

부칙 〈제17939호, 2021. 3. 16.〉 (건설기술 진흥법)

제1조(시행일) 이 법은 공포 후 3개월이 경과한 날부터 시행한다. 〈단서 생략〉

제2조 및 제3조 생략

제4조(다른 법률의 개정) ①부터 ⑦까지 생략

⑧ 민간임대주택에 관한 특별법 일부를 다음과 같이 한다.

제28조의2제1항 본문 중 "건설기술용역업자"를 "건설엔지니어링사업자"로 한다.

부칙 〈제17944호, 2021. 3. 16.〉

이 법은 공포한 날부터 시행한다. 다만, 제6조제1항제11호의 개정규정은 공포 후 2개월이 경과한 날부터 시행한다.

부칙 〈제18452호, 2021. 9. 14.〉

제1조(시행일) 이 법은 공포한 날부터 시행한다. 다만, 제6조제1항제14호, 제49조제6항, 제65조제2항 및 제67조의 개정규정은 공포 후 4개월이 경과한 날부터 시행한다.

제2조(결격사유 등에 관한 적용례) 제5조의6제2호 및 제5조의7의 개정규정은 이 법 시행 이후 임대사업자의 등록이 말소된 경우부터 적용한다.

제3조(임대차계약의 해제·해지 등에 관한 적용례) 제45조제1항의

개정규정은 이 법 시행 당시 등록되어 있는 임대사업자에 대하여도 적용한다.
제4조(임대보증금 보증에 관한 적용례) 제49조제3항제3호 및 제4호의 개정규정은 이 법 시행 이후 임대차계약을 체결하는 경우부터 적용한다.
제5조(벌칙에 관한 경과조치) 제65조제2항의 개정규정 시행 전의 위반행위에 대하여 벌칙을 적용할 때에는 같은 개정규정에도 불구하고 종전의 규정에 따른다.

부칙 〈제18750호, 2022. 1. 11.〉 (수도법)
제1조(시행일) 이 법은 공포한 날부터 시행한다. 〈단서 생략〉
제2조 부터 제5조까지 생략
제6조(다른 법률의 개정) ①부터 ⑦까지 생략
⑧ 민간임대주택에 관한 특별법 일부를 다음과 같이 개정한다.
제30조제3항 전단 중 "제4조에 따른 수도정비기본계획"을 "제5조에 따른 수도정비계획"으로 하고, 같은 항 후단 중 "수도정비기본계획"을 각각 "수도정비계획"으로 한다.
⑨부터 ⑭까지 생략

부칙 〈제19117호, 2022. 12. 27.〉 (산림자원의 조성 및 관리에 관한 법률)
제1조(시행일) 이 법은 공포 후 6개월이 경과한 날부터 시행한다.
제2조 생략
제3조(다른 법률의 개정) ①부터 ㊸까지 생략
㊹ 민간임대주택에 관한 특별법 일부를 다음과 같이 개정한다.
제29조제1항제14호 중 "「산림자원의 조성 및 관리에 관한 법률」 제36조제1항 · 제4항"을 "「산림자원의 조성 및 관리에 관한 법률」 제36조제1항 · 제5항"으로 한다.
㊺부터 〈98〉까지 생략

부칙 〈제19313호, 2023. 3. 28.〉
제1조(시행일) 이 법은 공포 후 6개월이 경과한 날부터 시행한다. 다만, 제5조의6제2호부터 제4호까지, 제5조의7 및 제6조제1항제16

호의 개정규정은 공포한 날부터 시행한다.
제2조(외국인의 임대사업자 등록에 관한 적용례) 제5조제1항 단서의 개정규정은 같은 개정규정 시행 이후 임대사업자 등록을 신청하는 외국인부터 적용한다.
제3조(임대사업자의 결격사유에 관한 적용례) 제5조의6제3호 및 제4호의 개정규정은 같은 개정규정 시행 이후 형이 확정된 사람이 같은 개정규정 시행 이후 제5조에 따라 임대사업자로 등록하는 경우부터 적용한다.
제4조(임대사업자 등록말소에 관한 적용례) 제6조제1항제16호의 개정규정은 같은 개정규정 시행 이후 형이 확정된 경우부터 적용한다.
제5조(임대사업자 등록말소 사실 공개에 관한 적용례) 제60조의2의 개정규정은 같은 개정규정 시행 이후 임대사업자 등록이 말소되는 경우부터 적용한다.

부칙 〈제19424호, 2023. 6. 1.〉
제1조(시행일) 이 법은 공포 후 4개월이 경과한 날부터 시행한다. 다만, 제5조의6제2호 및 제5조의7의 개정규정은 공포한 날부터 시행한다.
제2조(임대보증금 보증 등에 관한 적용례) 제5조제7항제1호, 제49조제1항 및 제4항의 개정규정은 이 법 시행 이후 임대사업자 등록을 신청하는 경우부터 적용한다.
제3조(결격사유 등에 관한 적용례) 제5조의6제2호 및 제5조의7의 개정규정은 같은 개정규정 시행 이후 임대사업자의 등록이 말소된 경우부터 적용한다.

부칙 〈제19680호, 2023. 8. 16.〉
제1조(시행일) 이 법은 공포 후 6개월이 경과한 날부터 시행한다.
제2조(지구계획 승인에 관한 적용례) 제28조제4항 및 제5항의 개정규정은 이 법 시행 이후 지구계획의 승인을 신청하는 경우부터 적용한다.
제3조(선수관리비에 관한 적용례) 제51조제6항의 개정규정은 이 법 시행 이후 임대사업자가 임차인과 임대차계약을 체결하는 경우부터 적용한다.

제4조(선수관리비의 반환에 관한 경과조치) 임대사업자는 이 법 시행 전에 관리규약 또는 표준임대차계약서에 따라 임차인으로부터 징수한 선수관리비를 이 법 시행 이후 임대차 계약기간 만료 등으로 임차인이 퇴거할 때 반환하여야 한다.

부칙 〈제20550호, 2024. 12. 3.〉

제1조(시행일) 이 법은 공포 후 6개월이 경과한 날부터 시행한다.

제2조(임대사업자 등록에 관한 적용례) 제5조의 개정규정은 이 법 시행 이후 임대사업자 등록을 신청하는 경우부터 적용한다.

제3조(보증금을 반환하지 아니한 임대사업자 등록 말소에 관한 적용례) 제6조제1항제12호의2의 개정규정은 이 법 시행 이후 보증금을 반환하지 아니하여 보증회사가 보증채무를 대위변제한 경우부터 적용한다.

제4조(이미 등록한 단기민간임대주택에 관한 특례) 이 법 시행 당시 종전의 규정(법률 제17482호 민간임대주택에 관한 특별법 일부개정법률에 따라 개정되기 전의 것을 말한다)에 따라 등록한 단기민간임대주택[아파트(「주택법」 제2조제20호의 도시형 생활주택이 아닌 것을 말한다)는 제외한다]은 이 법에 따른 단기민간임대주택으로 변경등록할 수 있다. 이 경우 해당 단기민간임대주택의 임대의무기간 개시일은 종전의 규정에 따른 등록 당시의 기준을 따른다.

부칙 〈제20661호, 2025. 1. 14.〉

제1조(시행일) 이 법은 공포한 날부터 시행한다. 다만, 법률 제20550호 민간임대주택에 관한 특별법 일부개정법률 제49조제8항부터 제11항까지의 개정규정은 2025년 6월 4일부터 시행한다.

제2조(적용례) 제49조제8항의 개정규정은 이 법 시행 당시 가입되어 있거나 임대사업자의 허위서류 제출을 포함한 사기, 고의 또는 중대한 과실의 사유로 보증회사가 계약을 해지 또는 취소한 임대보증금에 대한 보증에 대해서도 적용한다.

부칙 〈제21065호, 2025. 10. 1.〉 (정부조직법)

제1조(시행일) 이 법은 공포한 날부터 시행한다. 다만, 부칙 제7조에 따라 개정되는 법률 중 이 법 시행 전에 공포되었으나 시행일이

도래하지 아니한 법률을 개정한 부분은 각각 해당 법률의 시행일부터 시행하고, 다음 각 호의 개정규정은 해당 호에서 정하는 날부터 시행한다.

1. 다음 각 목의 개정규정은 2026년 1월 2일부터 시행한다. 다만, 부칙 제7조에 따라 개정되는 법률(가목 및 나목의 개정규정과 관련되는 부분으로 한정한다) 중 본문에 따른 시행일 전에 공포되었으나 본문에 따른 시행일이 도래하지 아니한 법률을 개정한 부분은 각각 해당 법률의 시행일부터 시행한다.

가. 제19조제4항, 제23조, 제29조제1항제1호 및 제30조의 개정규정

나. 제12조제2항, 제19조제3항, 제22조 및 제29조제2항 단서의 개정규정(재정경제부장관 및 재정경제부에 관한 부분으로 한정한다)

다. 부칙 제7조에 따라 개정되는 법률(가목 및 나목의 개정규정과 관련되는 부분으로 한정한다)

2. 생략

제2조 부터 제6조까지 생략

제7조(다른 법률의 개정) ①부터 〈472〉까지 생략

〈473〉 민간임대주택에 관한 특별법 일부를 다음과 같이 개정한다.

제30조제3항 후단 및 같은 조 제4항 후단 중 “환경부장관”을 각각 “기후에너지환경부장관”으로 한다.

제36조제2항 중 “기획재정부장관”을 “재정경제부장관”으로 한다.

〈474〉부터 〈626〉까지 생략

제8조 생략

민간임대주택에 관한 특별법 시행령 (약칭 : 민간임대주택법 시행령)

[시행 2025. 10. 1.] [대통령령 제35811호, 2025. 10. 1., 타법개정]

**개정 예정 법률 밑줄 별도 표시.

민간임대주택에 관한 특별법 시행령
(약칭 : 민간임대주택법 시행령)

[시행 2025. 10. 1.] [대통령령 제35811호, 2025. 10. 1., 타법개정]

제1장 총칙

제1조(목적) 이 영은 「민간임대주택에 관한 특별법」에서 위임된 사항과 그 시행에 필요한 사항을 규정함을 목적으로 한다.

제2조(준주택의 범위) 「민간임대주택에 관한 특별법」(이하 "법"이라 한다) 제2조제1호에서 "오피스텔 등 대통령령으로 정하는 준주택"이란 다음 각 호의 건축물(이하 "준주택"이라 한다)을 말한다. 〈개정 2017. 9. 19., 2021. 8. 10., 2022. 1. 13., 2023. 9. 26.〉

1. 「주택법」 제2조제1호에 따른 주택 외의 건축물을 「건축법」에 따라 「주택법 시행령」 제4조제1호의 기숙사 중 일반기숙사로 리모델링한 건축물

1의2. 「주택법 시행령」 제4조제1호의 기숙사 중 임대형기숙사

2. 다음 각 목의 요건을 모두 갖춘 「주택법 시행령」 제4조제4호의 오피스텔

가. 전용면적이 120제곱미터 이하일 것

나. 상하수도 시설이 갖추어진 전용 입식 부엌, 전용 수세식 화장실 및 목욕시설(전용 수세식 화장실에 목욕시설을 갖춘 경우를 포함한다)을 갖출 것

제2조의2(일부만을 임대하는 주택의 범위) 법 제2조제1호에서 "대통령령으로 정하는 일부만을 임대하는 주택"이란 「건축법 시행령」 별표 1 제1호다목에 따른 다가구주택으로서 임대사업자 본인이 거주

하는 실(室)(한 세대가 독립하여 구분 사용할 수 있도록 구획된 부분을 말한다)을 제외한 나머지 실 전부를 임대하는 주택을 말한다.

[본조신설 2017. 7. 11.]

제3조(역세권등에 해당하는 시설) 법 제2조제13호라목에서 "대통령령으로 정하는 시설"이란 다음 각 호의 시설을 말한다.

1. 「고등교육법」 제2조제1호에 따른 대학, 같은 조 제2호에 따른 산업대학, 같은 조 제3호에 따른 교육대학 및 같은 조 제4호에 따른 전문대학

2. 「건축법 시행령」 별표 1 제10호마목에 따른 연구소

[전문개정 2018. 7. 16.]

제3조의2(복합지원시설) 법 제2조제15호에서 "대통령령으로 정하는 시설"이란 다음 각 호의 시설을 말한다.

1. 「건축법 시행령」 별표 1 제3호에 따른 제1종 근린생활시설

2. 「건축법 시행령」 별표 1 제4호에 따른 제2종 근린생활시설

3. 「건축법 시행령」 별표 1 제5호에 따른 문화 및 집회시설

4. 「건축법 시행령」 별표 1 제7호나목에 따른 소매시장 및 같은 호 다목에 따른 상점

5. 「건축법 시행령」 별표 1 제10호에 따른 교육연구시설

6. 「건축법 시행령」 별표 1 제11호에 따른 노유자시설

7. 「건축법 시행령」 별표 1 제13호에 따른 운동시설

8. 「건축법 시행령」 별표 1 제14호에 따른 업무시설

9. 제1호부터 제8호까지의 규정에 따른 시설의 부속건축물(「건축법 시행령」 제2조제12호에 따른 부속건축물을 말한다)

[본조신설 2018. 7. 16.]

제2장 임대사업자 및 주택임대관리업자

제4조(임대사업자 등록 및 변경신고 등) ① 법 제5조제1항 단서에서 "대통령령으로 정하는 체류자격"이란 다음 각 호의 어느 하나에 해당하는 체류자격을 말한다. 〈신설 2023. 9. 26.〉

1. 「출입국관리법 시행령」 별표 1의2 제24호(마목 및 아목은 제외한다)에 따른 거주(F-2) 체류자격

2. 「출입국관리법 시행령」 별표 1의2 제26호에 따른 재외동포(F-4) 체류자격

3. 「출입국관리법 시행령」 별표 1의2 제27호에 따른 결혼이민(F-6) 체류자격

4. 「출입국관리법 시행령」 별표 1의3에 따른 영주(F-5) 체류자격

② 법 제5조제1항에 따라 임대사업자로 등록할 수 있는 자는 다음 각 호와 같다. 이 경우 2인 이상이 공동으로 건설하거나 소유하는 주택의 경우에는 공동 명의로 등록해야 한다. 〈개정 2016. 8. 11., 2018. 7. 16., 2019. 10. 22., 2021. 2. 17., 2023. 9. 26.〉

1. 민간임대주택으로 등록할 주택을 소유한 자

2. 민간임대주택으로 등록할 주택을 취득하려는 계획이 확정되어 있는 자로서 다음 각 목의 어느 하나에 해당하는 자

가. 민간임대주택으로 등록할 주택을 건설하기 위하여 「주택법」 제15조에 따른 사업계획승인(이하 "사업계획승인"이라 한다)을 받은 자

나. 민간임대주택으로 등록할 주택을 건설하기 위하여 「건축법」 제11조에 따른 건축허가(이하 "건축허가"라 한다)를 받은 자

다. 민간임대주택으로 등록할 주택을 매입하기 위하여 매매계약을 체결한 자

라. 민간임대주택으로 등록할 주택을 매입하기 위해 분양계약을 체결한 자로서 다음의 어느 하나에 해당하는 자

1) 등록 신청일을 기준으로 분양계약서에 따른 잔금지급일이 3개월 이내인 자

2) 등록 신청일이 분양계약서에 따른 잔금지급일 이후인 자

3. 민간임대주택으로 등록할 주택을 취득하려는 제2호 외의 자로서 다음 각 목의 어느 하나에 해당하는 자

가. 「주택법」 제4조에 따라 등록한 주택건설사업자

나. 「부동산투자회사법」 제2조제1호에 따른 부동산투자회사(이하 "부동산투자회사"라 한다)

다. 「조세특례제한법」 제104조의31제1항에 해당하는 투자회사(이하 "투자회사"라 한다)

라. 「자본시장과 금융투자업에 관한 법률」 제9조제18항에 따른 집합투자기구(이하 "집합투자기구"라 한다)

마. 소속 근로자에게 임대하기 위하여 민간임대주택을 건설하려는 고용자(법인으로 한정한다)

4. 삭제 〈2018. 7. 16.〉

③ 제2항에도 불구하고 과거 5년 이내에 민간임대주택 또는 공공임대주택(「공공주택 특별법」 제2조제1호가목에 따른 공공임대주택을 말한다. 이하 같다)사업에서 부도(부도 후 부도 당시의 채무를 변제하고 사업을 정상화시킨 경우는 제외한다)가 발생한 사실이 있는 자(부도 당시 법인의 대표자나 임원이었던 자와 부도 당시 법인의 대표자나 임원 또는 부도 당시 개인인 임대사업자가 대표자나 임원으로 있는 법인을 포함한다)는 임대사업자로 등록할 수 없다. 〈개정 2023. 9. 26.〉

④ 법 제5조제1항에 따라 임대사업자로 등록하려는 자는 신청서에 국토교통부령으로 정하는 서류를 첨부하여 임대사업자의 주소지를 관할하는 특별자치시장, 특별자치도지사, 시장, 군수 또는 자치구청장(이하 "시장·군수·구청장"이라 한다) 또는 해당 민간임대주택이 소재지를 관할하는 시장·군수·구청장에게 제출하여야 한다. 〈개정 2018. 3. 27., 2023. 9. 26.〉

⑤ 제4항에 따라 민간임대주택의 소재지를 관할하는 시장·군수·구청장이 신청서를 받은 경우에는 즉시 임대사업자의 주소지를 관할하는 시장·군수·구청장에게 이송하여야 한다. 〈신설 2018. 3. 27., 2023. 9. 26.〉

⑥ 제4항 또는 제5항에 따라 신청서를 받은 임대사업자의 주소지를 관할하는 시장·군수·구청장은 등록기준에 적합한지를 확인한 후 적합한 경우에는 등록대장에 올리고 신청인에게 등록증을 발급하여야 한다. 〈개정 2018. 3. 27., 2023. 9. 26.〉

⑦ 임대사업자는 제4항에 따라 등록한 사항이 변경된 경우에는 변경 사유가 발생한 날부터 30일 이내에 임대사업자의 주소지를 관할하는 시장·군수·구청장(변경 사항이 임대사업자의 주소인 경우에는 전입지의 시장·군수·구청장을 말한다) 또는 해당 민간임대주택의 소재지를 관할하는 시장·군수·구청장에게 신고해야 한다. 〈개정 2018. 3. 27., 2018. 7. 16., 2020. 12. 8., 2023. 9. 26.〉

⑧ 임대사업자의 주소지를 관할하는 시장·군수·구청장은 제7항에도 불구하고 「도로명주소법 시행령」 제10조제3항, 제11조제5항, 제13조제5항, 제14조제7항, 제15조제5항, 제16조제7항, 제17조제2항, 제24조, 제26조제1항·제3항 및 제6항에 따라 부여되거나 변경·폐지된 경우 민간임대주택의 주소를 직권으로 변경할 수 있다. 이

경우 시장·군수·구청장은 해당 민간임대주택을 등록한 임대사업자에게 그 사실을 알려야 한다. 〈신설 2018. 12. 31., 2021. 6. 8.〉

⑨ 법 제5조제7항제3호에서 "대통령령으로 정하는 경우"란 임대사업자로 등록하려는 자가 등록신청 당시 체납한 국세 및 지방세의 합계액이 2억원 이상인 경우를 말한다. 이 경우 체납한 국세 및 지방세와 관련하여 다음 각 호에 따른 불복절차가 진행 중인 체납액은 제외하고 산정한다. 〈신설 2023. 11. 15.〉

1. 「국세기본법」에 따른 이의신청·심사청구·심판청구
2. 「지방세기본법」에 따른 이의신청·심판청구
3. 「감사원법」에 따른 심사청구
4. 「행정소송법」에 따른 행정소송

제4조의2(부기등기) ① 법 제5조의2제1항에 따른 부기등기에는 "이 주택은 「민간임대주택에 관한 특별법」 제43조제1항에 따라 임대사업자가 임대의무기간 동안 계속 임대해야 하고, 같은 법 제44조의 임대료 증액기준을 준수해야 하는 민간임대주택임"이라고 표기해야 한다.

② 임대사업자는 법 제6조제1항·제5항 또는 제43조제4항에 따라 등록이 말소된 경우에는 법 제5조의2제1항에 따른 부기등기의 말소를 신청해야 한다.

③ 시장·군수·구청장은 법 제6조제1항·제5항 또는 제43조제4항에 따라 등록이 말소되었음에도 불구하고 제2항에 따라 부기등기가 말소되지 않은 경우에는 직권으로 또는 이해관계인(제2항에 따라 말소를 신청할 수 있는 임대사업자는 제외한다)의 신청에 따라 부기등기의 말소를 촉탁할 수 있다. 〈신설 2025. 6. 2.〉

[본조신설 2020. 12. 8.]

[종전 제4조의2는 제4조의3으로 이동 〈2020. 12. 8.〉]

제4조의3(조합원 모집신고 대상 민간임대협동조합) 법 제5조의3제1항에서 "대통령령으로 정하는 호수"란 다음 각 호의 구분에 따른 호수 또는 세대수를 말한다. 〈개정 2020. 12. 8.〉

1. 「건축법 시행령」 별표 1 제1호가목부터 다목까지의 단독주택인 경우: 30호
2. 준주택 또는 「건축법 시행령」 별표 1 제2호가목부터 다목까지의 공동주택인 경우: 30세대

[본조신설 2020. 5. 26.]
[제4조의2에서 이동, 종전 제4조의3은 제4조의4로 이동 〈2020. 12. 8.〉]

제4조의4(조합원 모집 시 설명의무) ① 법 제5조의4제1항제7호에서 "대통령령으로 정하는 사항"이란 다음 각 호의 사항을 말한다. 〈개정 2020. 12. 8.〉

1. 법 제5조의3제1항에 따른 민간임대협동조합(이하 "민간임대협동조합"이라 한다)의 사업 개요
2. 해당 민간임대주택 건설대지에 대한 사용권 또는 소유권 확보 계획
3. 주택건설 예정 세대수 및 주택건설 예정기간
4. 계약금ㆍ분담금의 납부시기 및 납부방법 등 조합원의 비용부담에 관한 사항
5. 조합 자금관리의 주체 및 계획

② 법 제5조의4제1항 각 호 외의 부분에 따른 모집주체(이하 "모집주체"라 한다)는 같은 항에 따라 설명한 내용을 민간임대협동조합 가입을 신청한 자(이하 "조합가입신청자"라 한다)가 이해했음을 서명 또는 기명날인의 방법으로 확인받아 조합가입신청자에게 교부해야 한다. 〈개정 2020. 12. 8.〉

[본조신설 2020. 5. 26.]
[제4조의3에서 이동, 종전 제4조의4는 제4조의5로 이동 〈2020. 12. 8.〉]

제4조의5(가입비등의 예치) ① 법 제5조의5제1항에서 "대통령령으로 정하는 기관"이란 다음 각 호의 기관을 말한다. 〈개정 2020. 12. 8.〉

1. 「은행법」 제2조제1항제2호에 따른 은행
2. 「우체국예금ㆍ보험에 관한 법률」에 따른 체신관서
3. 「보험업법」 제2조제6호에 따른 보험회사
4. 「자본시장과 금융투자업에 관한 법률」 제8조제7항에 따른 신탁업자

② 모집주체는 제1항 각 호의 어느 하나에 해당하는 기관과 법 제5조의5제1항에 따른 가입비등(이하 "가입비등"이라 한다)의 예치에 관한 계약을 체결해야 한다. 〈개정 2020. 12. 8.〉

③ 조합가입신청자는 민간임대협동조합 가입 계약을 체결하면 제

2항에 따른 기관(이하 "예치기관"이라 한다)에 국토교통부령으로 정하는 가입비등 예치신청서를 제출해야 한다.

④ 예치기관은 제3항에 따른 신청을 받은 경우 가입비등을 예치기관의 명의로 예치해야 하고, 이를 다른 금융자산과 분리하여 관리해야 한다.

⑤ 예치기관의 장은 제4항에 따라 가입비등을 예치한 경우에는 모집주체와 조합가입신청자에게 각각 국토교통부령으로 정하는 증서를 내주어야 한다.

[본조신설 2020. 5. 26.]

[제4조의4에서 이동, 종전 제4조의5는 제4조의6으로 이동 〈2020. 12. 8.〉]

제4조의6(가입비등의 지급 및 반환) ① 모집주체는 법 제5조의5제4항에 따라 가입비등의 반환을 요청하는 경우 국토교통부령으로 정하는 요청서를 예치기관의 장에게 제출해야 한다. 〈개정 2020. 12. 8.〉

② 모집주체는 민간임대협동조합 가입 계약 체결일부터 30일이 지난 경우 예치기관의 장에게 가입비등의 지급을 요청할 수 있다. 이 경우 모집주체는 국토교통부령으로 정하는 요청서를 예치기관의 장에게 제출해야 한다.

③ 예치기관의 장은 제2항에 따라 요청서를 받은 경우 요청일부터 10일 이내에 가입비등을 모집주체에게 지급해야 한다.

[본조신설 2020. 5. 26.]

[제4조의5에서 이동 〈2020. 12. 8.〉]

제5조(임대사업자 등록의 말소) ① 법 제6조제1항제2호에서 "대통령령으로 정하는 일정 기간"이란 다음 각 호의 구분에 따른 기간을 말한다. 〈개정 2018. 7. 16., 2019. 10. 22., 2023. 9. 26.〉

1. 제4조제2항제2호가목의 자: 임대사업자로 등록한 날부터 6년
2. 제4조제2항제2호나목의 자: 임대사업자로 등록한 날부터 4년
3. 제4조제2항제2호다목의 자: 임대사업자로 등록한 날부터 3개월
4. 제4조제2항제2호라목의 자: 임대사업자로 등록한 날부터 1년
5. 제4조제2항제3호 각 목의 자: 임대사업자로 등록한 날부터 6년
6. 삭제 〈2018. 7. 16.〉

② 법 제6조제1항제12호에서 "대통령령으로 정하는 경우"란 다음 각 호의 어느 하나에 해당하는 경우를 말한다. 〈신설 2020. 12. 8.〉

1. 임차인이 보증금 반환에 대하여 소송을 제기하여 승소판결이 확정되었으나 임대사업자가 보증금을 반환하지 않는 경우

2. 보증금 반환과 관련하여 「주택임대차보호법」 제14조에 따른 주택임대차분쟁조정위원회가 작성한 조정안을 각 당사자가 수락하여 조정이 성립되었으나 임대사업자가 보증금을 반환하지 않는 경우

③ 삭제 〈2022. 1. 13.〉

④ 법 제6조제1항제3호 또는 제11호에 따라 등록 말소를 신청하려는 임대사업자는 신청서에 국토교통부령으로 정하는 서류를 첨부하여 임대사업자의 주소지를 관할하는 시장·군수·구청장 또는 해당 민간임대주택의 소재지를 관할하는 시장·군수·구청장에게 제출해야 한다. 이 경우 민간임대주택의 소재지를 관할하는 시장·군수·구청장이 신청서를 제출받은 경우에는 즉시 임대사업자의 주소지를 관할하는 시장·군수·구청장에게 이송해야 한다. 〈신설 2020. 12. 8.〉

⑤ 법 제6조제1항제14호에서 "대통령령으로 정하는 경우"란 다음 각 호의 경우를 말한다. 〈신설 2022. 1. 13.〉

1. 임대사업자(제2호 또는 제3호의 등록말소사유에 해당하는 임대사업자는 제외한다)가 법 제49조제1항에 따른 보증에 가입하지 않아 시장·군수·구청장이 3회 이상 보증 가입을 요구했으나 임대사업자가 보증에 가입하지 않은 경우

2. 법 제49조제3항 전단에 따른 보증대상 금액이 있음에도 불구하고 보증대상 금액이 없음을 이유로 임대사업자가 보증에 가입하지 않은 경우

3. 법 제49조제7항에 해당하지 않음에도 불구하고 같은 항에 해당함을 이유로 임대사업자가 보증에 가입하지 않은 경우

⑥ 법 제6조제1항제15호에서 "대통령령으로 정하는 경우"란 임대사업자의 체납 발생일부터 6개월이 지난 국세 및 지방세의 합계액이 2억원 이상인 경우를 말한다. 이 경우 체납한 국세 및 지방세와 관련하여 제4조제9항 각 호에 따른 불복절차가 진행 중인 체납액은 제외하고 산정한다. 〈신설 2023. 11. 15.〉

제6조(주택임대관리업의 등록 및 변경신고 등) ① 법 제7조제1항 단서에서 "대통령령으로 정하는 규모"란 다음 각 호의 구분에 따른 규모를 말한다.

1. 자기관리형 주택임대관리업의 경우
   가. 단독주택: 100호
   나. 공동주택: 100세대
2. 위탁관리형 주택임대관리업의 경우
   가. 단독주택: 300호
   나. 공동주택: 300세대

② 법 제7조제1항에 따라 주택임대관리업을 등록하려는 자는 신청서에 국토교통부령으로 정하는 서류를 첨부하여 시장·군수·구청장에게 제출하여야 한다.

③ 시장·군수·구청장은 제2항에 따른 신청서를 받으면 제7조에 따른 등록기준에 적합한지를 확인한 후 적합하면 등록대장에 올리고 신청인에게 등록증을 발급하여야 한다.

④ 주택임대관리업자는 제3항에 따라 등록한 사항이 변경된 경우에는 변경 사유가 발생한 날부터 15일 이내에 시장·군수·구청장(변경 사항이 주택임대관리업자의 주소인 경우에는 전입지의 시장·군수·구청장을 말한다)에게 신고하여야 하며, 주택임대관리업을 폐업하려면 폐업일 30일 이전에 시장·군수·구청장에게 말소신고를 하여야 한다.

제6조(주택임대관리업의 등록 및 변경신고 등) ① 법 제7조제1항 단서에서 "대통령령으로 정하는 규모"란 다음 각 호의 구분에 따른 규모를 말한다. 〈개정 2025. 2. 25.〉

1. 자기관리형 주택임대관리업의 경우: 단독주택, 공동주택, 준주택(제2조제1호에 따른 일반기숙사로 리모델링한 건축물은 제외한다. 이하 이 항에서 같다)을 합산하여 100호
2. 위탁관리형 주택임대관리업의 경우: 단독주택, 공동주택, 준주택을 합산하여 300호

② 법 제7조제1항에 따라 주택임대관리업을 등록하려는 자는 신청서에 국토교통부령으로 정하는 서류를 첨부하여 시장·군수·구청장에게 제출하여야 한다.

③ 시장·군수·구청장은 제2항에 따른 신청서를 받으면 제7조에 따른 등록기준에 적합한지를 확인한 후 적합하면 등록대장에 올리고 신청인에게 등록증을 발급하여야 한다.

④ 주택임대관리업자는 제3항에 따라 등록한 사항이 변경된 경우

에는 변경 사유가 발생한 날부터 15일 이내에 시장·군수·구청장(변경 사항이 주택임대관리업자의 주소인 경우에는 전입지의 시장·군수·구청장을 말한다)에게 신고하여야 하며, 주택임대관리업을 폐업하려면 폐업일 30일 이전에 시장·군수·구청장에게 말소신고를 하여야 한다.

[시행일: 2026. 2. 26.] 제6조

제7조(주택임대관리업의 등록기준) 법 제8조에 따른 주택임대관리업의 등록기준은 별표 1과 같다.

제8조(주택임대관리업의 일시적인 등록기준 미달) 법 제10조제1항제5호 단서에서 “일시적으로 등록기준에 미달하는 등 대통령령으로 정하는 경우”란 다음 각 호의 어느 하나에 해당하는 경우를 말한다. 〈개정 2016. 4. 29.〉

1. 법 제8조제1호에 따른 자본금 기준에 미달하였으나 다음 각 목의 어느 하나에 해당하는 경우

가. 「채무자 회생 및 파산에 관한 법률」 제49조에 따라 법원이 해당 주택임대관리업자에 대하여 회생절차개시의 결정을 하고 그 절차가 진행 중인 경우

나. 회생계획의 수행에 지장이 없다고 인정되는 경우로서 해당 주택임대관리업자가 「채무자 회생 및 파산에 관한 법률」 제283조에 따라 법원으로부터 회생절차종결의 결정을 받고 회생계획을 수행 중인 경우

다. 「기업구조조정 촉진법」 제8조에 따라 금융채권자가 금융채권자협의회의 의결을 거쳐 해당 주택임대관리업자에 대한 금융채권자협의회에 의한 공동관리절차를 개시하고 그 절차가 진행 중인 경우

2. 「상법」 제542조의8제1항 단서의 적용대상인 법인이 직전 사업연도말 현재 자산총액의 감소로 법 제8조제1호에 따른 자본금 기준에 미달하게 되었으나 50일 이내에 그 기준을 갖춘 경우

3. 전문인력의 사망·실종 또는 퇴직으로 법 제8조제2호에 따른 전문인력 기준에 미달하게 되었으나 50일 이내에 그 기준을 갖춘 경우

제9조(주택임대관리업 등록말소 등의 기준) ① 시장·군수·구청장은 법 제10조제1항에 따른 주택임대관리업 등록의 말소 또는 영업정지 처분을 하려면 처분 예정일 1개월 전까지 해당 주택임대관리

업자가 관리하는 주택의 임대인 및 임차인에게 그 사실을 통보하여야 한다.

② 법 제10조제1항에 따른 주택임대관리업 등록의 말소 및 영업정지 처분의 기준은 별표 2와 같다.

③ 법 제10조제2항에 따른 과징금은 영업정지기간 1일당 3만원을 부과하되, 영업정지 1개월은 30일을 기준으로 한다. 이 경우 과징금은 1천만원을 초과할 수 없다.

제10조(주택임대관리업자의 업무 범위) 법 제11조제2항제2호에서 "대통령령으로 정하는 업무"란 다음 각 호의 업무를 말한다.

1. 임차인이 거주하는 주거공간의 관리
2. 임차인의 안전 확보에 필요한 업무
3. 임차인의 입주에 필요한 지원 업무

제11조(주택임대관리업자의 현황 신고) ① 법 제12조제1항 전단에서 "자본금, 전문인력, 관리 호수 등 대통령령으로 정하는 정보"란 다음 각 호의 정보를 말한다. 다만, 임대사업자로부터 임대관리를 위탁받은 자기관리형 주택임대관리업자가 법 제15조에 따라 법 제46조제1항 또는 제2항에 따른 전대차계약 신고 또는 변경신고를 한 경우에는 법 제12조제1항 전단에 따라 제7호의 사항을 신고한 것으로 본다. 〈개정 2024. 10. 29.〉

1. 자본금
2. 전문인력
3. 사무실 소재지
4. 위탁받아 관리하는 주택의 호수·세대수 및 소재지
5. 보증보험 가입사항[자기관리형 주택임대관리업을 등록한 자(이하 "자기관리형 주택임대관리업자"라 한다)만 해당한다]
6. 계약기간, 관리수수료[위탁관리형 주택임대관리업을 등록한 자(이하 "위탁관리형 주택임대관리업자"라 한다)만 해당한다] 및 임대료(자기관리형 주택임대관리업자만 해당한다) 등 위·수탁 계약조건에 관한 정보
7. 자기관리형 주택임대관리업자가 체결한 전대차(轉貸借) 계약기간, 전대료(轉貸料) 및 전대보증금

② 법 제12조제1항에 따라 주택임대관리업자로부터 제1항 각 호의 정보를 신고받은 시장·군수·구청장은 신고받은 날부터 30일

이내에 국토교통부장관에게 보고하여야 한다.

③ 국토교통부장관은 법 제12조제3항에 따라 같은 항 각 호의 정보를 다음 각 호의 어느 하나에 해당하는 방식으로 공개할 수 있다. 〈개정 2024. 10. 29.〉

1. 법 제60조제1항에 따른 임대주택정보체계에의 게시

2. 「건축법」 제32조제1항에 따른 전자정보처리 시스템에의 게시

3. 국토교통부장관이 정하여 고시하는 「정보통신망 이용촉진 및 정보보호 등에 관한 법률」에 따른 정보통신망에의 게시

제12조(위·수탁계약서) 법 제13조제2항에서 "계약기간, 주택임대관리업자의 의무 등 대통령령으로 정하는 사항"이란 다음 각 호의 사항을 말한다. 〈개정 2024. 10. 29.〉

1. 관리수수료(위탁관리형 주택임대관리업자만 해당한다)

2. 임대료(자기관리형 주택임대관리업자만 해당한다)

3. 전대료(轉貸料) 및 전대보증금(자기관리형 주택임대관리업자만 해당한다)

4. 계약기간

5. 주택임대관리업자 및 임대인의 권리·의무에 관한 사항

6. 그 밖에 법 제11조제1항에 따른 주택임대관리업자의 업무 외에 임대인·임차인의 편의를 위하여 추가적으로 제공하는 업무의 내용

제13조(주택임대관리업자의 보증상품 가입) ① 법 제14조제1항에 따라 자기관리형 주택임대관리업자는 다음 각 호의 보증을 할 수 있는 보증상품에 가입하여야 한다.

1. 임대인의 권리보호를 위한 보증: 자기관리형 주택임대관리업자가 약정한 임대료를 지급하지 아니하는 경우 약정한 임대료의 3개월 분 이상의 지급을 책임지는 보증

2. 임차인의 권리보호를 위한 보증: 자기관리형 주택임대관리업자가 임대보증금의 반환의무를 이행하지 아니하는 경우 임대보증금의 반환을 책임지는 보증

② 자기관리형 주택임대관리업자는 임대인과 주택임대관리계약을 체결하거나 임차인과 주택임대차계약을 체결하는 경우에는 제1항 각 호의 보증상품 가입을 증명하는 보증서를 임대인 또는 임차인에게 내주어야 한다.

③ 제2항에 따른 보증서는 다음 각 호의 어느 하나에 해당하는

기관이 발행한 것이어야 한다.

1. 「주택도시기금법」 제16조에 따른 주택도시보증공사

2. 다음 각 목의 금융기관 중 국토교통부장관이 지정하여 고시하는 금융기관

가. 「은행법」에 따른 은행

나. 「중소기업은행법」에 따른 중소기업은행

다. 「상호저축은행법」에 따른 상호저축은행

라. 「보험업법」에 따른 보험회사

마. 그 밖의 법률에 따라 금융업무를 행하는 기관으로서 국토교통부령으로 정하는 것

④ 자기관리형 주택임대관리업자는 제1항 각 호에 따른 보증상품의 내용을 변경하거나 해지하는 경우에는 그 사실을 임대인 및 임차인에게 알리고, 자기관리형 주택임대관리업자의 사무실 등 임대인 및 임차인이 잘 볼 수 있는 장소에 게시하여야 한다.

제3장 민간임대주택의 건설

제14조(토지 등의 우선 공급방법 등) ① 법 제18조제2항에 따른 토지 및 종전부동산의 공급(매각 또는 임대를 말한다. 이하 같다)은 미리 가격을 정한 후 공급받을 자를 선정하여 공급하는 방법으로 한다.

② 제1항에 따라 공급받을 자를 선정할 때에는 주택사업실적, 시공능력 등이 일정기준 이상인 자로 자격을 제한하여 경쟁에 부친다. 다만, 신속한 토지 공급 등을 위하여 필요한 경우에는 국토교통부장관이 정하는 바에 따라 추첨의 방법으로 공급할 수 있다.

③ 제2항에도 불구하고 다음 각 호의 어느 하나에 해당하는 경우에는 수의계약의 방법으로 공급할 수 있다.

1. 다음 각 목의 어느 하나에 해당하는 자가 단독 또는 공동으로 총지분의 50퍼센트를 초과하여 출자한 부동산투자회사에 공급하는 경우

가. 국가

나. 지방자치단체

다. 「한국토지주택공사법」에 따른 한국토지주택공사(이하 "한국토지주택공사"라 한다)

라. 「지방공기업법」 제49조에 따라 주택사업을 목적으로 설립

된 지방공사(이하 "지방공사"라 한다)

마. 가목부터 라목까지에 해당하는 자가 출자하여 설립한 부동산투자회사 또는 집합투자기구

2. 관할 지역에 민간임대주택 공급을 촉진하기 위하여 지방자치단체의 장이 해당 지방자치단체 또는 지방공사가 소유한 토지를 공모의 방법으로 선정한 자에게 공급하는 경우

3. 제2항에 따른 공급이 2회 이상 성립되지 아니한 경우

4. 그 밖에 「공무원연금법」, 「한국보훈복지의료공단법」 등 관계 법령에 따라 수의계약으로 공급할 수 있는 경우

④ 국가 · 지방자치단체 · 한국토지주택공사 또는 지방공사는 법 제18조제3항 본문에 따라 그가 조성한 토지 중 3퍼센트 이상을 임대사업자에게 우선 공급해야 한다. 다만, 조성한 토지가 50만제곱미터 이상인 경우로서 토지를 조성한 목적 및 해당 지역의 주택 수요 등을 고려하여 국토교통부장관이 1퍼센트 이상 3퍼센트 미만으로 그 비율을 달리 정하여 고시하는 경우에는 그 비율에 해당하는 토지를 우선 공급해야 한다. 〈개정 2021. 4. 27.〉

⑤ 법 제18조제3항 단서에서 "대통령령으로 정하는 규모"란 15만제곱미터를 말한다. 〈신설 2017. 7. 11.〉

⑥ 법 제18조제4항에서 "대통령령으로 정하는 기간"이란 2년을 말한다. 〈개정 2017. 7. 11.〉

⑦ 제1항부터 제6항까지에서 규정한 사항 외에 법 제18조제1항부터 제3항까지의 규정에 따른 토지 및 종전부동산(이하 "토지등"이라 한다)의 공급에 필요한 세부적인 사항은 국토교통부장관이 정한다. 〈개정 2017. 7. 11.〉

제15조(토지등의 환매 등의 기준과 절차) ① 법 제18조제1항부터 제3항까지의 규정에 따라 토지등을 공급하는 자는 같은 조 제4항에 따라 그 토지등을 공급한 날부터 2년 이내에 민간임대주택 건설을 착공하지 아니하면 그 토지등을 환매하거나 임대차계약을 해제 · 해지할 수 있다는 특약 조건을 붙여 공급하여야 한다. 이 경우 환매특약은 등기하여야 한다.

② 법 제18조제1항부터 제3항까지의 규정에 따라 토지등을 공급받은 자는 그 토지에 민간임대주택 건설을 착공하면 그 사실을 증명하는 서류를 첨부하여 토지등을 공급한 자에게 통지하여야 한다.

③ 법 제18조제1항부터 제3항까지의 규정에 따라 토지등을 공급한 자는 토지등을 공급한 날부터 1년 6개월 이내에 그 토지등을 공급받은 자로부터 제2항에 따른 통지가 없는 경우에는 그 토지등을 공급받은 자에게 지체 없이 착공할 것을 촉구하여야 한다.

제16조(공익사업자의 지정 신청 등) ① 법 제20조제1항 전단에서 "대통령령으로 정하는 호수"란 단독주택의 경우에는 100호, 공동주택의 경우에는 100세대를 말한다.

② 법 제20조제1항에 따라 「공익사업을 위한 토지 등의 취득 및 보상에 관한 법률」 제4조제5호에 따른 지정을 요청하려는 임대사업자는 사업계획서에 다음 각 호의 서류를 첨부하여 특별시장 · 광역시장 · 특별자치시장 · 도지사 또는 특별자치도지사(이하 "시 · 도지사"라 한다)에게 제출하여야 한다.

1. 사업 대상 토지를 표시한 도면
2. 사업 대상 토지 면적의 100분의 80 이상을 매입(토지 소유자로부터 매입에 관한 동의를 받은 경우를 포함한다. 이하 제3호에서 같다)한 사실을 증명하는 서류
3. 사업 대상 토지 중 매입하지 못한 토지를 표시한 도면
4. 사업 대상 토지 중 매입하지 못한 토지의 세목을 적은 서류

제17조(「국토의 계획 및 이용에 관한 법률」 등에 관한 특례) ① 법 제21조 각 호 외의 부분 단서에서 "대통령령으로 정하는 비율"이란 50퍼센트를 말한다.

② 법 제21조제3호에 따라 「건축법 시행령」 별표 1 제2호나목의 연립주택과 같은 호 다목의 다세대주택에 대하여 「건축법」 제4조에 따른 건축위원회의 심의를 받은 경우에는 주택으로 쓰는 층수를 5층까지 건축할 수 있다.

제17조의2(용적률의 완화로 공급되는 주택의 공급 절차 등) ① 법 제21조의2제1항 각 호 외의 부분 본문에서 "대통령령으로 정하는 호수"란 30호 또는 30세대를 말한다.

② 임대사업자는 법 제21조의2제1항제1호에 따라 임대주택을 건설하여 시 · 도지사에게 공급하는 경우 공개추첨의 방법으로 시 · 도지사에게 공급하는 임대주택을 선정하여야 한다. 다만, 시 · 도지사가 임대주택의 효율적인 운영을 위하여 동별 또는 구획별로 구분된 임대주택의 공급을 요청하는 경우에는 특별한 사유가 없는 한 이에

따라야 한다.

③ 임대사업자는 법 제21조의2제1항제1호에 따라 시·도지사에게 공급하는 주택의 사용검사(「주택법」 제49조에 따른 사용검사를 말한다. 이하 같다) 또는 사용승인(「건축법」 제22조의 사용승인을 말한다. 이하 같다)을 받은 경우 지체 없이 해당 주택의 등기를 촉탁(囑託) 또는 신청하여야 한다. 다만, 임대사업자가 거부 또는 지체하는 경우에는 시·도지사가 등기를 촉탁 또는 신청할 수 있다.

[본조신설 2018. 7. 16.]

제17조의3(토지의 가격 산정 절차 및 납부 방법 등) ① 법 제21조의2제1항제2호 후단에 따라 토지의 가격을 평가하는 데 드는 비용은 임대사업자와 시·도지사가 각각 50퍼센트씩 부담한다.

② 시·도지사는 법 제21조의2제1항제2호 후단에 따라 감정평가법인등(「감정평가 및 감정평가사에 관한 법률」 제2조제4호에 따른 감정평가법인등을 말한다. 이하 같다)이 평가한 금액이 통보된 날부터 60일 이내에 같은 호 전단에 따라 현금으로 납부해야 하는 토지의 가격과 제1항에 따라 부담해야 하는 비용을 임대사업자에게 부과해야 한다. 〈개정 2020. 12. 8.〉

③ 임대사업자는 제2항에 따라 부과된 금액을 해당 주택의 사용검사 또는 사용승인 신청 시까지 납부하여야 한다.

[본조신설 2018. 7. 16.]

제17조의4(복합지원시설의 운영 등) ① 임대사업자가 법 제21조의2제1항제3호에 따라 설치하는 복합지원시설의 면적을 산정할 때 「주택법」 및 다른 법령에 따라 의무적으로 설치하여야 하는 시설의 면적은 해당 복합지원시설의 면적에 포함하지 아니한다.

② 법 제21조의2제1항제3호에 따라 복합지원시설을 설치하여야 하는 임대사업자는 해당 주택의 사업계획승인 또는 건축허가를 받기 전까지 「주택법」 제15조에 따른 사업계획승인권자 또는 「건축법」 제11조에 따른 허가권자(이하 "승인권자등"이라 한다)에게 다음 각 호의 사항을 포함한 복합지원시설의 설치 및 운영 계획을 제출하여야 한다.

1. 복합지원시설의 설치 위치·규모 등 건축계획

2. 복합지원시설의 입주자격, 임대료, 공급 기준·절차 등 임대 및 운영 계획

3. 그 밖에 복합지원시설의 임대 및 운영에 필요한 사항

③ 승인권자등은 임대사업자가 제2항에 따라 제출한 계획에 따라 복합지원시설을 설치 및 운영하는지 여부를 감독하여야 한다.

④ 승인권자등은 복합지원시설의 효율적 설치 및 운영을 위하여 필요한 사항을 조례로 정할 수 있다.

[본조신설 2018. 7. 16.]

제4장 공공지원민간임대주택 공급촉진지구 〈개정 2018. 7. 16.〉

제18조(촉진지구의 지정 기준 및 절차) ① 법 제22조제1항제2호 본문에서 "대통령령으로 정하는 면적"이란 다음 각 호의 구분에 따른 면적을 말한다. 〈개정 2017. 9. 19., 2018. 7. 16.〉

1. 「국토의 계획 및 이용에 관한 법률」 제6조제1호에 따른 도시지역(이하 "도시지역"이라 한다)의 경우: 5천제곱미터

2. 도시지역과 인접한 다음 각 목의 지역의 경우: 2만제곱미터

가. 도시지역과 경계면이 접한 지역

나. 도시지역과 경계면이 도로, 하천 등으로 분리되어 있으나 도시지역의 도로, 상하수도, 학교 등 주변 기반시설의 연결 또는 활용이 적합한 지역

3. 부지에 도시지역과 제2호 각 목의 어느 하나에 해당하는 지역이 함께 포함된 경우: 2만제곱미터

4. 그 밖의 지역의 경우: 10만제곱미터

② 삭제 〈2018. 7. 16.〉

③ 시·도지사는 법 제22조제1항에 따라 공공지원민간임대주택 공급촉진지구(이하 "촉진지구"라 한다)를 지정한 경우에는 국토교통부장관에게 보고하여야 한다. 〈개정 2017. 7. 11., 2018. 7. 16.〉

④ 국토교통부장관은 법 제22조제3항에 따라 다음 각 호의 어느 하나에 해당하는 경우에는 촉진지구를 지정할 수 있다. 〈개정 2017. 7. 11., 2018. 7. 16.〉

1. 둘 이상의 특별시·광역시·특별자치시·도에 걸쳐 촉진지구를 지정하는 경우(관계 시·도지사 간 협의가 이루어지지 아니하여 관계 시·도지사가 국토교통부장관에게 촉진지구의 지정을 요청하는 경우를 포함한다)

2. 그 밖에 국민의 주거안정을 위하여 공공지원민간임대주택을 건설 · 공급할 필요가 있는 경우

⑤ 제1항, 제3항 및 제4항에서 규정한 사항 외에 촉진지구 지정에 필요한 세부적인 사항은 국토교통부장관이 정한다. 〈개정 2017. 7. 11., 2018. 7. 16.〉

제18조의2(공공지원민간임대주택 개발사업 시행자의 변경 등) ① 법 제23조제5항제2호에서 "시행자의 부도 · 파산, 사정 변경 등 대통령령으로 정하는 사유"란 공공지원민간임대주택 개발사업의 시행자(이하 "시행자"라 한다)의 부도 · 파산 및 그 밖에 이와 유사한 경제적 사유를 말한다. 〈신설 2021. 3. 23.〉

② 법 제23조제6항 전단에 따라 촉진지구에 복합지원시설을 건설 · 운영하도록 요청받은 시행자는 다음 각 호의 사항을 포함한 복합지원시설의 설치 · 운영계획을 수립하여 법 제22조에 따라 촉진지구를 지정할 수 있는 자(이하 "지정권자"라 한다)에게 제출해야 한다. 이 경우 시행자는 복합지원시설의 설치 · 운영계획 수립 전에 지정권자의 의견을 들어야 한다. 〈개정 2021. 3. 23.〉

1. 사업환경분석

2. 제17조의4제2항 각 호의 사항

[본조신설 2018. 7. 16.]

[제목개정 2021. 3. 23.]

제19조(촉진지구의 경미한 변경) 법 제24조제3항 단서에서 "촉진지구의 면적을 10퍼센트 범위에서 증감하는 경우 등 대통령령으로 정하는 경미한 사항"이란 다음 각 호의 어느 하나에 해당하는 사항을 말한다.

1. 촉진지구 면적을 10퍼센트 범위에서 증감하는 경우

2. 측량 결과에 따라 착오 또는 누락된 면적을 정정하는 경우

제20조(주민 등의 의견청취) ① 지정권자는 법 제25조에 따라 촉진지구 지정에 관하여 주민 및 관계 전문가 등의 의견을 들으려면 관계 서류의 사본을 해당 지역을 관할하는 시장 · 군수 · 구청장에게 보내야 한다. 〈개정 2018. 7. 16.〉

② 제1항에 따른 서류를 받은 시장 · 군수 · 구청장은 지체 없이 다음 각 호의 사항을 해당 지방자치단체의 공보 및 인터넷 홈페이지 등에 공고하고, 공고한 날부터 14일 이상의 기간 동안 일반인이

그 서류를 열람하게 하여야 한다.

1. 촉진지구의 명칭, 위치 및 면적

2. 관계 서류의 열람기간 및 열람방법

③ 주택지구의 지정에 대하여 의견이 있는 자는 제2항에 따른 열람기간에 시장 · 군수 · 구청장에게 의견서를 제출할 수 있다.

④ 시장 · 군수 · 구청장은 제3항에 따라 제출된 의견이 있는 경우에는 제출된 의견을 종합하여 지정권자에게 제출하여야 하며, 제출된 의견이 없는 경우에도 그 사실을 지정권자에게 통지하여야 한다.

⑤ 제1항부터 제4항까지의 규정에도 불구하고 다음 각 호의 어느 하나에 해당하는 경우에는 지정권자가 직접 주민과 관계 전문가 등의 의견을 듣거나 관계 시 · 도지사(특별자치도지사는 제외한다)에게 의견을 듣게 할 수 있다. 이 경우 제2항부터 제4항까지의 규정을 준용한다.

1. 촉진지구가 둘 이상의 시 · 군 또는 자치구에 걸치는 경우

2. 제1항에 따라 관계 서류를 받은 시장 · 군수 · 구청장이 제2항에 따른 공고를 하지 아니하는 경우

제20조의2(중요 사항의 변경) 법 제25조제1항 후단에서 "대통령령으로 정하는 중요 사항을 변경하는 경우"란 다음 각 호의 어느 하나에 해당하는 경우를 말한다. 〈개정 2018. 7. 16.〉

1. 법 제23조제5항에 따라 시행자를 변경하는 경우

2. 법 제26조제1항에 따라 고시된 촉진지구의 면적이 10퍼센트를 초과하여 증가하거나 감소하는 경우

[본조신설 2017. 7. 11.]

제21조(촉진지구 지정 등의 고시 등) ① 지정권자는 촉진지구를 지정하였으면 법 제26조제1항에 따라 다음 각 호의 사항을 관보 또는 공보에 고시하여야 한다. 〈개정 2017. 7. 11., 2018. 7. 16.〉

1. 촉진지구의 명칭, 위치 및 면적

2. 촉진지구의 지정일

3. 사업의 종류

4. 법 제23조제1항에 따라 지정된 시행자의 명칭, 소재지 및 대표자의 성명

5. 수용하거나 사용할 「공익사업을 위한 토지 등의 취득 및 보상에 관한 법률」 제3조에서 정하는 토지 · 물건 및 권리의 소재지, 지

번, 지목, 면적, 소유권 및 소유권 외의 권리의 명세와 그 소유자 및 권리자의 성명(법인인 경우에는 명칭을 말한다) 및 주소

6. 「국토의 계획 및 이용에 관한 법률」 제30조에 따른 도시·군관리계획(“이하 도시·군관리계획”이라 한다)에 관한 사항(법 제26조제9항에 따라 도시지역 및 지구단위계획구역으로 결정된 것으로 보는 사항을 포함한다)

7. 관계 서류의 열람방법

② 지정권자는 촉진지구를 변경하였으면 제1항 각 호의 사항 중 변경된 사항과 변경 사유를 관보 또는 공보에 고시하여야 한다.

제22조(행위허가의 대상 등) ① 법 제25조제1항에 따라 촉진지구의 지정에 관한 주민 등의 의견청취 공고 등이 있는 지역 및 촉진지구 안에서 다음 각 호의 어느 하나에 해당하는 행위를 하려는 자는 법 제26조제3항에 따라 시장·군수·구청장의 허가를 받아야 한다. 〈개정 2021. 1. 5.〉

1. 건축물의 건축 등: 「건축법」 제2조제1항제2호에 따른 건축물(가설건축물을 포함한다)의 건축, 대수선 또는 용도 변경

2. 인공 시설물의 설치: 인공을 가하여 제작한 시설물(「건축법」 제2조제1항제2호에 따른 건축물은 제외한다)의 설치

3. 토지의 형질변경: 절토(切土: 땅깎기), 성토(盛土: 흙쌓기), 정지(整地: 땅고르기), 포장(鋪裝) 등의 방법으로 토지의 형상을 변경하는 행위, 토지의 굴착 또는 공유수면의 매립 행위

4. 토석(土石)의 채취: 흙, 모래, 자갈, 바위 등의 토석을 채취하는 행위(제3호에 따른 토지의 형질변경을 목적으로 하는 경우는 제외한다)

5. 토지의 분할·합병

6. 물건을 쌓아 놓는 행위: 옮기기 쉽지 아니한 물건을 1개월 이상 쌓아 놓는 행위

7. 죽목(竹木)을 베거나 심는 행위

② 시장·군수·구청장은 법 제26조제3항에 따라 제1항 각 호의 행위에 대한 허가를 하려는 경우에 시행자가 있으면 미리 그 시행자의 의견을 들어야 한다.

③ 법 제26조제4항제2호에서 “경작을 위한 토지의 형질 변경 등 대통령령으로 정하는 행위”란 다음 각 호의 어느 하나에 해당하는 행위로서 「국토의 계획 및 이용에 관한 법률」 제56조에 따른 개발

행위허가의 대상이 아닌 것을 말한다.

1. 경작을 위한 토지의 형질변경

2. 농림수산물의 생산에 직접 이용되는 것으로서 국토교통부령으로 정하는 간이공작물의 설치

3. 촉진지구의 개발에 지장을 주지 아니하고 자연경관을 해치지 아니하는 범위에서의 토석 채취

4. 촉진지구에 존치하기로 결정된 대지에 물건을 쌓아놓는 행위

5. 관상용 죽목을 임시로 심는 행위(경작지에 임시로 심는 경우는 제외한다)

④ 법 제26조제5항에 따른 신고를 하려는 자는 촉진지구가 지정·고시된 날부터 30일 이내에 신고서에 그 공사 또는 사업의 진행상황과 시행계획을 적은 서류를 첨부하여 관할 시장·군수·구청장에게 제출하여야 한다.

제23조(촉진지구 지정의 해제) 지정권자는 법 제27조제1항에 따라 촉진지구 지정을 해제하는 경우에는 다음 각 호의 사항을 관보 또는 공보에 고시하여야 한다.

1. 촉진지구의 명칭, 위치 및 면적

2. 촉진지구의 지정일 및 해제일

3. 촉진지구의 지정 해제사유

4. 「토지이용규제 기본법」 제8조제3항에 따른 지형도면등

5. 「국토의 계획 및 이용에 관한 법률」에 따른 용도지역·용도지구·용도구역, 지구단위계획구역 및 도시·군계획시설의 환원 또는 폐지에 관한 사항(법 제27조제3항 단서에 따라 촉진지구 지정 해제 후에도 그 사업이나 공사를 계속할 도시·군계획시설에 관한 사항을 포함한다)

6. 그 밖에 국토교통부령으로 정하는 사항

제24조(지구계획 승인 등) ① 법 제28조제1항 각 호 외의 부분 후단에서 "대통령령으로 정하는 경미한 사항의 변경"이란 다음 각 호의 어느 하나에 해당하는 변경 또는 정정을 말한다. 〈신설 2017. 7. 11.〉

1. 시행자의 소재지 변경

2. 촉진지구에 존치하려는 건축물의 구조, 연면적 등의 변경(토지이용계획의 변경을 수반하지 아니하는 경우로 한정한다)

3. 촉진지구 경계의 변동이 없는 범위에서 착오 등에 의한 촉진지구 면적의 정정

4. 「공간정보의 구축 및 관리 등에 관한 법률」 제2조제4호의2에 따른 지적확정측량 결과에 따른 촉진지구 면적의 변경

② 법 제28조제1항제8호에서 "지구단위계획 등 대통령령으로 정하는 사항"이란 다음 각 호의 사항을 말한다. 〈개정 2017. 7. 11.〉

1. 도시·군관리계획[지구단위계획(「국토의 계획 및 이용에 관한 법률」 제2조제5호에 따른 지구단위계획을 말한다. 이하 같다)을 포함한다]

2. 집단에너지의 공급에 관한 계획

3. 방재(防災)계획

4. 「공익사업을 위한 토지 등의 취득 및 보상에 관한 법률」 제3조에서 정하는 토지·물건 및 권리의 수용 및 사용계획(존치하는 건축물 또는 인공 시설물에 대한 처리계획을 포함한다)

5. 공공시설의 귀속에 관한 계획

6. 공사의 감리에 관한 계획

7. 조성토지의 공급에 관한 계획

③ 시행자는 법 제28조제1항 전단에 따라 공공지원민간임대주택 공급촉진지구계획(이하 "지구계획"이라 한다)의 승인을 받으려면 신청서에 다음 각 호의 서류를 첨부하여 지정권자에게 제출하여야 한다. 이 경우 지정권자는 「전자정부법」 제36조제1항에 따른 행정정보의 공동이용을 통하여 사업시행지역의 지적도를 확인하여야 한다. 〈개정 2017. 7. 11., 2018. 7. 16.〉

1. 사업시행지역의 위치도

2. 축척 5천분의 1 이상인 지형도 또는 지적도에 토지이용계획을 명시한 도면

3. 개략설계도서

4. 도시·군관리계획(지구단위계획을 포함한다)의 결정에 필요한 관계 서류 및 도면

5. 법 제29조제3항에 따른 관계 행정기관의 장과의 협의에 필요한 서류

6. 다음 각 목의 사항이 포함된 조성토지의 공급계획서

가. 조성토지의 위치 및 면적

나. 조성토지의 공급대상자 및 선정방법
다. 공급의 시기·방법 및 조건
라. 공급가격 결정방법
마. 시행자의 토지소유(「공익사업을 위한 토지 등의 취득 및 보상에 관한 법률」 제28조에 따라 재결을 신청한 토지 및 관련 법령에 따라 시행자에게 무상귀속되는 토지는 시행자가 소유한 것으로 본다) 현황
바. 시행자가 직접 건축물을 건축하여 사용하거나 공급하려고 계획한 토지의 현황
사. 그 밖에 조성토지의 공급에 필요한 사항
7. 토지이용계획에서 정한 조성토지의 용도 및 공급대상자별 분할도면

④ 시행자는 법 제28조제1항 후단에 따라 지구계획의 변경 승인을 받으려면 신청서에 제3항 각 호의 서류 중 변경 사항과 관련된 서류를 첨부하여 지정권자에게 제출하여야 한다. 이 경우 지정권자는 「전자정부법」 제36조제1항에 따른 행정정보의 공동이용을 통하여 사업시행지역의 지적도를 확인하여야 한다. 〈신설 2017. 7. 11.〉

⑤ 시행자는 제1항 각 호의 어느 하나에 해당하는 변경 또는 정정을 하였을 때에는 지체 없이 그 내용을 지정권자에게 통보하여야 한다. 〈신설 2017. 7. 11.〉

⑥ 제1항부터 제4항까지에서 규정한 사항 외에 지구계획의 작성에 필요한 세부적인 사항은 국토교통부장관이 정하여 고시한다. 〈개정 2017. 7. 11.〉

⑦ 법 제28조제6항에 따른 지구계획의 고시는 다음 각 호의 사항을 관보 또는 공보에 고시하는 방법으로 한다. 다만, 제3호에 따른 고시 내용이 제21조제1항제5호에 따른 고시 내용과 같은 경우에는 생략하되, 그 취지를 구체적으로 밝혀야 한다. 〈개정 2017. 7. 11., 2024. 2. 6.〉

1. 법 제28조제1항 각 호의 사항
2. 「개발제한구역의 지정 및 관리에 관한 특별조치법 시행령」 제7조제1호부터 제4호까지의 사항(개발제한구역에 촉진지구를 지정하는 경우만 해당한다)
3. 수용하거나 사용할 「공익사업을 위한 토지 등의 취득 및 보상

에 관한 법률」 제3조에서 정하는 토지·물건 및 권리의 소재지, 지번, 지목, 면적, 소유권 및 소유권 외의 권리의 명세와 그 소유자 및 권리자의 성명(법인인 경우에는 명칭을 말한다) 및 주소

제25조(관계 법률에 관한 특례) 법 제30조제1항에서 "대통령령으로 정하는 기간"이란 90일을 말한다.

제26조(개발제한구역에 관한 특례) 국토교통부장관은 법 제31조제2항에 따라 개발제한구역에서 해제된 지역이 개발제한구역으로 환원된 경우에는 같은 조 제3항에 따라 개발제한구역이 환원된 사실과 환원된 사유를 관보에 고시하여야 한다.

제27조(공공지원민간임대주택 통합심의위원회의 구성·운영) ① 법 제32조제3항제1호에서 "대통령령으로 정하는 공무원"이란 지정권자가 소속 공무원 중에서 직접 임명하거나 국토교통부장관 또는 관계 행정기관의 장이 추천하여 임명하는 5급 이상의 공무원을 말한다.

② 법 제32조제6항에 따라 같은 조 제1항에 따른 공공지원민간임대주택 통합심의위원회(이하 "통합심의위원회"라 한다)의 통합심의를 받으려는 시행자는 같은 조 제7항에 따른 관계 기관 의견서를 받은 후에 같은 조 제1항 각 호와 관련된 서류를 지정권자에게 제출하여야 한다. 이 경우 관계 기관 의견서에 대한 최종의견서를 첨부할 수 있다. 〈개정 2018. 7. 16.〉

[제목개정 2018. 7. 16.]

제28조(위원의 제척·기피·회피) ① 통합심의위원회 위원이 다음 각 호의 어느 하나에 해당하는 경우에는 통합심의위원회의 심의·의결에서 제척(除斥)된다.

1. 위원이나 그 배우자 또는 배우자였던 사람이 해당 안건의 당사자(당사자가 법인·단체 등인 경우에는 그 임원을 포함한다. 이하 이 호 및 제2호에서 같다)이거나 그 안건의 당사자와 공동권리자 또는 공동의무자인 경우

2. 위원이 해당 안건의 당사자와 친족인 경우

3. 위원이 해당 안건에 관하여 증언, 진술, 자문, 연구, 용역 또는 감정(鑑定)을 한 경우

4. 위원이나 위원이 속한 법인·단체 등이 해당 안건의 당사자의 대리인이거나 대리인이었던 경우

② 해당 안건의 당사자는 위원에게 공정한 심의·의결을 기대하기

어려운 사정이 있는 경우에는 위원회에 기피 신청을 할 수 있고, 위원회는 의결로 이를 결정한다. 이 경우 기피 신청의 대상인 위원은 그 의결에 참여하지 못한다.

③ 위원이 제1항 각 호에 따른 제척 사유에 해당하는 경우에는 스스로 해당 안건의 심의·의결에서 회피(回避)하여야 한다.

제29조(위원의 해촉) 지정권자는 법 제32조제3항제2호에 따른 위촉위원이 다음 각 호의 어느 하나에 해당하는 경우에는 해당 위원을 해촉(解囑)할 수 있다. 〈개정 2023. 9. 26.〉

1. 심신쇠약으로 직무를 수행할 수 없게 된 경우
2. 직무와 관련된 비위사실이 있는 경우
3. 직무태만, 품위손상이나 그 밖의 사유로 인하여 위원으로 적합하지 아니하다고 인정되는 경우
4. 제28조제1항 각 호의 어느 하나에 해당하는 데에도 불구하고 회피하지 아니한 경우
5. 위원 스스로 직무를 수행하는 것이 곤란하다고 의사를 밝히는 경우

제30조(촉진지구 지정절차에 관한 특례 등) ① 법 제33조제1항 각 호 외의 부분 전단 및 같은 조 제3항에서 "대통령령으로 정하는 면적"이란 각각 10만제곱미터를 말한다. 〈개정 2018. 7. 16.〉

② 법 제33조제2항에서 "대통령령으로 정하는 지역"이란 다음 각 호의 어느 하나에 해당하는 지역을 말한다. 〈신설 2018. 7. 16.〉

1. 「국토의 계획 및 이용에 관한 법률 시행령」 제30조제1호에 따른 주거지역
2. 「국토의 계획 및 이용에 관한 법률 시행령」 제30조제2호가목에 따른 중심상업지역, 같은 호 나목에 따른 일반상업지역 또는 같은 호 다목에 따른 근린상업지역
3. 「국토의 계획 및 이용에 관한 법률 시행령」 제30조제3호다목에 따른 준공업지역

③ 법 제33조제4항에서 "토지이용계획 등 대통령령으로 정하는 사항"이란 다음 각 호의 사항을 말한다. 〈개정 2018. 7. 16.〉

1. 토지이용계획
2. 개략적인 사업계획서
3. 수용하거나 사용할 「공익사업을 위한 토지 등의 취득 및 보상

에 관한 법률」 제3조에서 정하는 토지·물건 및 권리의 소재지, 지번, 지목, 면적, 소유권 및 소유권 외의 권리의 명세와 그 소유자 및 권리자의 성명(법인인 경우에는 명칭을 말한다), 주소를 적은 서류

4. 법 제23조제4항에 따른 토지소유자 동의서

5. 개략적인 주택건설사업계획

6. 그 밖에 국토교통부령으로 정하는 서류

제30조의2(동의자 수의 산정방법 등) ① 법 제34조제1항 본문에 따른 토지등의 수용 또는 사용에 관한 토지 소유자 동의 요건의 산정기준일(이하 "산정기준일"이라 한다)은 제21조제1항에 따른 촉진지구 지정 고시일로 한다.

② 제1항에 따른 토지 소유자는 산정기준일 당시 「부동산등기법」 제14조제1항에 따른 토지등기부(土地登記簿)에 등재된 토지 소유자를 기준으로 하되, 다음 각 호의 기준에 따라 산정한다.

1. 1필지의 토지를 2인 이상이 공유하는 경우: 다른 공유자의 동의를 받은 대표 공유자 1인을 토지 소유자 1인으로 산정한다. 다만, 「집합건물의 소유 및 관리에 관한 법률」 제2조제2호에 따른 구분소유자는 각각을 토지 소유자 1인으로 산정한다.

2. 1인이 다수의 필지를 소유하고 있는 경우: 필지의 수에 관계없이 토지 소유자를 1인으로 산정한다.

③ 토지 소유자는 소유한 토지의 전부에 대하여 동의 또는 반대의 의사표시를 할 수 있으며, 소유한 토지 중 일부에 대한 부분 동의는 인정하지 아니한다.

④ 토지 소유자가 동의하거나 동의를 철회할 경우에는 국토교통부령으로 정하는 동의서 또는 동의철회서에 국토교통부령으로 정하는 서류를 첨부하여 시행자에게 제출하여야 한다.

⑤ 제1항부터 제4항까지에서 규정한 사항 외에 동의 절차, 그 밖에 필요한 사항은 국토교통부장관이 정하여 고시한다.

[본조신설 2017. 7. 11.]

제31조(촉진지구에서의 공공지원민간임대주택 건설에 관한 특례) ① 법 제35조제1항제1호 본문에서 "위락시설, 일반숙박시설 등 대통령령으로 정하는 시설"이란 「건축법 시행령」 별표 1에 따른 다음 각 호의 시설을 말한다. 〈개정 2017. 7. 11., 2023. 5. 15.〉

1. 제2종 근린생활시설 중 단란주점 및 안마시술소

2. 문화 및 집회시설 중 집회장 및 관람장
3. 판매시설 중 도매시장
4. 의료시설 중 격리병원
5. 숙박시설 중 일반숙박시설, 생활숙박시설 및 다중생활시설
6. 위락시설
7. 공장
8. 창고시설
9. 위험물 저장 및 처리 시설
10. 자동차 관련 시설
11. 동물 및 식물 관련 시설
12. 자원순환 관련 시설
13. 교정시설
13의2. 국방·군사시설
14. 발전시설
15. 묘지 관련 시설
16. 장례시설
17. 야영장 시설
18. 그 밖에 제1호부터 제13호까지, 제13호의2 및 제14호부터 제17호까지와 유사한 시설로서 지정권자가 법 제32조제8항 각 호에서 정한 위원회의 검토 및 심의 결과를 고려하여 주거환경에 지장이 있다고 인정하는 시설

② 법 제35조제1항제4호에 따라 「건축법 시행령」 별표 1 제2호 나목에 따른 연립주택과 같은 호 다목에 따른 다세대주택에 대하여 「건축법」 제4조에 따른 건축위원회의 심의를 받은 경우에는 주택으로 쓰는 층수를 5층까지 건축할 수 있다.

③ 법 제35조제2항에 따라 지정권자는 촉진지구에서 같은 항 각 호의 관계 규정에도 불구하고 다음 각 호의 완화된 기준을 적용한다. 〈개정 2019. 3. 12.〉

1. 대지의 조경: 「건축법 시행령」 제27조제3항 전단에도 불구하고 옥상조경면적의 전부를 조경면적으로 산정한다.

2. 건축물의 높이: 지구단위계획으로 일단(一團)의 가로구역(街路區域)에 대하여 높이를 지정한 경우에는 「건축법」 제60조제1항에 따른 가로구역별 높이를 지정·공고한 것으로 본다.

3. 도시공원 또는 녹지

가. 촉진지구의 면적이 10만제곱미터 미만인 경우: 도시공원 또는 녹지 확보 의무를 면제한다.

나. 촉진지구의 면적이 10만제곱미터 이상인 경우: 호당 또는 세대당 3제곱미터 또는 촉진지구 면적의 5퍼센트 중 큰 면적 이상의 도시공원 또는 녹지를 확보하여야 한다.

4. 주택건설기준: 「철도의 건설 및 철도시설 유지관리에 관한 법률」, 「철도산업발전기본법」 및 「도시철도법」에 따라 건설·운영되는 철도역으로부터 1킬로미터 이내의 주변지역으로서 「건축법」 제4조에 따른 건축위원회의 심의를 받은 경우에는 「주택건설기준 등에 관한 규정」 제13조, 제31조 및 제50조를 적용하지 아니한다.

[제목개정 2018. 7. 16.]

제32조(조성토지의 공급) ① 시행자는 조성토지를 다음 각 호의 용지로 구분하여 공급한다. 〈개정 2018. 7. 16.〉

1. 다음 각 목의 구분에 따른 주택건설용지

가. 공공지원민간임대주택 건설용지

나. 공공주택(「공공주택 특별법」 제2조제1호에 따른 공공주택을 말한다)건설용지

다. 분양주택건설용지

2. 「국토의 계획 및 이용에 관한 법률」 제2조제6호에 따른 기반시설용지

3. 판매·업무시설용지

4. 그 밖의 시설용지

② 시행자는 주택건설용지를 공급하는 경우에는 미리 가격을 정하고 추첨의 방법으로 공급하여야 한다. 다만, 민간임대주택건설용지는 공급대상자의 자격을 제한하거나 공급조건을 붙여 공급할 수 있다.

③ 시행자는 사회복지시설용지, 의료시설용지 등 국토교통부장관이 정하는 특정시설용지를 공급하는 경우에는 공급대상자의 자격을 제한하여 공급할 수 있다.

④ 시행자는 판매·업무시설용지 등 영리를 목적으로 사용하는 용지를 공급하는 경우에는 경쟁입찰의 방법으로 공급하여야 한다.

⑤ 제2항부터 제4항까지의 규정에도 불구하고 시행자는 다음 각 호의 어느 하나에 해당하는 경우에는 수의계약의 방법으로 공급할

수 있다. 〈개정 2017. 9. 19., 2021. 3. 23.〉

1. 공공임대주택건설용지를 공공주택사업자(「공공주택 특별법」 제4조에 따른 공공주택사업자를 말한다. 이하 같다)에게 공급하는 경우

2. 도로, 공원, 공용의 청사 등 일반인에게 분양할 수 없는 공공시설용지 등을 국가, 지방자치단체, 그 밖에 법령에 따라 해당 시설을 설치할 수 있는 자에게 공급하는 경우

3. 「공익사업을 위한 토지 등의 취득 및 보상에 관한 법률」에 따른 협의에 응하여 촉진지구 내에 소유(다음 각 목의 어느 하나에 해당하는 경우로 한정한다)한 토지의 전부를 시행자에게 양도한 자에게 국토교통부령으로 정하는 기준에 따라 토지를 공급하는 경우

가. 제20조제2항에 따른 공고일 전부터 토지를 소유한 경우

나. 제20조제2항에 따른 공고일 이후에 가목에 해당하는 토지 소유자로부터 그 토지의 전부를 취득한 경우

다. 제20조제2항에 따른 공고일 이후에 법원의 판결 또는 상속에 의하여 토지를 취득한 경우

4. 토지의 규모 및 형상, 입지조건 등에 비추어 토지이용가치가 현저히 낮은 토지로서 인접 토지 소유자 등에게 공급하는 것이 불가피하다고 시행자가 인정하는 경우

4의2. 법 제23조제1항제2호에 해당하는 시행자가 바람직한 도시 발전을 위하여 특별설계(현상설계 등에 의해 창의적인 개발안을 받아들일 필요가 있거나 다양한 용도를 수용하기 위한 복합적 개발이 필요한 경우 등에 실시하는 설계를 말한다)를 통한 개발이 필요하여 국토교통부장관이 정하는 절차와 방법에 따라 선정된 자에게 토지를 공급하는 경우

5. 제2항부터 제4항까지의 규정에 따른 공급이 2회 이상 성립되지 아니한 경우

6. 그 밖에 「공무원연금법」, 「한국보훈복지의료공단법」 등 관계 법령에 따라 수의계약으로 공급할 수 있는 경우

⑥ 제1항부터 제5항까지에서 규정한 사항 외에 조성토지의 공급 방법 및 공급가격의 기준 등에 관하여 필요한 사항은 국토교통부장관이 정한다.

⑦ 시행자는 조성토지를 공급하려면 다음 각 호의 사항을 공고하여야 한다. 다만, 공급대상자가 특정되어 있거나 자격이 제한되어

있는 경우로서 개별 통지를 한 경우에는 그러하지 아니하다.

1. 시행자의 명칭 및 주소와 대표자의 성명
2. 토지의 위치·면적 및 용도(토지 사용에 제한이 있는 경우에는 그 제한 내용을 포함한다)
3. 공급의 시기·방법 및 조건
4. 공급가격 및 가격결정방법
5. 공급대상자의 자격요건 및 선정방법
6. 공급신청의 기간 및 장소
7. 공급신청 시의 구비서류

제33조(감독) 지정권자는 법 제40조제1항에 따라 처분 또는 명령을 하였을 때에는 같은 조 제3항에 따라 다음 각 호의 사항을 관보 또는 공보에 고시하여야 한다.

1. 촉진지구 또는 사업의 명칭
2. 시행자의 명칭 및 주소와 대표자의 성명
3. 사업 대상 토지의 위치 및 면적
4. 처분 또는 명령의 내용 및 사유

제5장 민간임대주택의 공급, 임대차계약 및 관리

제33조의2(민간임대주택 공급 신고) 법 제42조제4항에 따라 민간임대주택을 공급하려는 임대사업자는 임차인을 모집하려는 날의 10일 전까지 국토교통부령으로 정하는 신고서에 국토교통부령으로 정하는 서류를 첨부하여 해당 민간임대주택의 소재지를 관할하는 시장·군수·구청장에게 제출하여야 한다. 〈개정 2018. 7. 16.〉

[본조신설 2017. 7. 11.]

제33조의3(임차인 등의 금융정보 등) ① 법 제42조의4제2항 각 호의 정보 또는 자료의 구체적인 내용은 다음 각 호와 같다. 〈개정 2019. 10. 22.〉

1. 법 제42조의4제2항제1호에 따른 금융정보: 다음 각 목의 정보 또는 자료
   가. 보통예금, 저축예금, 자유저축예금 등 요구불예금: 최근 3개월 이내의 평균 잔액
   나. 정기예금, 정기적금, 정기저축 등 저축성예금: 잔액 또는 총납입금

다. 주식, 수익증권, 출자금, 출자지분: 최종 시세가액. 이 경우 비상장주식의 평가에 관하여는 「상속세 및 증여세법 시행령」 제54조제1항을 준용한다.

라. 채권, 어음, 수표, 채무증서, 신주인수권 증서: 액면가액

마. 연금저축: 정기적으로 지급된 금액 또는 최종 잔액

2. 법 제42조의4제2항제2호에 따른 신용정보: 다음 각 목의 정보 또는 자료

가. 대출 현황 및 연체 내용

나. 신용카드 미결제 금액

3. 법 제42조의4제2항제3호에 따른 보험정보: 다음 각 목의 정보 또는 자료

가. 보험증권: 해약하는 경우 지급받게 될 환급금 또는 최근 1년 이내에 지급된 보험금

나. 연금보험: 해약하는 경우 지급받게 될 환급금 또는 정기적으로 지급되는 금액

② 법 제42조의4제3항에 따라 임차인(입주를 신청하는 자와 계약 중인 임차인을 포함한다. 이하 제33조의4에서 같다), 배우자, 임차인 또는 배우자와 세대를 같이 하는 세대원(이하 "임차인등"이라 한다)은 국토교통부령으로 정하는 금융정보 등의 제공 동의서면을 국토교통부장관에게 직접 제출하거나 우편·팩스 또는 정보통신망을 통하여 제출할 수 있다. 〈개정 2019. 10. 22.〉

[본조신설 2018. 7. 16.]

[제목개정 2019. 10. 22.]

제33조의4(금융정보 등의 요청 및 제공) ① 국토교통부장관은 법 제42조의5에 따라 금융기관등(「금융실명거래 및 비밀보장에 관한 법률」 제2조제1호에 따른 금융회사등, 「신용정보의 이용 및 보호에 관한 법률」 제25조제2항제1호에 따른 종합신용정보집중기관을 말한다. 이하 같다)의 장에게 임차인등에 대한 제33조의3제1항에 따른 금융정보·신용정보 또는 보험정보(이하 "금융정보등"이라 한다)의 제공을 요청하는 경우에는 요청 내용에 다음 각 호의 사항을 포함해야 한다. 〈개정 2019. 10. 22., 2020. 8. 4.〉

1. 임차인등의 성명과 주민등록번호

2. 제공을 요청하는 금융정보등의 범위와 조회기준일 및 조회기간

② 제1항에 따라 금융정보등의 제공을 요청받은 금융기관등의 장이 국토교통부장관에게 해당 금융정보등을 제공할 때에는 다음 각 호의 사항을 포함하여야 한다.

1. 임차인등의 성명과 주민등록번호
2. 금융정보등을 제공하는 금융기관등의 명칭
3. 제공대상 금융상품명과 계좌번호
4. 금융정보등의 내용

③ 국토교통부장관은 금융기관등이 가입한 협회, 연합회 또는 중앙회의 정보통신망을 이용하여 해당 금융기관등의 장에게 금융정보등을 제공하도록 요청할 수 있다.

[본조신설 2018. 7. 16.]

제33조의5(자료제공의 요청) 국토교통부장관(법 제62조제4항제2호에 따라 업무를 위임 또는 위탁받은 보건복지부장관 또는 지방자치단체의 장을 포함한다), 한국토지주택공사, 지방공사 및 「한국부동산원법」에 따른 한국부동산원(이하 "부동산원"이라 한다)이 법 제42조의6제1항 및 제59조의2제2항에 따라 요청할 수 있는 자료는 다음 각 호와 같다. 〈개정 2020. 6. 9., 2020. 12. 8., 2021. 4. 6.〉

1. 법 제42조의6제1항제2호에 따른 다음 각 목의 국세 및 지방세에 관한 자료
   가. 「국세기본법」에 따른 과세정보인 다음의 자료
      1) 「소득세법」에 따른 종합소득, 사업소득, 근로소득 및 일용근로자의 근로소득
      2) 「조세특례제한법」에 따른 근로장려금 및 자녀장려금의 결정에 관한 자료
      3) 「부가가치세법」에 따른 사업자등록에 관한 자료(휴업·폐업정보를 포함한다)
   나. 「지방세법」에 따른 취득세, 재산세 및 자동차세에 관한 과세정보
2. 법 제42조의6제1항제3호에 따른 다음 각 목의 각종 연금·보험·급여에 관한 자료
   가. 「국민연금법」에 따른 가입자 자격 및 급여 등에 관한 자료
   나. 다음의 법률에 따른 가입자의 연금 또는 급여에 관한 자료
      1) 「공무원연금법」

2) 「군인공제회법」

3) 「군인연금법」, 「군인 재해보상법」

4) 「별정우체국법」

5) 「사립학교교직원 연금법」

다. 「장애인연금법」에 따른 장애인연금 수급 여부에 관한 자료

라. 「장애인복지법」에 따른 장애수당 및 장애아동수당 수급 여부에 관한 자료

마. 「국민건강보험법」에 따른 다음의 자료

1) 가입자의 보수월액, 보험료, 자격 취득ㆍ상실 등 보험료의 부과ㆍ징수에 관한 자료

2) 피부양자의 자격에 관한 정보

3) 보험료를 경감 받는 대상자임을 증명하는 자료

바. 「고용보험법」에 따른 다음의 자료

1) 피보험자의 자격에 관한 자료

2) 실업급여 등 급여, 보상 및 지원에 관한 자료

사. 「산업재해보상보험법」에 따른 보험급여 등 급여, 보상 및 지원에 관한 자료

아. 「고용보험 및 산업재해보상보험의 보험료징수 등에 관한 법률」에 따른 보험가입자 및 근로자의 월평균보수 등에 관한 자료

자. 다음의 법률에 따라 받는 급여, 보상 및 지원에 관한 자료

1) 「5ㆍ18민주유공자예우 및 단체설립에 관한 법률」

2) 「고엽제후유의증 등 환자지원 및 단체설립에 관한 법률」

3) 「국가보훈 기본법」

4) 「국가유공자 등 예우 및 지원에 관한 법률」

5) 「독립유공자예우에 관한 법률」

6) 「보훈보상대상자 지원에 관한 법률」

7) 「제대군인지원에 관한 법률」

8) 「참전유공자 예우 및 단체설립에 관한 법률」

9) 「특수임무유공자 예우 및 단체설립에 관한 법률」

차. 「노인장기요양보험법」에 따른 수급자로 판정된 사람의 장기요양급여 및 장기요양기관에 관한 자료

3. 법 제42조의6제1항제4호에 따른 다음 각 목의 부동산 및 자동차에 관한 자료

가. 부동산에 관한 다음의 자료

1) 「부동산등기법」 제2조제1호에 따른 등기부

2) 「건축법」 제38조에 따른 건축물대장

3) 「공간정보의 구축 및 관리 등에 관한 법률」 제2조제19호의3에 따른 부동산종합공부 및 같은 법 제76조에 따른 지적전산자료

4) 「부동산 가격공시에 관한 법률」 제10조에 따른 개별공시지가, 같은 법 제17조에 따른 개별주택가격 및 같은 법 제18조에 따른 공동주택가격

5) 「도시 및 주거환경정비법」에 따른 분양대상자에 관한 자료

6) 「부동산 거래신고 등에 관한 법률」 제2조제2호에 따른 부동산등의 거래에 관한 자료

7) 「주택임대차보호법」 제3조의6에 따른 확정일자부 중 임대차계약에 관한 자료

8) 「주택법」에 따른 분양권에 관한 자료

나. 자동차에 관한 다음의 자료

1) 「자동차관리법」 제5조에 따른 자동차등록원부

2) 「보험업법」 제176조에 따른 자동차보험의 보험요율 산출에 관한 자료

[본조신설 2019. 10. 22.]

제34조(민간임대주택의 임대의무기간 등) ① 법 제43조제1항에서 “임대사업자 등록일 등 대통령령으로 정하는 시점”이란 다음 각 호의 구분에 따른 시점을 말한다. 〈개정 2017. 9. 19., 2018. 7. 16., 2020. 12. 8., 2025. 6. 2.〉

1. 민간건설임대주택: 입주지정기간 개시일. 이 경우 입주지정기간을 정하지 아니한 경우에는 법 제5조에 따른 임대사업자 등록 이후 최초로 체결된 임대차계약서상의 실제 임대개시일을 말한다.

2. 민간매입임대주택: 임대사업자 등록일. 다만, 임대사업자 등록 이후 임대가 개시되는 주택은 임대차계약서상의 실제 임대개시일로 한다.

3. 법 제5조제3항 본문에 따라 장기일반민간임대주택을 공공지원민간임대주택으로 변경신고한 경우: 변경신고의 수리일(같은 조 제5

항의 경우에는 신고를 수리한 것으로 보는 날을 말한다). 다만, 변경신고 이후 임대가 개시되는 주택은 임대차계약서상의 실제 임대개시일로 한다.

4. 법 제5조제3항 본문에 따라 단기민간임대주택을 장기일반민간임대주택으로 변경신고한 경우: 다음 각 목의 구분에 따른 시점

가. 단기민간임대주택의 임대의무기간 종료 전에 변경신고한 경우: 다음의 구분에 따른 시점

1) 해당 단기민간임대주택이 민간건설임대주택인 경우: 제1호에 따른 시점

2) 해당 단기민간임대주택이 민간매입임대주택인 경우: 제2호에 따른 시점

나. 단기민간임대주택의 임대의무기간이 종료된 이후 변경신고한 경우: 변경신고의 수리일(법 제5조제5항의 경우에는 신고를 수리한 것으로 보는 날을 말한다)부터 역산하여 6년이 되는 날

② 법 제43조제4항에 따라 임대의무기간(같은 조 제1항에 따른 임대의무기간을 말한다. 이하 같다) 중에 민간임대주택을 양도하려는 임대사업자는 국토교통부령으로 정하는 신청서와 첨부서류를 해당 민간임대주택의 소재지를 관할하는 시장·군수·구청장에게 제출해야 한다. 〈신설 2018. 7. 16., 2020. 12. 8.〉

③ 법 제43조제4항제1호에서 “대통령령으로 정하는 경제적 사정 등”이란 다음 각 호의 어느 하나에 해당하는 경우를 말한다. 다만, 임대의무기간이 8년 이상인 민간임대주택을 300호 또는 300세대 이상 등록한 임대사업자에 대해서는 제3호, 제4호, 제5호나목 및 제6호부터 제8호까지의 경우로 한정한다. 〈개정 2018. 7. 16., 2020. 12. 8., 2024. 4. 30., 2025. 6. 2.〉

1. 2년 연속 적자가 발생한 경우
2. 2년 연속 부(負)의 영업현금흐름이 발생한 경우
3. 최근 12개월간 해당 임대사업자의 전체 민간임대주택 중 임대되지 아니한 주택이 20퍼센트 이상이고 같은 기간 동안 특정 민간임대주택이 계속하여 임대되지 아니한 경우
4. 관계 법령에 따라 재개발, 재건축 등으로 민간임대주택의 철거가 예정되어 있거나 민간임대주택이 철거된 경우
5. 임대사업자의 상속인이 다음 각 목의 어느 하나에 해당하는

경우

가. 임대사업자로서의 지위 승계를 거부하는 경우

나. 법 제5조의6 또는 제5조의7에 해당되어 등록이 제한되는 경우

6. 민간임대주택 가격의 하락 등으로 임대보증금을 반환하지 못할 우려가 있는 경우로서 다음 각 목의 요건을 모두 갖춘 임대사업자가 민간임대주택을 2024년 4월 1일부터 12월 31일까지 한국토지주택공사 또는 지방공사에 양도하는 경우. 이 경우 임대사업자가 양도할 수 있는 민간임대주택은 1호 또는 1세대로 한정한다.

가. 양도하려는 민간임대주택을 포함하여 3호 또는 3세대 이상 등록한 임대사업자일 것

나. 양도하려는 민간임대주택의 전용면적이 60제곱미터 이하일 것

다. 양도하려는 민간임대주택의 취득가액(임대사업자가 취득할 당시 취득세의 과세표준인 「지방세법」 제10조에 따른 취득 당시의 가액을 말한다)이 3억원(「수도권정비계획법」에 따른 수도권이 아닌 지역의 경우에는 2억원) 이하일 것

라. 양도하려는 민간임대주택이 「건축법 시행령」 별표 1 제2호 가목에 따른 아파트(「주택법」에 따른 도시형 생활주택인 아파트는 제외한다)가 아닐 것

7. 「전세사기피해자 지원 및 주거안정에 관한 특별법」에 따른 전세사기피해주택에 해당하는 민간임대주택을 한국토지주택공사 또는 지방공사에 양도하는 경우

8. 「민사집행법」에 따른 경매(「민법」 제269조제2항에 따른 공유물 분할을 위한 경매는 제외한다), 「국세징수법」 또는 「지방세징수법」에 따른 공매의 방법으로 민간임대주택의 소유권이 이전되는 경우

④ 시장·군수·구청장은 제3항제3호, 제4호 및 제6호부터 제8호까지에 해당하여 법 제43조제4항에 따른 양도허가를 하려는 경우에는 해당 사유가 발생한 주택에 한정하여 허가하여야 한다. 〈개정 2018. 7. 16., 2024. 4. 30., 2025. 6. 2.〉

⑤ 시장·군수·구청장은 법 제43조제4항제2호에 해당하여 같은 항에 따른 양도허가를 하려는 경우에는 주택의 총 양도가격이 필요

한 운영비용 등의 추계액을 초과하지 아니하는 범위에서 허가하여야 한다. 〈신설 2018. 7. 16.〉

⑥ 법 제43조제4항에 따른 말소 신청에 관하여는 제5조제4항을 준용한다. 〈신설 2020. 12. 8.〉

제34조의2(임대료) 법 제44조제2항에서 “대통령령으로 정하는 증액비율”이란 다음 각 호의 구분에 따른 비율을 말한다. 〈개정 2025. 1. 21., 2025. 10. 1.〉

1. 100세대 이상 민간임대주택단지(법 제2조제4호가목에 따른 공공지원민간임대주택 중 20년 이상 임대할 목적으로 건설 또는 매입하는 100세대 이상 민간임대주택단지는 제외한다): 「통계법」에 따라 국가데이터처장이 고시하는 지출목적별 소비자물가지수 항목 중 해당 임대주택이 소재한 특별시, 광역시, 특별자치시, 도 또는 특별자치도의 주택임차료, 주거시설 유지·보수 및 기타 주거관련 서비스 지수를 가중 평균한 값의 변동률. 다만, 임대료의 5퍼센트 범위에서 시·군·자치구의 조례로 해당 시·군·자치구에서 적용하는 비율을 정하고 있는 경우에는 그에 따른다.

2. 제1호를 제외한 민간임대주택: 임대료의 5퍼센트. 다만, 주거비 물가지수 및 인근 지역의 임대료 변동률 등을 고려해야 한다.

[본조신설 2019. 2. 12.]

제35조(임대차계약의 해제·해지 등) ① 임대사업자는 임차인이 다음 각 호의 어느 하나에 해당하는 경우를 제외하고는 법 제45조제1항에 따라 임대사업자로 등록되어 있는 기간 동안 임대차계약을 해제 또는 해지하거나 재계약을 거절할 수 없다. 〈개정 2018. 7. 16., 2019. 2. 12., 2022. 1. 13.〉

1. 거짓이나 그 밖의 부정한 방법으로 민간임대주택을 임대받은 경우

2. 임대사업자의 귀책사유 없이 제34조제1항 각 호의 시점으로부터 3개월 이내에 입주하지 않은 경우

3. 월 임대료를 3개월 이상 연속하여 연체한 경우

4. 민간임대주택 및 그 부대시설을 임대사업자의 동의를 받지 않고 개축·증축 또는 변경하거나 본래의 용도가 아닌 용도로 사용한 경우

5. 민간임대주택 및 그 부대시설을 고의로 파손 또는 멸실한 경우

5의2. 공공지원민간임대주택의 임차인이 다음 각 목의 어느 하나에 해당하게 된 경우

가. 임차인의 자산 또는 소득이 법 제42조제2항에 따른 자격요건을 초과하는 경우로서 국토교통부령으로 정하는 기준을 초과하는 경우

나. 임대차계약 기간 중 다른 주택을 소유하게 된 경우. 다만, 다음의 어느 하나에 해당하는 경우는 제외한다.

1) 상속·판결 또는 혼인 등 그 밖의 부득이한 사유로 다른 주택을 소유하게 된 경우로서 임대차계약이 해제·해지되거나 재계약이 거절될 수 있다는 내용을 통보받은 날부터 6개월 이내에 해당 주택을 처분하는 경우

2) 혼인 등의 사유로 주택을 소유하게 된 세대구성원이 소유권을 취득한 날부터 14일 이내에 전출신고를 하여 세대가 분리된 경우

3) 공공지원민간임대주택의 입주자를 선정하고 남은 공공지원민간임대주택에 대하여 선착순의 방법으로 입주자로 선정된 경우

5의3. 법 제42조의2에 따라 임차인이 공공지원민간임대주택 또는 공공임대주택에 중복하여 입주하거나 계약한 것으로 확인된 경우

6. 법 제47조에 따른 표준임대차계약서상의 의무를 위반한 경우

② 법 제45조제2항에서 "시장·군수·구청장이 임대주택에 거주하기 곤란할 정도의 중대한 하자가 있다고 인정하는 경우 등 대통령령으로 정하는 경우"란 다음 각 호의 어느 하나에 해당하는 경우를 말한다. 〈신설 2019. 2. 12., 2023. 6. 20.〉

1. 시장·군수·구청장이 민간임대주택에 거주하기 곤란할 정도의 중대한 하자가 있다고 인정하는 경우
2. 임대사업자가 임차인의 의사에 반하여 민간임대주택의 부대시설·복리시설을 파손시킨 경우
3. 임대사업자의 귀책사유로 입주지정기간이 끝난 날부터 3개월 이내에 입주할 수 없는 경우
4. 임대사업자가 법 제47조에 따른 표준임대차계약서상의 의무를 위반한 경우
5. 법 제49조에 따라 임대보증금에 대한 보증에 가입해야 하는 임대사업자가 임대보증금에 대한 보증에 가입하지 않은 경우

第36조(임대차계약 신고) ① 법 제46조제1항 및 제2항에 따라 임대사업자가 시장·군수·구청장에게 신고 또는 변경신고를 해야 하는 사항은 다음 각 호와 같다. 〈개정 2018. 7. 16., 2019. 10. 22.〉

1. 임대차기간

2. 임대료

3. 민간임대주택의 소유권을 취득하기 위하여 대출받은 금액(민간매입임대주택으로 한정한다)

4. 임차인 현황(준주택으로 한정한다)

② 제1항 각 호의 사항을 신고 또는 변경신고하려는 임대사업자는 국토교통부령으로 정하는 신고·변경신고서에 법 제47조에 따른 표준임대차계약서를 첨부하여 해당 민간임대주택의 소재지를 관할하는 시장·군수·구청장 또는 임대사업자의 주소지를 관할하는 시장·군수·구청장에게 제출해야 한다. 다만, 법 제44조제1항제2호 단서에 따른 종전임대차계약을 신고(변경신고는 제외한다)하는 경우로서 법 제47조에 따른 표준임대차계약서를 사용하지 않은 경우에는 다음 각 호의 서류를 모두 첨부해야 한다. 〈개정 2018. 7. 16., 2019. 10. 22.〉

1. 임대차계약서

2. 임대사업자가 임차인에게 임대사업자로 등록한 사실을 직접 전달했거나 내용증명우편 등으로 통보한 사실을 객관적으로 증명할 수 있는 자료

③ 제2항에 따라 임대사업자의 주소지를 관할하는 시장·군수·구청장이 신고·변경신고서를 받은 경우에는 즉시 민간임대주택의 소재지를 관할하는 시장·군수·구청장에게 이송해야 한다. 〈개정 2019. 10. 22.〉

④ 제2항 또는 제3항에 따라 신고·변경신고서를 받은 시장·군수·구청장(민간임대주택의 소재지를 관할하는 시장·군수·구청장을 말한다. 이하 제5항에서 같다)은 신고 또는 변경신고 내용을 확인한 후 신고 또는 변경신고를 받은 날(제3항의 경우에는 이송받은 날을 말한다)부터 10일 이내에 국토교통부령으로 정하는 바에 따라 임대 조건 신고대장에 신고 또는 변경신고 사실을 적고 임대 조건 신고·변경신고 증명서를 신고인에게 발급해야 한다. 〈개정 2019. 10. 22.〉

⑤ 시장·군수·구청장은 법 제46조제1항·제2항 및 제4항에 따라 임대사업자가 신고, 변경신고 또는 재신고한 임대 조건을 매 분기 종료 후 다음 달 말일까지 해당 지방자치단체의 공보에 공고하여야 한다. 〈개정 2018. 7. 16., 2019. 2. 12.〉

제37조(임대사업자의 설명의무 및 확인의 방법 등) ① 법 제48조제1항제1호에서 "법 제49조에 따른 임대보증금에 대한 보증의 보증기간 등 대통령령으로 정하는 사항"이란 다음 각 호의 사항을 말한다. 〈개정 2022. 1. 13.〉

1. 보증대상액
2. 보증기간
3. 보증수수료 산정방법 및 금액, 분담비율, 납부방법
4. 보증기간 중 임대차계약이 해제·해지되거나 임대보증금이 증감되는 경우의 보증수수료의 환급 또는 추가 납부에 관한 사항
5. 임대차 계약기간 중 보증기간이 만료되는 경우의 재가입에 관한 사항
6. 보증약관의 내용 중 국토교통부장관이 정하여 고시하는 중요사항에 관한 내용

② 법 제48조제1항제2호에 따라 임대사업자가 임차인에게 설명하고 확인받아야 하는 권리관계는 다음 각 호와 같다.

1. 임대주택에 설정된 제한물권, 압류·가압류·가처분 등에 관한 사항
2. 임대사업자의 국세·지방세 체납에 관한 사항

③ 임대사업자는 법 제48조제1항에 따라 임차인과 임대차계약을 체결하거나 계약내용을 변경하는 경우에는 제1항 및 제2항에서 정하는 사항이 포함된 표준임대차계약서를 임차인에게 내주고 임차인이 이해할 수 있도록 설명하여야 하며, 임차인은 서명 또는 기명날인의 방법으로 확인하여야 한다.

④ 법 제48조제2항에서 "민간임대주택에 둘 이상의 임대차계약이 존재하는 등 대통령령으로 정하는 사유에 해당하는 경우"란 민간임대주택으로서 「건축법 시행령」 별표 1 제1호가목부터 다목까지의 규정에 따른 주택에 둘 이상의 임대차계약이 존재하는 경우를 말한다. 〈신설 2020. 12. 8.〉

⑤ 법 제48조제2항에 따라 임대사업자가 임대차계약을 체결하려

는 자에게 제공해야 하는 정보는 다음 각 호와 같다. 〈신설 2020. 12. 8.〉

1. 임대차목적물
2. 확정일자 부여일
3. 차임 · 보증금
4. 임대차기간

⑥ 제5항에 따른 정보는 「주택임대차보호법 시행령」 제6조제1항에 따라 확정일자부여기관에 요청하여 받은 서면으로 제공해야 한다. 〈신설 2020. 12. 8.〉

[제목개정 2020. 5. 26.]

제38조(임대보증금에 대한 보증 가입 등) ① 법 제49조제1항제3호에서 "대통령령으로 정하는 호수"란 100호를 말한다. 〈개정 2019. 10. 22.〉

② 삭제 〈2024. 2. 6.〉

③ 법 제49조제1항에 따른 임대사업자는 임대보증금에 대한 보증에 가입하였으면 지체 없이 해당 보증서 사본을 민간임대주택의 소재지를 관할하는 시장 · 군수 · 구청장에게 제출하여야 한다.

④ 제3항에 따라 보증서 사본을 받은 시장 · 군수 · 구청장은 임대보증금에 대한 보증기간이 끝날 때까지 보증서 사본을 보관하여야 한다.

⑤ 법 제49조제1항에 따른 임대사업자는 임대보증금에 대한 보증에 가입한 경우에는 임차인이 해당 민간임대주택에 입주한 후 지체 없이 보증서 및 보증약관 각각의 사본을 임차인에게 내주어야 한다.

⑥ 법 제49조제1항에 따른 임대사업자는 임대보증금에 대한 보증 가입 여부를 임차인이 잘 볼 수 있는 장소에 공고하여야 한다. 가입한 보증을 해지하거나 변경하는 경우에도 또한 같다.

제39조(보증대상액) ① 법 제49조제3항 각 호 외의 부분 전단에서 "대통령령에서 정하는 금액"이란 담보권이 설정된 금액과 임대보증금을 합한 금액에서 주택가격의 100분의 60에 해당하는 금액을 뺀 금액을 말한다.

② 법 제49조제3항 각 호 외의 부분 후단에 따른 주택가격의 산정방법은 다음 각 호의 어느 하나에 해당하는 방법으로 한다. 다만, 제1호의 방법은 제2호 또는 제3호의 방법으로 주택가격을 산정할

수 없는 경우이거나 제2호 또는 제3호의 방법을 적용하면 보증 가입 시점의 실제 주택가격을 적절하게 반영하지 못한다고 임대사업자가 이의를 신청하여 보증회사가 이를 인정한 경우로 한정한다. 〈개정 2020. 12. 8., 2022. 1. 13., 2025. 6. 2.〉

1. 보증회사의 의뢰를 받은 감정평가법인등이 「감정평가 및 감정평가사에 관한 법률」 제3조에 따라 감정평가액을 산정하는 방법

2. 「부동산 가격공시에 관한 법률」 제16조부터 제18조까지의 규정에 따라 공시된 가격(준주택의 경우에는 「소득세법」 제99조제1항제1호다목에 따른 기준시가를 말한다)에 국토교통부장관이 정하여 고시하는 비율을 곱하여 산정하는 방법

3. 보증회사가 전세금 반환을 보장하는 보증을 할 때 적용하는 주택가격 산정 기준을 국토교통부장관이 정하여 고시하는 방법에 따라 적용하여 산정하는 방법

[전문개정 2019. 10. 22.]

제39조의2(보증 가입 자료 등의 제공) ① 시장·군수·구청장은 법 제49조제6항 후단에 따라 보증회사로부터 제출받은 임대사업자의 보증 가입이나 보증계약 해지에 관한 자료 중 다음 각 호의 자료를 보증회사로부터 제출받은 날이 속하는 달의 다음 달 15일까지 국토교통부장관에게 제공해야 한다.

1. 임대사업자의 성명과 주소(법인인 경우에는 명칭과 본점 소재지)
2. 보증금액, 보증기간 및 보증 가입일·해지일
3. 그 밖에 국토교통부장관이 정하는 자료

② 시장·군수·구청장은 제1항에 따라 자료를 제공하는 경우 법 제60조제1항에 따른 임대주택정보체계에 제1항 각 호의 자료를 입력하는 방식으로 제공할 수 있다.

[본조신설 2022. 1. 13.]

제39조의3(보증금 미반환 임대사업자에 대한 추가 보증 가입 제한 등) ① 법 제49조제9항 단서에서 “법원의 변제계획인가를 얻었거나 그 인가계획에 따라 채무를 이행하고 있는 경우 등 대통령령으로 정하는 경우”란 다음 각 호의 경우를 말한다.

1. 「서민의 금융생활 지원에 관한 법률」 제74조제1항에 따라 채무조정안의 합의가 성립된 경우

2. 「채무자 회생 및 파산에 관한 법률」 제243조제1항에 따라 회

생계획인가결정 또는 같은 법 제614조제1항에 따라 변제계획인가결정을 받고 그에 따라 채무를 이행하고 있는 경우(회생계획인가결정 또는 변제계획인가결정 이후 그에 따른 채무의 이행시기가 도래하지 않은 경우를 포함한다)

3. 「채무자 회생 및 파산에 관한 법률」 제565조에 따라 면책결정이 확정된 경우

4. 그 밖에 임대차 계약기간 중 보증기간이 만료되어 재가입하는 경우 등 보증회사가 임차인의 보호를 위해 해당 임대사업자의 보증가입이 필요하다고 인정하는 경우

② 법 제49조제10항에 따른 보증금 미반환 임대사업자의 식별에 필요한 정보 공유의 범위는 「신용정보의 이용 및 보호에 관한 법률」 제25조제2항제1호에 따른 종합신용정보집중기관을 통해 같은 법 시행령 제21조제3항에 따라 집중관리·활용되는 신용정보로서 같은 영 제21조제9항에 따라 금융위원회가 정하여 고시하는 범위로 한다.

③ 보증회사는 법 제49조제10항에 따라 보증금 미반환 임대사업자의 식별에 필요한 정보를 공유하는 경우에는 「신용정보의 이용 및 보호에 관한 법률」 제25조제2항제1호에 따른 종합신용정보집중기관이 같은 법 제26조의 신용정보집중관리위원회를 통해 정한 기준에 따라야 한다.

[본조신설 2025. 6. 2.]

제40조(보증수수료의 납부방법 등) 법 제49조제11항에 따른 보증수수료의 납부방법, 보증수수료의 부담비율 등은 다음 각 호와 같다. 〈개정 2017. 7. 11., 2020. 12. 8., 2024. 2. 6., 2025. 6. 2.〉

1. 보증수수료의 75퍼센트는 임대사업자가 부담하고, 25퍼센트는 임차인이 부담할 것. 다만, 임대사업자가 사용검사 전에 임차인을 모집하는 경우 임차인을 모집하는 날부터 사용검사를 받는 날까지의 보증수수료는 임대사업자가 전액 부담한다.

2. 보증수수료는 임대사업자가 납부할 것. 이 경우 임차인이 부담하는 보증수수료는 임대료에 포함하여 징수하되 임대료 납부고지서에 그 내용을 명시하여야 한다.

3. 법 제49조제4항에 따라 보증수수료를 분할납부하는 경우에는 재산정한 보증수수료를 임대보증금 보증계약일부터 매 1년이 되는 날까지 납부할 것

제41조(민간임대주택의 관리) ① 법 제51조제1항에서 "대통령령으로 정하는 민간매입임대주택"이란 임대사업자가 「주택법」 제54조에 따라 사업주체가 건설·공급하는 주택 전체를 매입하여 임대하는 민간매입임대주택을 말한다. 〈개정 2016. 8. 11.〉

② 법 제51조제1항에 해당하는 민간임대주택의 관리에 대해서는 「공동주택관리법」 및 「공동주택관리법 시행령」 중 다음 각 호의 규정만을 적용한다. 〈개정 2016. 8. 11., 2018. 7. 16., 2022. 12. 9., 2024. 10. 29.〉

1. 「공동주택관리법」 제8조에 따른 구분관리에 관한 사항
2. 「공동주택관리법」 제23조제4항에 따른 관리비 등의 공개에 관한 사항
3. 「공동주택관리법」 제27조제1항제1호에 따른 회계서류의 작성·보관에 관한 사항
4. 「공동주택관리법」 제63조에 따른 관리주체의 업무에 관한 사항
5. 「공동주택관리법 시행령」 제19조제2항에 따른 관리주체의 동의에 관한 사항
6. 「공동주택관리법 시행령」 제23조제4항에 따른 이용료 부과 및 제29조에 따른 주민운동시설의 위탁 운영에 관한 사항
7. 「공동주택관리법 시행령」 제25조제1항제1호가목에 따른 관리비의 집행을 위한 사업자 선정에 관한 사항
8. 「공동주택관리법 시행령」 제33조에 따른 시설물의 안전관리에 관한 사항
9. 「공동주택관리법 시행령」 제34조에 따른 공동주택의 안전점검에 관한 사항
10. 「공동주택관리법 시행령」 제35조에 따른 행위허가 등의 기준에 관한 사항
11. 「공동주택관리법 시행령」 제36조 및 제44조에 따른 하자 보수에 관한 사항
12. 「공동주택관리법 시행령」 제69조, 제70조, 제71조 및 제73조에 따른 관리사무소장의 배치와 주택관리사 및 주택관리사보 등에 관한 사항
13. 「공동주택관리법 시행령」 제96조에 따른 공동주택관리의 감독에 관한 사항

③ 법 제51조제2항에서 “300세대 이상의 공동주택 등 대통령령으로 정하는 규모”란 민간임대주택단지별로 다음 각 호의 어느 하나에 해당하는 규모의 민간임대주택을 말한다. 〈개정 2020. 12. 8.〉

1. 300세대 이상의 공동주택
2. 150세대 이상의 공동주택으로서 승강기가 설치된 공동주택
3. 150세대 이상의 공동주택으로서 중앙집중식 난방방식 또는 지역난방방식인 공동주택

④ 법 제51조제3항에서 “대통령령으로 정하는 기술인력 및 장비”란 「공동주택관리법 시행령」 별표 1의 기준에 따른 기술인력 및 장비를 말한다. 〈개정 2016. 8. 11.〉

⑤ 법 제51조제4항에 따라 임대사업자가 민간임대주택을 공동으로 관리할 수 있는 경우는 단지별로 법 제52조제1항에 따른 임차인대표회의(이하 “임차인대표회의”라 한다) 또는 임차인 과반수(임차인대표회의를 구성하지 않은 경우만 해당한다)의 서면동의를 받은 경우로서 둘 이상의 민간임대주택단지를 공동으로 관리하는 것이 합리적이라고 특별시장, 광역시장, 특별자치시장, 특별자치도지사, 시장 또는 군수가 인정하는 경우로 한다. 〈개정 2018. 7. 16., 2019. 2. 12.〉

⑥ 제5항에 따라 공동관리하는 둘 이상의 민간임대주택단지에 제4항에 따른 기술인력 및 장비 기준을 적용할 때에는 둘 이상의 민간임대주택단지를 하나의 민간임대주택단지로 본다. 다만, 특별시장, 광역시장, 특별자치시장, 특별자치도지사, 시장 또는 군수가 민간임대주택단지 간의 거리 및 안전성 등을 고려하여 민간임대주택단지마다 갖출 것을 요구하는 경우에는 그렇지 않다. 〈신설 2019. 2. 12.〉

⑦ 임대사업자는 법 제51조제6항에 따라 민간임대주택을 관리하는 데 필요한 경비를 임차인이 최초로 납부하기 전까지 민간임대주택의 유지관리 및 운영에 필요한 경비(이하 “선수관리비”라 한다)를 부담하는 경우에는 해당 임차인의 입주가능일 전까지 「공동주택관리법」에 따른 관리주체(이하 “관리주체”라 한다)에게 선수관리비를 지급해야 한다. 〈신설 2024. 2. 6.〉

⑧ 관리주체는 해당 임차인의 임대기간이 종료되는 경우 제7항에 따라 지급받은 선수관리비를 임대사업자에게 반환해야 한다. 다만, 다른 임차인이 해당 주택에 입주할 예정인 경우 등 임대사업자와 관리주체가 협의하여 정하는 경우에는 선수관리비를 반환하지 않을

수 있다. 〈신설 2024. 2. 6.〉

⑨ 제7항에 따라 관리주체에게 지급하는 선수관리비의 금액은 해당 민간임대주택의 유형 및 세대수 등을 고려하여 임대사업자와 관리주체가 협의하여 정한다. 〈신설 2024. 2. 6.〉

제42조(임차인대표회의) ① 법 제52조제1항 본문에서 "대통령령으로 정하는 세대"란 20세대를 말한다. 〈개정 2019. 2. 12.〉

② 법 제52조제1항 단서에서 "대통령령으로 정하는 공동주택단지"란 다음 각 호의 어느 하나에 해당하는 공동주택단지를 말한다. 〈신설 2019. 2. 12., 2020. 12. 8.〉

1. 300세대 이상의 공동주택단지
2. 제41조제3항제2호 또는 제3호에 해당하는 공동주택단지

③ 임대사업자는 법 제52조제3항에 따라 같은 조 제1항 단서에 따른 임차인이 임차인대표회의를 구성하지 않는 경우에 임차인대표회의를 구성해야 한다는 사실과 같은 조 제4항에 따른 협의사항 및 이 조에 따른 임차인대표회의의 구성·운영에 관한 사항을 반기 1회 이상 임차인에게 통지해야 한다. 〈신설 2019. 2. 12.〉

④ 법 제52조제4항제5호에서 "대통령령으로 정하는 사항"이란 다음 각 호의 사항을 말한다. 〈개정 2018. 7. 16., 2018. 12. 31., 2019. 2. 12.〉

1. 하자 보수
2. 공동주택의 관리에 관하여 임대사업자와 임차인대표회의가 합의한 사항
3. 임차인 외의 자에게 민간임대주택 주차장을 개방하는 경우 다음 각 목의 사항
   가. 개방할 수 있는 주차대수 및 위치
   나. 주차장의 개방시간
   다. 주차료 징수 및 사용에 관한 사항
   라. 그 밖에 주차장의 적정한 개방을 위해 필요한 사항

⑤ 임대사업자는 임차인대표회의가 법 제52조제4항 각 호의 사항에 대하여 협의를 요청하면 성실히 응하여야 한다. 〈개정 2019. 2. 12.〉

⑥ 임차인대표회의는 민간임대주택의 동별 세대수에 비례하여 선출한 대표자(이하 "동별 대표자"라 한다)로 구성한다. 〈개정 2019. 2. 12.〉

⑦ 동별 대표자가 될 수 있는 사람은 해당 민간임대주택단지에서 6개월 이상 계속 거주하고 있는 임차인으로 한다. 다만, 최초로 임차인대표회의를 구성하는 경우에는 그러하지 아니하다. 〈개정 2019. 2. 12.〉

⑧ 임차인대표회의는 회장 1명, 부회장 1명 및 감사 1명을 동별 대표자 중에서 선출하여야 한다. 〈개정 2019. 2. 12.〉

⑨ 임차인대표회의를 소집하려는 경우에는 소집일 5일 전까지 회의의 목적 · 일시 및 장소 등을 임차인에게 알리거나 공고하여야 한다. 〈개정 2019. 2. 12.〉

⑩ 임차인대표회의는 그 회의에서 의결한 사항, 임대사업자와의 협의결과 등 주요 업무의 추진 상황을 지체 없이 임차인에게 알리거나 공고하여야 한다. 〈개정 2019. 2. 12.〉

⑪ 임차인대표회의는 회의를 개최하였을 때에는 회의록을 작성하여 보관하고, 임차인이 회의록의 열람을 청구하거나 자기의 비용으로 복사를 요구할 경우에는 그에 따라야 한다. 〈개정 2019. 2. 12.〉

제42조의2(민간임대주택 주차장의 외부개방) 임대사업자는 제42조제4항제3호에 따라 임차인대표회의와 협의하여 결정한 사항에 대해 전체 임차인 과반수의 서면동의를 받은 경우 지방자치단체와 협약을 체결하여 주차장을 개방할 수 있다. 이 경우 개방하는 민간임대주택 주차장의 운영 · 관리자는 지방자치단체, 「지방공기업법」 제76조에 따라 설립된 지방공단 또는 지방자치단체의 장이 지정하는 자 중에서 지방자치단체와의 협약에 따라 정한다. 〈개정 2019. 2. 12.〉

[본조신설 2018. 12. 31.]

제43조(특별수선충당금의 요율 및 사용 절차 등) ① 법 제53조제1항에 따른 민간임대주택의 임대사업자는 해당 민간임대주택(제41조제3항 각 호의 공동주택으로 한정한다)의 공용부분, 부대시설 및 복리시설(분양된 시설은 제외한다)에 대한 장기수선계획(「공동주택관리법」 제29조에 따른 장기수선계획을 말한다. 이하 같다)을 수립하여 「주택법」 제49조에 따른 사용검사 신청 시 함께 제출하여야 하며, 임대기간 중 해당 민간임대주택단지에 있는 관리사무소에 장기수선계획을 갖춰 놓아야 한다. 〈개정 2016. 8. 11.〉

② 제1항에 따른 장기수선계획은 국토교통부령으로 정하는 기준에 따라야 한다.

③ 제1항에 따라 장기수선계획을 수립하여야 하는 민간임대주택의 임대사업자는 법 제53조제1항에 따른 특별수선충당금(이하 "특별수선충당금"이라 한다)을 사용검사일 또는 임시 사용승인일부터 1년이 지난 날이 속하는 달부터 「주택법」 제15조제1항에 따른 사업계획 승인 당시 표준 건축비의 1만분의 1의 요율로 매달 적립하여야 한다. 〈개정 2016. 8. 11.〉

④ 특별수선충당금은 임대사업자와 해당 민간임대주택의 소재지를 관할하는 시장·군수·구청장의 공동 명의로 금융회사 등에 예치하여 따로 관리하여야 한다.

⑤ 임대사업자는 특별수선충당금을 사용하려면 미리 해당 민간임대주택의 소재지를 관할하는 시장·군수·구청장과 협의하여야 한다.

⑥ 시장·군수·구청장은 국토교통부령으로 정하는 방법에 따라 임대사업자의 특별수선충당금 적립 여부, 적립금액 등을 관할 시·도지사에게 보고하여야 하며, 시·도지사는 시장·군수·구청장의 보고를 종합하여 국토교통부장관에게 보고하여야 한다.

⑦ 제1항부터 제6항까지에서 규정한 사항 외에 특별수선충당금의 사용 방법, 세부 사용 절차, 그 밖에 필요한 사항은 장기수선계획으로 정한다.

제44조(임대주택분쟁조정위원회) ① 삭제 〈2019. 2. 12.〉

② 법 제55조제1항에 따른 임대주택분쟁조정위위원회(이하 "조정위원회"라 한다)의 부위원장은 위원 중에서 호선(互選)한다. 〈개정 2019. 2. 12.〉

③ 삭제 〈2019. 2. 12.〉

④ 위원의 제척·기피·회피 및 위촉위원의 해촉에 관하여는 제28조 및 제29조를 준용한다.

[제목개정 2019. 2. 12.]

제45조(회의) ① 조정위원회의 회의는 위원장이 소집한다.

② 위원장은 회의 개최일 2일 전까지 회의와 관련된 사항을 위원에게 알려야 한다.

③ 조정위원회의 회의는 재적위원 과반수의 출석으로 개의(開議)하고, 출석위원 과반수의 찬성으로 의결한다.

④ 위원장은 조정위원회의 사무를 처리하도록 하기 위하여 해당 지방자치단체에서 민간임대주택 또는 공공임대주택 관련 업무를 하

는 직원 중 1명을 간사로 임명하여야 한다.

⑤ 간사는 조정위원회의 회의록을 작성하여 「공공기록물 관리에 관한 법률」에 따라 보존하되, 그 회의록에는 다음 각 호의 사항이 포함되어야 한다.

1. 회의 개최 일시와 장소
2. 출석위원의 서명부
3. 회의에 상정된 안건 및 회의결과
4. 그 밖에 논의된 주요 사항

⑥ 조정위원회의 회의에 참석한 위원에게는 예산의 범위에서 수당과 여비 등을 지급할 수 있다. 다만, 공무원인 위원이 소관 업무와 직접적으로 관련되어 조정위원회에 출석하는 경우에는 그러하지 아니하다.

⑦ 조정위원회는 해당 민간임대주택 또는 공공임대주택의 분쟁을 조정하기 위하여 필요한 자료를 임대사업자 또는 공공주택사업자에게 요청할 수 있다.

제46조(분쟁조정 사항) 법 제56조제1항제4호에서 "대통령령으로 정하는 사항"이란 다음 각 호의 어느 하나에 해당하는 임대사업자의 민간임대주택에 대한 분양전환, 주택관리, 주택도시기금 융자금의 변제 및 임대보증금 반환 등에 관한 사항을 말한다.

1. 발행한 어음 및 수표를 기한까지 결제하지 못하여 어음교환소로부터 거래정지 처분을 받은 임대사업자
2. 「주택도시기금법」에 따른 주택도시기금 융자금에 대한 이자를 6개월을 초과하여 내지 아니한 임대사업자
3. 법 제49조제1항에 따라 임대보증금에 대한 보증에 가입하여야 하는 임대사업자로서 임대보증금에 대한 보증의 가입 또는 재가입이 거절된 이후 6개월이 지난 자
4. 모회사(「상법」 제342조의2에 따른 모회사를 말한다)가 제1호의 처분을 받은 경우로서 자기자본 전부가 잠식된 임대사업자

제47조(운영세칙) 이 영에 규정된 사항 외에 조정위원회의 회의·운영 등에 필요한 사항은 조정위원회의 의결을 거쳐 위원장이 정한다.

제6장 보칙

제48조(협회 설립 발기인) 법 제59조제1항에서 "대통령령으로 정하

는 수"란 다음 각 호의 구분에 따른 수를 말한다.

1. 임대사업자단체: 5인

2. 주택임대관리업자단체: 10인

제48조의2(임대사업 등의 지원) 국토교통부장관은 법 제59조의2제1항에 따라 같은 항 각 호의 업무를 한국토지주택공사, 지방공사 또는 부동산원에 수행하게 한 경우에는 그 사실과 수행 기관 및 수행 업무를 관보에 고시해야 한다.

[본조신설 2020. 12. 8.]

제49조(자료의 제공) ① 법 제60조제2항에 따라 시장·군수·구청장과 공공주택사업자가 국토교통부장관에게 제공해야 하는 정보는 다음 각 호의 정보와 같다. 〈개정 2017. 7. 11., 2018. 3. 27., 2018. 7. 16., 2021. 3. 23.〉

1. 민간임대주택 또는 공공임대주택의 종류, 유형, 면적 등 임대주택에 관한 자료

2. 임대사업자 및 공공주택사업자의 성명 및 주민등록번호(법인인 경우에는 명칭, 대표자의 성명 및 법인등록번호를 말한다)

3. 임차인(같이 거주하는 세대원을 포함한다)의 성명·주민등록번호(공공임대주택만 해당한다)

4. 임대조건 등 임대차계약에 관한 자료

5. 법 제42조제4항에 따라 임대사업자가 신고 시 제출한 서류에 포함된 민간임대주택 공급에 관한 정보

5의2. 법 제49조에 따른 임대사업자의 임대보증금에 대한 보증 가입에 관한 자료

6. 그 밖에 민간임대주택 또는 공공임대주택의 관리에 관하여 국토교통부령으로 정하는 자료

② 법 제60조제3항 전단에서 "주민등록·국세·지방세 등 대통령령으로 정하는 자료"란 다음 각 호의 자료를 말한다. 〈신설 2018. 3. 27., 2018. 5. 8., 2021. 3. 23., 2022. 1. 13., 2025. 6. 2.〉

1. 「주민등록법」 제30조제1항에 따른 주민등록전산정보자료

2. 「건축법」 제38조에 따른 건축물대장

3. 「지방세법」 제121조에 따른 재산세 과세대장 중 주택 과세대장

4. 「조세특례제한법」 제95조의2 및 제122조의3제3항에 따른 월세액 세액공제 자료 중 임대차계약에 관한 자료

5. 「주택임대차보호법」 제3조의6에 따른 확정일자부 중 임대차계약에 관한 자료

6. 「부동산 거래신고 등에 관한 법률」 제3조에 따른 부동산거래신고 정보 및 같은 법 제6조의2에 따른 주택 임대차 계약의 신고정보

7. 「부동산등기법」 제2조제3호의 등기기록

8. 「녹색건축물 조성 지원법」 제10조에 따른 건축물 에너지·온실가스 정보

9. 「지방세법 시행령」 제33조제1항에 따른 취득세 신고 자료(부동산에 대한 신고 자료로 한정한다)

10. 법 제49조제7항제3호에 따른 임차인의 전세금 반환을 보장하는 보증 가입 정보

제50조(임대주택정보체계의 구축·운영 등) ① 국토교통부장관은 법 제60조제1항에 따른 임대주택정보체계(이하 "정보체계"라 한다)의 구축·운영을 위하여 다음 각 호의 업무를 수행할 수 있다. 〈개정 2018. 3. 27., 2018. 7. 16., 2019. 2. 12.〉

1. 임대주택의 현황 파악을 위한 정보의 수집, 데이터베이스의 구축·관리 및 통계의 생산

1의2. 임대사업자 등록신청 및 변경·말소신고, 임대사업자 등록 및 임대차계약 신고에 관한 대장의 전자적 처리

1의3. 임대주택 등록자료 및 임대주택 통계의 정확성을 높이기 위한 오류사항 조사 및 정비 요청

2. 정보체계의 구축·운영에 관한 연구개발 및 기술지원

3. 민간임대주택 및 공공임대주택 관련 정보를 공동으로 이용하기 위한 데이터베이스의 표준화 및 호환시스템의 구축

4. 민간임대주택 또는 공공임대주택 관련 정보를 보유하고 있는 기관 또는 단체와의 연계·협력 및 공동사업의 시행

5. 그 밖에 정보체계의 구축 및 운영에 필요한 사항

② 국토교통부장관은 정보체계 구축을 위하여 관계 중앙행정기관, 지방자치단체, 한국토지주택공사 또는 지방공사의 장이 수집·보유하고 있는 민간임대주택 또는 공공임대주택 관련 정보 및 통계 등의 제출을 요청할 수 있다. 이 경우 요청을 받은 기관의 장은 특별한 사정이 없으면 그 요청에 따라야 한다.

③ 국토교통부장관은 정보체계에 구축되어 있는 정보를 국토교통부 홈페이지를 통하여 임대사업자, 공공주택사업자 또는 일반 국민에게 제공하여야 한다.

④ 제3항에도 불구하고 다음 각 호의 어느 하나에 해당하는 사항은 공개하지 아니할 수 있다. 이 경우 비공개 사유 및 비공개 기간을 공시하여야 하며, 비공개 사유가 해소되거나 비공개 기간이 종료되는 시점에 즉시 공개하여야 한다.

1. 해당 정보에 포함되어 있는 성명, 주민등록번호 등 개인에 관한 사항으로서 공개될 경우 개인의 사생활을 침해할 우려가 있다고 인정되는 사항

2. 그 밖에 공개될 경우 임대주택 정책 및 정보 운영의 공정성을 해칠 우려가 있다고 객관적으로 인정되는 사항

⑤ 국토교통부장관은 임대주택 등록자료에서 오기 및 누락 등의 오류가 있는 경우 시장·군수·구청장에게 사실 확인 및 수정 등의 필요한 조치를 요청할 수 있다. 〈신설 2019. 2. 12.〉

⑥ 시장·군수·구청장은 제5항에 따라 통보받은 오기 및 누락 등 변경 근거가 명확한 사항으로 확인된 경우에는 임대사업자 등록 및 임대차계약 신고에 관한 대장을 직권으로 정정하거나 기재할 수 있다. 이 경우 시장·군수·구청장은 지체 없이 그 사실을 임대사업자에게 알려야 한다. 〈신설 2019. 2. 12.〉

⑦ 국토교통부장관은 소유권 불일치 등과 같은 임대사업자 등록사항의 말소 사유가 있는 경우 시장·군수·구청장에게 임대사업자 등록의 말소를 요청할 수 있다. 이 경우 시장·군수·구청장은 해당 임대사업자의 확인을 거쳐 필요한 조치를 하고 그 결과를 국토교통부장관에게 알려야 한다. 〈신설 2019. 2. 12.〉

⑧ 국토교통부장관은 민간임대주택의 종합적 관리를 위하여 시·도지사가 정보체계를 통해 관할 시·군·자치구의 민간임대주택 통계 및 임대사업자 등록 자료 등을 열람하게 할 수 있다. 이 경우 개인정보와 관련되는 정보는 제한할 수 있다. 〈신설 2021. 3. 23.〉

제50조의2(보증금반환채무를 이행하지 않은 임대사업자의 공개) ① 법 제60조의2제1항 각 호 외의 부분 단서에서 “임대사업자가 사망한 경우 등 대통령령으로 정하는 사유가 있는 경우”란 다음 각 호의 어느 하나에 해당하는 경우를 말한다.

1. 임대사업자가 사망한 경우 또는 「민법」 제27조에 따라 실종선고를 받은 경우

2. 임대사업자가 보증금반환채무를 전부 이행한 경우

3. 임대사업자가 보증금의 100분의 50 이상을 반환하고, 나머지 보증금에 대한 구체적인 반환계획 및 자금 조달 방안을 충분히 소명하여 법 제60조의2제5항에 따른 임대인정보공개심의위원회(이하 "임대인정보공개심의위원회"라 한다)가 공개 대상에서 제외할 필요가 있다고 인정하는 경우

4. 제1호부터 제3호까지에 준하는 경우로서 임대인정보공개심의위원회가 공개할 실효성이 없거나 공개하는 것이 부적절하다고 인정하는 경우

② 시장 · 군수 · 구청장은 법 제6조제1항제12호에 따라 등록이 말소된 임대사업자의 성명 등을 법 제60조의2제2항에 따라 국토교통부장관에게 제출하는 경우에는 공개 사유가 발생한 날(임대사업자의 등록이 말소된 날부터 6개월이 경과한 날을 말한다)부터 14일 이내에 제출해야 한다.

③ 국토교통부장관은 법 제60조의2제3항에 따라 임대사업자에게 공개대상자임을 통지하는 경우에는 이의 사유가 있으면 통지를 받은 날부터 1개월 이내에 소명자료를 서면으로 제출하도록 안내해야 한다.

④ 법 제60조의2제1항에 따른 공개는 다음 각 호의 모든 방법으로 한다.

1. 국토교통부의 인터넷 홈페이지에 게시하는 방법

2. 법 제60조제1항에 따른 임대주택정보체계에 게시하는 방법

3. 국토교통부장관이 정하여 고시하는 「정보통신망 이용촉진 및 정보보호 등에 관한 법률」에 따른 정보통신망에 게시하는 방법

⑤ 법인인 임대사업자를 공개하는 경우에는 법인의 대표자를 함께 공개한다.

⑥ 법 제60조의2제6항에서 "임대사업자가 보증금을 반환하는 등 대통령령으로 정하는 사유"란 제1항 각 호의 어느 하나에 해당하는 경우를 말한다.

⑦ 국토교통부장관은 법 제60조의2제1항에 따라 성명 등을 공개한 경우 또는 같은 조 제6항에 따라 공개된 성명 등을 삭제한 경우에는 지체 없이 공개대상자나 그 상속인 또는 법정대리인에게 그

사실을 알려야 한다.

⑧ 제1항부터 제7항까지에서 규정한 사항 외에 법 제60조의2에 따른 임대사업자의 성명 등의 공개 절차 및 방법 등에 관하여 필요한 사항은 국토교통부장관이 정하여 고시한다.

[본조신설 2023. 9. 26.]

제50조의3(임대인정보공개심의위원회 구성 및 운영) ① 임대인정보공개심의위원회는 위원장 1명을 포함한 7명 이내의 위원으로 구성한다.

② 임대인정보공개심의위원회의 위원장은 위원 중에서 국토교통부장관이 지명하는 사람이 되고, 위원은 다음 각 호의 사람 중에서 국토교통부장관이 임명하거나 위촉하는 사람이 된다.

1. 국토교통부의 4급 이상 공무원(고위공무원단에 속하는 일반직공무원을 포함한다)

2. 법학, 경제학 또는 부동산학 등 주택 분야와 관련된 학문을 전공한 사람으로서 「고등교육법」 제2조에 따른 대학에서 부교수 이상으로 재직하였거나 재직하고 있는 사람

3. 판사·검사 또는 변호사의 직에 6년 이상 재직하였거나 재직하고 있는 사람

4. 법학, 경제학 또는 부동산학 등 주택 분야에 관한 전문적 지식과 경험을 갖춘 사람

③ 제2항제2호부터 제4호까지에 따른 위원의 임기는 2년으로 한다.

④ 위원의 제척·기피·회피 및 위촉위원의 해촉에 관하여는 제28조 및 제29조를 준용한다.

⑤ 위원장은 임대인정보공개심의위원회를 대표하고 그 직무를 총괄한다. 다만, 위원장이 부득이한 사유로 직무를 수행할 수 없는 경우에는 위원장이 미리 지명한 위원이 그 직무를 대행한다.

⑥ 임대인정보공개심의위원회의 회의는 위원장을 포함한 재적위원 과반수의 출석으로 개의하고, 출석위원 과반수의 찬성으로 의결한다.

⑦ 제1항부터 제6항까지에서 규정한 사항 외에 임대인정보공개심의위원회의 구성 및 운영 등에 필요한 사항은 국토교통부장관이 정한다.

[본조신설 2023. 9. 26.]

제51조(지방자치단체장의 보고) 법 제61조제4항에 따라 지방자치단체의 장이 국토교통부장관에게 보고하여야 하는 사항은 다음 각 호와 같다.

1. 법 제5조에 따른 민간임대주택 등록실적
2. 민간임대주택 재고
3. 임대료

제52조(업무의 위탁) 국토교통부장관은 법 제62조제4항제3호에 따라 정보체계 구축·운영에 관한 업무를 위탁한 경우에는 그 사실 및 위탁받은 기관을 관보에 고시해야 한다.

[본조신설 2020. 5. 26.]

제53조 삭제 〈2025. 3. 12.〉

제54조(고유식별정보의 처리) ① 국토교통부장관(법 제62조에 따라 국토교통부장관의 업무를 위탁받은 자를 포함한다), 시·도지사, 시장·군수·구청장, 법 제42조의2에 따른 전산관리지정기관 또는 법 제59조의2에 따른 한국토지주택공사·지방공사·부동산원은 다음 각 호의 사무를 수행하기 위하여 불가피한 경우 「개인정보 보호법 시행령」 제19조제1호, 제2호 또는 제4호에 따른 주민등록번호, 여권번호 또는 외국인등록번호가 포함된 자료를 처리할 수 있다. 〈개정 2017. 3. 27., 2018. 7. 16., 2019. 2. 12., 2020. 12. 8.〉

1. 법 제5조에 따른 임대사업자의 등록에 관한 사무
2. 법 제6조에 따른 임대사업자 등록의 말소에 관한 사무
3. 법 제7조에 따른 주택임대관리업의 등록에 관한 사무
4. 법 제23조제4항 및 제34조제1항에 따른 토지소유자 동의서 확인

4의2. 법 제42조의2에 따른 공공지원민간임대주택과 공공임대주택의 중복 입주 등의 확인 및 임차인에 관한 정보의 전산관리

4의3. 법 제42조의4에 따른 금융정보등의 제공에 따른 동의

4의4. 법 제42조의5에 따른 금융정보등의 제공

4의5. 법 제42조의6에 따른 자료요청

4의6. 법 제42조의7에 따른 자료 및 정보의 수집·관리·보유 또는 활용

5. 법 제43조 및 이 영 제34조에 따른 임대주택 양도 신고 및

허가에 관한 사무

6. 법 제46조에 따른 임대차계약의 신고에 관한 사무

7. 법 제59조제1항에 따른 협회의 설립 인가

7의2. 법 제59조의2에 따른 임대사업 등의 지원을 위한 임차인 자격 확인에 관한 사무

8. 법 제60조에 따른 자료 및 정보의 수집 등

② 임대사업자(법 제42조의2에 따른 전산관리지정기관 또는 국토교통부령으로 정하는 바에 따라 임대사업자로부터 임차인선정업무의 대행을 의뢰받은 기관을 포함한다)는 다음 각 호의 사무를 수행하기 위하여 불가피한 경우 「개인정보 보호법 시행령」 제19조제1호, 제2호 또는 제4호에 따른 주민등록번호, 여권번호 또는 외국인등록번호가 포함된 자료를 처리할 수 있다. 〈개정 2017. 9. 19., 2018. 7. 16., 2019. 2. 12.〉

1. 법 제42조에 따른 민간임대주택 공급에 관한 사무

2. 법 제42조의2에 따른 공공지원민간임대주택과 공공임대주택의 중복 입주 등의 확인

3. 법 제42조의3에 따른 공공지원민간임대주택의 임차인 자격 확인

제7장 벌칙

제55조(과태료의 부과기준 등) ① 법 제67조제1항부터 제4항까지의 규정에 따른 과태료의 부과기준은 별표 3과 같다. 〈개정 2019. 10. 22., 2020. 12. 8.〉

② 국토교통부장관 또는 민간임대주택의 소재지를 관할하는 시장·군수·구청장이 과태료를 부과한 경우에는 그 사실을 임대사업자의 주소지를 관할하는 시장·군수·구청장에게 통보해야 한다. 이 경우 임대사업자의 주소지를 관할하는 시장·군수·구청장은 통보받은 사항을 등록대장에 기록해야 한다. 〈신설 2019. 10. 22.〉

[제목개정 2019. 10. 22.]

부칙 〈제26763호, 2015. 12. 28.〉

제1조(시행일) 이 영은 2015년 12월 29일부터 시행한다.

제2조(임대사업자 등록말소사유에 관한 적용례) 제5조제1항의 개정규정은 이 영 시행 당시 종전의 규정에 따라 등록한 임대사업자에

대해서도 적용한다. 이 경우 이 영 시행일을 임대사업자로 등록한 날로 본다.

제3조(주택임대관리업자의 현황 신고에 관한 적용례) 제11조의 개정규정은 이 영 시행 이후 개시하는 분기에 대한 현황 신고부터 적용한다.

제4조(임대주택분쟁조정위원회 위원의 연임에 관한 적용례) 제44조제3항의 개정규정은 이 영 시행 당시 위원회의 위원으로 위촉되어 있는 위원부터 적용한다. 이 경우 이 영 시행 당시의 임기를 첫 번째 임기로 본다.

제5조(임대사업자 등록기준에 관한 경과조치) 대통령령 제19178호 임대주택법 시행령 일부개정령의 시행일인 2005년 12월 13일 당시 등록된 임대사업자의 등록기준에 대해서는 대통령령 제19178호 임대주택법 시행령 일부개정령 제6조제1항의 개정규정에도 불구하고 종전의 「임대주택법 시행령」(대통령령 제19178호로 개정되기 전의 것을 말한다)에 따른다.

제6조(건설임대주택의 우선 매각에 관한 경과조치) 대통령령 제14381호 임대주택건설촉진법시행령개정령의 시행일인 1994년 9월 13일 당시 임대 중인 임대주택을 임차인에게 우선 매각하는 경우 무주택기간의 적용에 대해서는 대통령령 제14381호 임대주택건설촉진법시행령개정령 제13조제1항의 개정규정에도 불구하고 종전의 「임대주택건설촉진법시행령」(대통령령 제14381호로 개정되기 전의 것을 말한다)에 따른다.

제7조(공공건설임대주택의 범위 확대에 따른 경과조치) 대통령령 제18315호 임대주택법시행령중개정령의 시행일인 2004년 3월 17일 전에 공급받은 공공택지에 건설하는 임대주택의 공급, 관리, 분양전환, 임대조건 등에 대해서는 대통령령 제18315호 임대주택법시행령중개정령 제2조제1호의 개정규정에도 불구하고 종전의 「임대주택법시행령」(대통령령 제18315호로 개정되기 전의 것을 말한다)에 따른다.

제8조(과태료에 관한 경과조치) 대통령령 제23752호 임대주택법 시행령 일부개정령의 시행일인 2012년 4월 27일 전의 위반행위에 대하여 과태료의 부과기준을 적용할 때에는 대통령령 제23752호 임대주택법 시행령 일부개정령 별표 2 제2호사목의 개정규정에도 불구하고 종전의 「임대주택법 시행령」(대통령령 제23752호로 개정되기

전의 것을 말한다)에 따르고, 별표 4에 따른 과태료의 부과기준을 적용할 때에 위반행위의 횟수 산정에 포함하지 아니한다.

제9조(다른 법령의 개정) ① 국군포로의 송환 및 대우 등에 관한 법률 시행령 일부를 다음과 같이 개정한다.

제11조제3항 중 "「임대주택법」 제20조"를 "「공공주택 특별법」 제49조"로, "보증금 및 임대료"를 "임대보증금 및 월 임대료"로 하고, 같은 조 제6항 중 "「임대주택법」 제2조제2호의2"를 "「공공주택 특별법」 제2조제1호의2"로 한다.

② 국유재산법 시행령 일부를 다음과 같이 개정한다.

제52조제4항 각 호 외의 부분 중 "「임대주택법」 제2조제2호의2"를 "「공공주택 특별법」 제2조제1호의2"로 한다.

③ 국토의 계획 및 이용에 관한 법률 시행령 일부를 다음과 같이 개정한다

제85조제3항 각 호 외의 부분 중 "임대주택"을 "임대주택(「민간임대주택에 관한 특별법」에 따른 민간임대주택 또는 「공공주택 특별법」에 따른 공공임대주택을 말한다. 이하 같다)"으로 하고, 같은 항 제1호 중 "「임대주택법」 제16조제1항에 따라 임대의무기간이 10년"을 "「민간임대주택에 관한 특별법」 또는 「공공주택 특별법」에 따라 임대의무기간이 8년"으로 한다.

제119조제2항제3호 중 "「임대주택법」 제2조제4호"를 "「민간임대주택에 관한 특별법」 제2조제7호"로 한다.

④ 대도시권 광역교통 관리에 관한 특별법 시행령 일부를 다음과 같이 개정한다.

제16조 중 "임대주택"을 "임대주택(「민간임대주택에 관한 특별법」에 따른 민간임대주택 또는 「공공주택 특별법」에 따른 공공임대주택을 말한다. 이하 같다)"으로 한다.

⑤ 도시개발법 시행령 일부를 다음과 같이 개정한다.

제43조의2제2항 중 "「임대주택법」에 따른 해당 임대주택"을 "「민간임대주택에 관한 특별법」에 따른 민간임대주택 또는 「공공주택 특별법」에 따른 공공임대주택(이하 "임대주택"이라 한다)"으로 한다.

제43조의4제2항 각 호 외의 부분 전단 중 "「임대주택법 시행령」 제13조제5항"을 "「공공주택 특별법 시행령」 제54조제5항"으로 하고, 같은 항 제1호 중 "「임대주택법」 제16조제1항제1호 및 제2호"

를 “「공공주택 특별법 시행령」 제54조제1항제1호부터 제3호까지”로 하며, 같은 항 제2호 중 “「임대주택법」 제16조제1항제2호의2 및 제3호”를 “「공공주택 특별법 시행령」 제54조제1항제4호 및 제5호”로 한다.

제43조의5제3항 중 “「임대주택법」”을 “「민간임대주택에 관한 특별법」 또는 「공공주택 특별법」”으로 한다.

⑥ 도시 및 주거환경정비법 시행령 일부를 다음과 같이 개정한다.

제13조의3제1항제1호나목 중 “임대주택은”을 “공공임대주택(「공공주택 특별법」에 따른 공공임대주택을 말한다. 이하 이 호에서 같다)”으로, “임대주택이”를 “공공임대주택이”로, “임대주택 세대수”를 “공공임대주택 세대수”로 하고, 같은 항 제2호나목 중 “임대주택”을 “임대주택(민간임대주택에 관한 특별법」에 따른 민간임대주택 또는 「공공주택 특별법」에 따른 공공임대주택을 말한다. 이하 같다)”으로 한다.

제43조의3제1호 전단 중 “「임대주택법」 제16조”를 “「공공주택 특별법」 제50조의2”로 하고, 같은 호 후단 중 “「임대주택법」 제16조제1항 각 호”를 “「공공주택 특별법 시행령」 제54조제1항 각 호”로 하며, 같은 조 제2호 중 “「임대주택법」 제20조”를 “「공공주택 특별법」 제48조 및 제49조”로 한다.

제54조제3항제3호 중 “임대주택법령”을 “「공공주택 특별법」”으로 한다.

제54조의2제2항 전단 중 “「임대주택법 시행령」 제13조제5항”을 “「공공주택 특별법 시행령」 제54조제5항”으로 하고, 같은 조 제3항 중 “「임대주택법」 제16조제1항제4호의 매입임대주택에 대한”을 “「공공주택 특별법 시행령」 제54조제1항제6호에 따른”으로 한다.

⑦ 도시재정비 촉진을 위한 특별법 시행령 일부를 다음과 같이 개정한다.

제36조제2항제2호 중 “임대주택법령”을 “「공공주택 특별법」”으로 하고, 같은 조 제4항 중 “「임대주택법 시행령」 제21조”를 “「공공주택 특별법 시행령」 제44조”로 한다.

⑧ 문화예술진흥법 시행령 일부를 다음과 같이 개정한다.

제12조제1항제1호 중 “「임대주택법」”을 “「공공주택 특별법」”으로 한다.

⑨ 물류시설의 개발 및 운영에 관한 법률 시행령 일부를 다음과 같이 개정한다.

제39조제8항 전단 중 "「임대주택법」 제2조제2호에 따른 건설임대주택"을 "「민간임대주택에 관한 특별법」 제2조제2호에 따른 민간건설임대주택 또는 「공공주택 특별법」 제2조제1호의2에 따른 공공건설임대주택"으로 한다.

⑩ 법인세법 시행령 일부를 다음과 같이 개정한다.

제86조의2제2항 중 "「임대주택법 시행령」 제14조제4항제4호"를 "「민간임대주택에 관한 특별법 시행령」 제4조제1항제3호다목의 투자회사"로 한다.

제92조의2제2항제1호 각 목 외의 부분 중 "「임대주택법」 제2조제3호에 따른 매입임대주택"을 "「민간임대주택에 관한 특별법」 제2조제3호에 따른 민간매입임대주택 또는 「공공주택 특별법」 제2조제1호의3에 따른 공공매입임대주택"으로 하고, 같은 호 다목 중 "「임대주택법」 제6조에 따라 임대주택으로 등록하여"를 "「민간임대주택에 관한 특별법」 제5조에 따라 민간임대주택으로 등록하거나 「공공주택 특별법」 제2조제1호가목에 따른 공공임대주택으로 건설 또는 매입되어"로 하며, 같은 항 제1호의2 각 목 외의 부분 중 "「임대주택법」 제2조제2호에 따른 건설임대주택"을 "「민간임대주택에 관한 특별법」 제2조제2호에 따른 민간건설임대주택 또는 「공공주택 특별법」 제2조제1호의2에 따른 공공건설임대주택"으로 하고, 같은 호 다목 중 "「임대주택법」 제6조에 따라 임대주택으로 등록하여"를 "「민간임대주택에 관한 특별법」 제5조에 따라 민간임대주택으로 등록하거나 「공공주택 특별법」 제2조제1호가목에 따른 공공임대주택으로 건설 또는 매입되어"로 하며, 같은 항 제1호의3 각 목 외의 부분 및 같은 항 제1호의4 각 목 외의 부분 중 "「임대주택법」 제2조제3호에 따른 매입임대주택"을 각각 "「민간임대주택에 관한 특별법」 제2조제3호에 따른 민간매입임대주택 또는 「공공주택 특별법」 제2조제1호의3에 따른 공공매입임대주택"으로 하고, 같은 조 제4항제4호 각 목 외의 부분 중 "「임대주택법」에 따른 건설임대주택"을 "「민간임대주택에 관한 특별법」 제2조제2호에 따른 민간건설임대주택 또는 「공공주택 특별법」 제2조제1호의2에 따른 공공건설임대주택"으로 한다.

⑪ 부도공공건설임대주택 임차인 보호를 위한 특별법 시행령 일부를 다음과 같이 개정한다.

제2조제1호 중 "「임대주택법」"을 "「임대주택법」(법률 제13499호로 개정되기 전의 것을 말한다. 이하 같다)"으로 한다.

제3조제2항 중 "「임대주택법 시행령」"을 "「임대주택법 시행령」(대통령령 제26763호로 개정되기 전의 것을 말한다. 이하 같다)"으로 한다.

⑫ 북한이탈주민의 보호 및 정착지원에 관한 법률 시행령 일부를 다음과 같이 개정한다.

제38조제4항 중 "「임대주택법」 제2조제2호의2"를 "「공공주택 특별법」 제2조제1호의2"로, "같은 조 제3호에 따른 매입임대주택"을 "같은 조 제1호의3에 따른 공공매입임대주택"으로 한다.

⑬ 새만금사업 추진 및 지원에 관한 특별법 시행령 일부를 다음과 같이 개정한다.

제17조제1항제3호를 다음과 같이 한다.

3. 「민간임대주택에 관한 특별법」 제2조제2호에 따른 민간건설임대주택 또는 「공공주택 특별법」 제2조제1호의2에 따른 공공건설임대주택의 건설용지

⑭ 소득세법 시행령 일부를 다음과 같이 개정한다.

제154조제1항제1호 중 "「임대주택법」에 따른 건설임대주택"을 "「민간임대주택에 관한 특별법」 제2조제2호에 따른 민간건설임대주택 또는 「공공주택 특별법」 제2조제1호의2에 따른 공공건설임대주택"으로 하고, 같은 조 제10항제1호 중 "「임대주택법」 제6조"를 "「민간임대주택에 관한 특별법」 제5조"로 한다.

제155조제19항 각 호 외의 부분 후단 중 "「임대주택법」 제6조에 따라 임대주택"을 "「민간임대주택에 관한 특별법」 제5조에 따라 민간임대주택"으로 하고, 같은 항 제1호 중 "「임대주택법」 제6조에 따른 임대주택사업자"를 "「민간임대주택에 관한 특별법」 제5조에 따른 임대사업자"로 하며, 같은 항 제2호 중 "「임대주택법」 제6조에 따라 임대주택"을 "「민간임대주택에 관한 특별법」 제5조에 따라 민간임대주택"으로 하고, 같은 조 제22항제1호 중 "「임대주택법 시행령」 제8조제2항"을 "「민간임대주택에 관한 특별법 시행령」 제4조제4항"으로 한다.

제167조의3제1항제2호 각 목 외의 부분 본문 중 “「임대주택법」 제6조”를 “「민간임대주택에 관한 특별법」 제5조”로, “임대주택으로”를 “민간임대주택으로”로 하고, 같은 부분 단서 중 “「임대주택법」 제6조”를 각각 “「민간임대주택에 관한 특별법」 제5조”로 하며, 같은 호 가목 및 나목 중 “「임대주택법」 제2조제3호에 따른 매입임대주택”을 각각 “「민간임대주택에 관한 특별법」 제2조제3호에 따른 민간매입임대주택”으로 하고, 같은 호 다목 중 “「임대주택법」”을 “「민간임대주택에 관한 특별법」”으로 하며, 같은 호 라목 중 ”「임대주택법」 제2조제3호에 따른 매입임대주택“을 ”「민간임대주택에 관한 특별법」 제2조제3호에 따른 민간매입임대주택“으로 하고, 같은 조 제7항제1호 중 ”「임대주택법」 제6조“를 ”「민간임대주택에 관한 특별법 시행령」 제4조제4항"으로 한다.

⑮ 장애인·고령자 등 주거약자 지원에 관한 법률 시행령 일부를 다음과 같이 개정한다.

제5조제1항 중 “「임대주택법」 제16조제1항제1호 및 제2호에 해당하는 건설임대주택”을 “「공공주택 특별법 시행령」 제2조제1호부터 제3호까지(「공공주택 특별법」 제2조의2에 따른 공공준주택은 제외한다)에 해당하는 공공임대주택”으로 한다.

제6조제1항제1호가목 중 “「임대주택법」 제2조제2호의2”를 “「공공주택 특별법」 제2조제1호의2”로 하고, 같은 호 나목 중 “「임대주택법」 제2조제4호”를 “「민간임대주택에 관한 특별법」 제2조제7호”로 하며, 같은 조 제2항제1호가목 중 “「임대주택법 시행령」 제21조제1항”을 “「공공주택 특별법 시행령」 제44조제1항”으로 하고, 같은 호 다목 중 “「임대주택법」 제2조제2호의3”을 “「민간임대주택에 관한 특별법」 제2조제2호”로 하며, 같은 항 제2호 중 “건설임대주택 및 매입임대주택”을 “「민간임대주택에 관한 특별법」 제2조에 따른 민간임대주택 및 「공공주택 특별법」 제2조에 따른 공공임대주택”으로 한다.

⑯ 전기사업법 시행령 일부를 다음과 같이 개정한다.

제42조의2제1항제4호를 다음과 같이 한다.

4. 「민간임대주택에 관한 특별법」 제2조에 따른 민간임대주택과 「공공주택 특별법」 제2조제1호가목에 따른 공공임대주택

⑰ 조세특례제한법 시행령 일부를 다음과 같이 개정한다.

제96조제1항제2호를 다음과 같이 한다.

2. 「민간임대주택에 관한 특별법」제5조에 따른 임대사업자등록을 하였거나 「공공주택 특별법」 제4조에 따른 공공주택사업자로 지정되었을 것

제96조제2항 각 호 외의 부분 중 "「임대주택법」 제2조"를 "「민간임대주택에 관한 특별법」 및 「공공주택 특별법」"으로 하고, 같은 조 제3항 각 호 외의 부분 중 "「임대주택법」 제2조제3호의3"을 "「민간임대주택에 관한 특별법」 제2조제5호"로 하며, 같은 조 제6항제1호를 다음과 같이 한다.

1. 「민간임대주택에 관한 특별법 시행령」 제4조제4항에 따른 임대사업자 등록증 또는 「공공주택 특별법」 제4조에 따른 공공주택사업자로의 지정을 증명하는 자료

제96조제6항제2호를 삭제한다.

제97조제4항제1호를 다음과 같이 한다.

1. 「민간임대주택에 관한 특별법 시행령」 제4조제4항에 따른 임대사업자 등록증 또는 「공공주택 특별법」 제4조에 따른 공공주택사업자로의 지정을 증명하는 자료

제97조의3제2항 중 "「임대주택법」 제2조제3호의3"을 "「민간임대주택에 관한 특별법」 제2조제5호"로 하고, 같은 조 제3항제1호 중 "「임대주택법」 제20조제2항"을 "「민간임대주택에 관한 특별법」 제44조제2항"으로 하며, 같은 항 제2호를 다음과 같이 한다.

2. 전용면적 제한

제97조의3제3항제3호 중 "「임대주택법 시행령」 제13조제1항제1호"를 "「민간임대주택에 관한 특별법」 제2조제5호"로 하고, 같은 항 제4호를 다음과 같이한다.

4. 최초의 임대보증금 또는 임대료의 제한

제97조의3제4항 후단 중 "「임대주택법」 제6조"를 "「민간임대주택에 관한 특별법」 제5조"로, "「임대주택법」 제2조제2호 또는 제3호에 따른 민간건설임대주택 또는 매입임대주택"을 "「민간임대주택에 관한 특별법」에 따른 민간임대주택"으로, "민간건설임대주택 또는 매입임대주택"을 "민간임대주택"으로 한다.

제97조의4제2항 후단 중 "「임대주택법」 제6조에 따른 임대사업자 등록을 하고 임대주택으로 등록하여"를 "「민간임대주택에 관한 특별법」 제5조에 따른 임대사업자등록을 하거나, 「공공주택 특별법」 제4

조에 따른 공공주택사업자로 지정되어"로 한다.

제97조의5제1항 각 호 외의 부분 전단 중 "「임대주택법」 제2조제3호의3"을 "「민간임대주택에 관한 특별법」 제2조제5호"로 하고, 같은 조 제3항 후단 중 "「임대주택법」 제6조"를 "「민간임대주택에 관한 특별법」 제5조"로 한다.

제97조의6제2항제1호를 다음과 같이 한다.

1. 「민간임대주택에 관한 특별법」 제2조에 따른 민간임대주택과 「공공주택 특별법」 제2조제1호가목에 따른 공공임대주택에 해당하는 주택(주거에 사용하는 오피스텔을 포함한다)

제98조제1항제1호 중 "「임대주택법」 제2조에 규정하는 임대주택"을 "「민간임대주택에 관한 특별법」 제2조에 따른 민간임대주택과 「공공주택 특별법」제2조제1호가목에 따른 공공임대주택"으로 한다.

제98조의5제5항제1호 중 "「임대주택법」 제6조에 따른 임대사업자등록을 한 후"를 "「민간임대주택에 관한 특별법」 제5조에 따른 임대사업자등록을 하거나 「공공주택 특별법」 제4조에 따른 공공주택사업자로 지정된 후"로 하고, 같은 조 제6항제2호를 다음과 같이 한다.

2. 「민간임대주택에 관한 특별법 시행령」 제4조제4항에 따른 임대사업자등록증 사본 또는 「공공주택 특별법」 제4조에 따른 공공주택사업자를 증명하는 자료

제98조의7제8항제2호를 다음과 같이 한다.

2. 「민간임대주택에 관한 특별법 시행령」 제4조제4항에 따른 임대사업자등록증 사본 또는 「공공주택 특별법」 제4조에 따른 공공주택사업자를 증명하는 자료

제99조의2제2항제4호나목 중 "「임대주택법」 제6조에 따른 임대사업자(취득 후 「임대주택법」 제6조에 따른 임대사업자로 등록한 경우를 포함한다)"를 "「공공주택 특별법」 제4조에 따른 공공주택사업자 또는 「민간임대주택에 관한 특별법」 제5조에 따른 임대사업자(취득 후 「민간임대주택에 관한 특별법」 제5조에 따른 임대사업자로 등록한 경우를 포함한다)"로 한다.

⑱ 종합부동산세법 시행령 일부를 다음과 같이 개정한다.

제3조제1항 각 호 외의 부분 전단 중 "「임대주택법」 제2조제4호에 따른 임대사업자"를 "「공공주택 특별법」 제4조에 따른 공공주택

사업자 또는 「민간임대주택에 관한 특별법」 제2조제7호에 따른 임대사업자"로 하고, 같은 항 제1호 각 목 외의 부분 중 "「임대주택법」 제2조제2호에 따른 건설임대주택"을 "「민간임대주택에 관한 특별법」 제2조제2호에 따른 민간건설임대주택과 「공공주택 특별법」 제2조제1호의2에 따른 공공건설임대주택"으로 하며, 같은 항 제2호 각 목 외의 부분 중 "「임대주택법」 제2조제3호에 따른 매입임대주택"을 "「민간임대주택에 관한 특별법」 제2조제3호에 따른 민간매입임대주택과 「공공주택 특별법」 제2조제1호의3에 따른 공공매입임대주택"으로 하고, 같은 항 제4호 각 목 외의 부분 중 "「임대주택법」 제2조제2호의3"을 "「민간임대주택에 관한 특별법」 제2조제2호"로 하며, 같은 조 제3항 중 "납세의무자로서 「임대주택법 시행령」 제7조제1항에 따른 등록기준 호수(戶數)에 미달하는 자"를 "납세의무자"로 하고, 같은 조 제7항제5호나목 중 "「임대주택법 시행령」 제13조제2항제3호"를 "「공공주택 특별법 시행령」 제54조제2항제2호"로 하며, 같은 항 제6호 중 "「임대주택법」 제16조"를 "「민간임대주택에 관한 특별법」 제43조 또는 「공공주택 특별법」 제50조의2"로 한다.

⑲ 주택건설기준 등에 관한 규정 일부를 다음과 같이 개정한다.

제7조제6항 중 "「임대주택법」"을 "「민간임대주택에 관한 특별법」과 「공공주택 특별법」"으로 한다.

⑳ 주택도시기금법 시행령 일부를 다음과 같이 개정한다.

제12조 중 "「임대주택법 시행령」 제14조제4항제4호의 회사"를 "「상법」에 따른 주식회사 또는 유한회사로서 다음 각 호의 요건을 모두 갖춘 회사"로 하고, 같은 조에 각 호를 다음과 같이 신설한다.

1. 본점 외의 영업소를 설치하지 아니할 것
2. 상시 근무하는 임원을 두지 아니할 것
3. 직원을 고용하지 아니할 것
4. 「법인세법 시행령」 제86조의2제5항제2호에 따른 자산관리회사 또는 「자본시장과 금융투자업에 관한 법률」 제12조에 따라 인가를 받아 설립된 신탁업자에 관련 사무를 위탁할 것
5. 주식을 담보(주택도시기금 융자금에 대한 담보는 제외한다)로 제공하지 아니할 것

제13조제2호를 다음과 같이 한다.

2. 「민간임대주택에 관한 특별법」 제2조에 따른 민간임대주택

과 「공공주택 특별법」제2조제1호가목에 따른 공공임대주택의 건설 및 매입

제21조제1항제2호 중 "「임대주택법」 제17조제1항 및 같은 법 시행령 제14조에 따른 공공건설임대주택"을 "「민간임대주택에 관한 특별법」 제49조제1항 및 같은 법 시행령 제38조에 따른 민간건설임대주택"으로 한다.

㉑ 주택법 시행령 일부를 다음과 같이 개정한다.

제10조제5항을 삭제한다.

제46조제2항에 단서를 다음과 같이 신설한다.

다만, 「민간임대주택에 관한 특별법」에 따른 민간임대주택의 관리에 대해서는 「민간임대주택에 관한 특별법」이 정하는 바에 따른다.

제52조제2항 후단 중 "「임대주택법」 제2조제4호에 따른 임대사업자"를 "「민간임대주택에 관한 특별법」 제2조제7호에 따른 임대사업자와 「공공주택 특별법」 제4조에 따른 공공주택사업자"로 한다.

제52조의2제1항제4호 중 "「임대주택법」 제31조"를 "「민간임대주택에 관한 특별법」 제53조 또는 「공공주택 특별법」 제50조의4"로 한다.

제60조제1항 각 호 외의 부분 중 "「임대주택법」 및 같은 법 시행령에 따른"을 "「민간임대주택에 관한 특별법」에 따른 양도신고서 또는 양도 허가신청서, 「공공주택 특별법」에 따른"으로 하고, 같은 조 제3항제4호 중 "「임대주택법 시행령」 제13조제5항"을 "「공공주택 특별법 시행령」 제54조제5항"으로 한다.

제66조제1항 단서 중 "「임대주택법 시행령」 제30조제3항"을 "「민간임대주택에 관한 특별법 시행령」 제43조제3항 또는 「공공주택 특별법 시행령」 제57조제4항"으로 한다.

제69조의2부터 제69조의6까지를 각각 삭제한다.

㉒ 중소기업 인력지원 특별법 시행령 일부를 다음과 같이 개정한다.

제28조제1항제2호나목 중 "「임대주택법」 제2조제2호의2다목"을 "「공공주택 특별법」 제2조제1호의2"로 한다.

㉓ 지방세법 시행령 일부를 다음과 같이 개정한다.

제26조제1항제31호 중 "「임대주택법」 제6조에 따라 등록을 한

임대사업자"를 "「민간임대주택에 관한 특별법」 제5조에 따라 등록을 한 임대사업자 또는 「공공주택 특별법」 제4조에 따라 지정된 공공주택사업자"로 한다.

㉔ 지방세특례제한법 시행령 일부를 다음과 같이 개정한다.

제13조제1항 중 "「임대주택법 시행령」 제13조제2항제2호 및 제3호"를 "「민간임대주택에 관한 특별법」 제43조제4항 또는 「공공주택 특별법 시행령」 제54조제2항제1호 및 제2호"로 하고, 같은 조 제2항제3호를 다음과 같이 한다.

3. 「민간임대주택에 관한 특별법」 제2조제7호의 임대사업자 또는 「공공주택 특별법」 제4조에 따른 공공주택사업자

제91조제2항 중 "「임대주택법」 제2조에 따른 건설임대주택 또는 매입임대주택"을 "「민간임대주택에 관한 특별법」 제2조에 따른 민간임대주택과 「공공주택 특별법」 제2조제1호가목에 따른 공공임대주택"으로 한다.

㉕ 한국주택금융공사법 시행령 일부를 다음과 같이 개정한다.

제4조제2호 중 "「임대주택법」제6조에 따라 등록한 임대사업자"를 "「민간임대주택에 관한 특별법」 제5조에 따라 등록한 임대사업자 또는 「공공주택 특별법」 제4조에 따른 공공주택사업자"로 한다.

㉖ 한국토지주택공사법 시행령 일부를 다음과 같이 개정한다.

제28조의2제1항제3호를 다음과 같이 한다.

3. 「민간임대주택에 관한 특별법」 및 「공공주택 특별법」에 따른 주택임대사업

제10조(다른 법령과의 관계) 이 영 시행 당시 다른 법령에서 종전의 「임대주택법 시행령」 또는 그 규정을 인용한 경우에 이 영 가운데 그에 해당하는 규정이 있는 때에는 종전의 「임대주택법 시행령」 또는 그 규정을 갈음하여 이 영 또는 이 영의 해당 규정을 인용한 것으로 본다.

부칙 〈제27115호, 2016. 4. 29.〉 (기업구조조정 촉진법 시행령)

제1조(시행일) 이 영은 공포한 날부터 시행한다.

제2조 및 제3조 생략

제4조(다른 법령의 개정) ①부터 ④까지 생략

⑤ 민간임대주택에 관한 특별법 시행령 일부를 다음과 같이 개정한다.

제8조제1호다목 중 "「기업구조조정 촉진법」 제5조"를 "「기업구조조정 촉진법」 제8조"로, "채권금융기관이"를 "금융채권자가"로, "채권금융기관협의회"를 "금융채권자협의회"로, "채권금융기관 공동관리절차"를 "금융채권자협의회에 의한 공동관리절차"로 한다.

⑥부터 ⑯까지 생략

제5조 생략

부칙 〈제27444호, 2016. 8. 11.〉 (주택법 시행령)

제1조(시행일) 이 영은 2016년 8월 12일부터 시행한다.

제2조 부터 제6조까지 생략

제7조(다른 법령의 개정) ①부터 ㉗까지 생략

㉘ 민간임대주택에 관한 특별법 시행령 일부를 다음과 같이 개정한다.

제4조제1항제2호가목 중 "「주택법」 제16조"를 "「주택법」 제15조"로 하고, 같은 항 제3호가목 중 "「주택법」 제9조"를 "「주택법」 제4조"로 한다.

제38조제2항 중 "「주택법」 제29조"를 "「주택법」 제49조"로 한다.

제41조제1항 중 "「주택법」 제38조"를 "「주택법」 제54조"로 한다.

제43조제1항 중 "「주택법」 제29조"를 "「주택법」 제49조"로 하고, 같은 조 제3항 중 "「주택법」 제16조제1항"을 "「주택법」 제15조제1항"으로 한다.

㉙부터 〈75〉까지 생략

제8조 생략

부칙 〈제27445호, 2016. 8. 11.〉 (공동주택관리법 시행령)

제1조(시행일) 이 영은 2016년 8월 12일부터 시행한다.

제2조 부터 제20조까지 생략

제21조(다른 법령의 개정) ①부터 ⑦까지 생략

⑧ 민간임대주택에 관한 특별법 시행령 일부를 다음과 같이 개정한다.

제41조제2항 각 호 외의 부분 중 "「주택법」 및 「주택법 시행령」"

을 "「공동주택관리법」 및 「공동주택관리법 시행령」"으로 하고, 같은 항 제1호 중 "「주택법」 제45조의4제1항"을 "「공동주택관리법」 제27조제1항"으로 하며, 같은 항 제2호 중 "「주택법 시행령」 제47조"를 "「공동주택관리법 시행령」 제35조"로 하고, 같은 항 제3호 중 "「주택법 시행령」 제52조제2항"을 "「공동주택관리법」 제8조"로 하며, 같은 항 제4호 중 "「주택법 시행령」 제55조"를 "「공동주택관리법」 제63조"로 하고, 같은 항 제5호 중 "「주택법 시행령」 제55조의4제1항제1호가목"을 "「공동주택관리법 시행령」 제25조제1항제1호가목"으로 하며, 같은 항 제6호를 다음과 같이 한다.

6. 「공동주택관리법 시행령」 제23조제4항에 따른 사용료 부과 및 제29조에 따른 주민운동시설의 위탁 운영에 관한 사항

제41조제2항제7호 중 "「주택법 시행령」 제57조제4항"을 "「공동주택관리법 시행령」 제19조제2항"으로 하고, 같은 항 제8호 중 "「주택법 시행령」 제58조제8항"을 "「공동주택관리법」 제23조제4항"으로 하며, 같은 항 제9호 중 "「주택법 시행령」 제59조 및 제59조의2"를 "「공동주택관리법 시행령」 제36조 및 제44조"로 하고, 같은 항 제10호 중 "「주택법 시행령」 제64조"를 "「공동주택관리법 시행령」 제33조"로 하며, 같은 항 제11호 중 "「주택법 시행령」 제65조"를 "「공동주택관리법 시행령」 제34조"로 하고, 같은 항 제12호 중 "「주택법 시행령」 제72조, 제72조의2, 제72조의3 및 제73조"를 "「공동주택관리법 시행령」 제69조, 제70조, 제71조 및 제73조"로 하며, 같은 항 제13호 중 "「주택법 시행령」 제82조"를 "「공동주택관리법 시행령」 제96조"로 하고, 같은 조 제4항 중 "「주택법 시행령」 별표 4"를 "「공동주택관리법 시행령」 별표 1"로 한다.

제43조제1항 중 "「주택법」 제47조"를 "「공동주택관리법」 제29조"로 한다.

제44조제1항제3호 중 "「주택법」 제56조제2항"을 "「공동주택관리법」 제67조제2항"으로 한다.

⑨부터 ⑮까지 생략

제22조 생략

부칙 〈제27960호, 2017. 3. 27.〉 (주민등록번호 등의 처리 제한을 위한 세무사법 시행령 등 일부개정령)

이 영은 2017년 3월 30일부터 시행한다. 〈단서 생략〉

부칙 〈제28181호, 2017. 7. 11.〉
이 영은 2017년 7월 18일부터 시행한다.

부칙 〈제28323호, 2017. 9. 19.〉
제1조(시행일) 이 영은 공포한 날부터 시행한다.
제2조(기업형임대주택 공급촉진지구의 최소 면적기준에 관한 적용례) 제18조제1항제3호의 개정규정은 이 영 시행 이후 법 제22조에 따라 기업형임대주택 공급촉진지구를 지정하는 경우부터 적용한다.
제3조(민간임대주택의 임대의무기간 산정시점에 관한 적용례) 제34조제1항제3호의 개정규정은 이 영 시행 이후 법 제5조제3항 본문에 따라 변경신고를 하는 경우부터 적용한다.

부칙 〈제28723호, 2018. 3. 27.〉
이 영은 2018년 3월 27일부터 시행한다.

부칙 〈제28874호, 2018. 5. 8.〉
이 영은 공포한 날부터 시행한다.

부칙 〈제29045호, 2018. 7. 16.〉
제1조(시행일) 이 영은 2018년 7월 17일부터 시행한다.
제2조(다른 법령의 개정) ① 도시 및 주거환경정비법 시행령 일부를 다음과 같이 개정한다.
제8조제1항제1호 중 “기업형임대주택(이하 "기업형임대주택"이라 한다)”을 “공공지원민간임대주택(이하 "공공지원민간임대주택"이라 한다)”으로 하고, 같은 조 제2항 각 호 외의 부분 본문, 같은 항 제1호·제2호 및 제58조제2호 단서 중 “기업형임대주택”을 각각 “공공지원민간임대주택”이라 한다.
제61조제6호 중 “「민간임대주택에 관한 특별법」 제2조제8호에 따른 기업형임대사업자”를 “「민간임대주택에 관한 특별법」 제2조제7호에 따른 임대사업자”로 한다.
② 법인세법 시행령 일부를 다음과 같이 개정한다.

제92조의2제2항제1호의12 각 목 외의 부분 중 “같은 조 제4호에 따른 기업형임대주택 또는 같은 조 제5호에 따른 준공공임대주택(이하 이 조에서 "준공공임대주택등"이라 한다)”을 “같은 조 제4호에 따른 공공지원민간임대주택 또는 같은 조 제5호에 따른 장기일반민간임대주택(이하 이 조에서 "장기일반민간임대주택등"이라 한다)”으로 하고, 같은 항 제1호의13 각 목 외의 부분 중 “준공공임대주택등”을 “장기일반민간임대주택등”으로 하며, 같은 조 제4항제5호 중 “「민간임대주택에 관한 특별법」 제2조제8호에 따른 기업형임대사업자”를 “「민간임대주택에 관한 특별법」 제2조제7호에 따른 임대사업자로서 장기일반민간임대주택등을 300호 또는 300세대 이상 취득하였거나 취득하려는 자”로 한다.

③ 빈집 및 소규모주택 정비에 관한 특례법 시행령 일부를 다음과 같이 개정한다.

제33조의 제목 중 “준공공임대주택”을 “공공지원민간임대주택”으로 하고, 같은 조 제1항 전단 중 “준공공임대주택(이하 "준공공임대주택"이라 한다)”을 “공공지원민간임대주택(이하 "공공지원민간임대주택"이라 한다)”으로 하며, 같은 조 제2항 중 “준공공임대주택”을 “공공지원민간임대주택”으로 한다.

④ 산업입지 및 개발에 관한 법률 시행령 일부를 다음과 같이 개정한다.

제8조의4 중 “기업형임대주택 공급촉진지구”를 “공공지원민간임대주택 공급촉진지구”로 한다.

⑤ 소득세법 시행령 일부를 다음과 같이 개정한다.

제167조의3제1항제2호마목 중 “같은 조 제4호에 따른 기업형임대주택 또는 같은 조 제5호에 따른 준공공임대주택(이하 이 조에서 "준공공임대주택등"이라 한다)”을 “같은 조 제4호에 따른 공공지원민간임대주택 또는 같은 조 제5호에 따른 장기일반민간임대주택(이하 이 조에서 "장기일반민간임대주택등"이라 한다)”으로 하고, 같은 호 바목 중 “준공공임대주택등”을 “장기일반민간임대주택등”으로 한다.

⑥ 스마트도시 조성 및 산업진흥 등에 관한 법률 시행령 일부를 다음과 같이 개정한다.

제7조제10호 중 “기업형임대주택 공급촉진지구”를 “공공지원민간임대주택 공급촉진지구”로 한다.

제17조제4항제14호 중 “기업형임대주택사업의 시행자”를 “공공지원민간임대주택 개발사업의 시행자”로 한다.

⑦ 조세특례제한법 시행령 일부를 다음과 같이 개정한다.

제96조제2항 각 호 외의 부분 중 “기업형임대주택 또는 준공공임대주택”을 “공공지원민간임대주택 또는 장기일반민간임대주택”으로 하고, 같은 조 제3항 각 호 외의 부분 중 “기업형임대주택 또는 같은 조 제5호에 따른 준공공임대주택(이하 이 조에서 "준공공임대주택등"이라 한다)”을 “공공지원민간임대주택 또는 같은 조 제5호에 따른 장기일반민간임대주택(이하 이 조에서 "장기일반민간임대주택등"이라 한다)”로 하며, 같은 항 제2호 중 “준공공임대주택등”을 각각 “장기일반민간임대주택등”이라 하고, 같은 조 제4항 중 “준공공임대주택등”을 각각 “장기일반민간임대주택등”으로 한다.

제97조의3의 제목 중 “준공공임대주택등”을 “장기일반민간임대주택등”으로 하고, 같은 조 제2항 중 “기업형임대주택 또는 같은 조 제5호의 준공공임대주택(이하 이 조에서 "준공공임대주택등"이라 한다)”을 “공공지원민간임대주택 또는 같은 조 제5호에 따른 장기일반민간임대주택(이하 이 조에서 "장기일반민간임대주택등"이라 한다)”로 하며, 같은 조 제4항 전단 및 후단 중 “준공공임대주택등”을 각각 “장기일반민간임대주택등”이라 하고, 같은 조 제5항 전단 중 “준공공임대주택등”을 “장기일반민간임대주택등”이라 한다.

제97조의5의 제목 중 “준공공임대주택등”을 “장기일반민간임대주택등”으로 하고, 같은 조 제1항 전단 중 “기업형임대주택 또는 같은 조 제5호의 준공공임대주택(이하 이 조에서 "준공공임대주택등"이라 한다)”을 “공공지원민간임대주택 또는 같은 조 제5호에 따른 장기일반민간임대주택(이하 이 조에서 "장기일반민간임대주택등"이라 한다)”으로, “준공공임대주택등으로”를 “장기일반민간임대주택등으로”로 하며, 같은 조 제3항 전단 및 후단 중 “준공공임대주택등”을 각각 “장기일반민간임대주택등”으로 하고, 같은 조 제4항 전단 중 “준공공임대주택등”을 “장기일반민간임대주택등”으로 한다.

제97조의7의 제목 중 “기업형임대사업자”를 “임대사업자”로 하고, 같은 조 제2항 중 “「민간임대주택에 관한 특별법」 제2조제8호의 기업형임대사업자”를 “「민간임대주택에 관한 특별법」 제2조제7호에 따른 임대사업자로서 같은 조 제4호에 따른 공공지원민간임대주택 또

는 같은 조 제5호에 따른 장기일반민간임대주택을 300호 또는 300세대 이상 취득하였거나 취득하려는 자"로 한다.

⑧ 종합부동산세법 시행령 일부를 다음과 같이 개정한다.

제3조제1항제7호 각 목 외의 부분 중 "기업형임대주택 또는 같은 조 제5호에 따른 준공공임대주택(이하 이 조에서 "준공공임대주택등"이라 한다)"을 "공공지원민간임대주택 또는 같은 조 제5호에 따른 장기일반민간임대주택(이하 이 조에서 "장기일반민간임대주택등"이라 한다)"로 하고, 같은 호 나목 중 "단기임대주택"을 "단기민간임대주택"으로, "준공공임대주택등"을 "장기일반민간임대주택등"으로 하며, 같은 항 제8호 각 목 외의 부분 중 "준공공임대주택등"을 "장기일반민간임대주택등"으로 하고, 같은 호 나목 후단 중 "단기임대주택"을 "단기민간임대주택"으로, "준공공임대주택등"을 "장기일반민간임대주택등"으로 한다.

부칙 〈제29460호, 2018. 12. 31.〉

이 영은 공포한 날부터 시행한다.

부칙 〈제29550호, 2019. 2. 12.〉

이 영은 2019년 2월 15일부터 시행한다.

부칙 〈제29617호, 2019. 3. 12.〉 (철도의 건설 및 철도시설 유지관리에 관한 법률 시행령)

제1조(시행일) 이 영은 2019년 3월 14일부터 시행한다.

제2조 및 제3조 생략

제4조(다른 법령의 개정) ①부터 ⑪까지 생략

⑫ 민간임대주택에 관한 특별법 시행령 일부를 다음과 같이 개정한다.

제31조제3항제4호 중 "「철도건설법」"을 "「철도의 건설 및 철도시설 유지관리에 관한 법률」"로 한다.

⑬부터 ㉝까지 생략

부칙 〈제30149호, 2019. 10. 22.〉

제1조(시행일) 이 영은 2019년 10월 24일부터 시행한다.

제2조(임대사업자 등록에 관한 경과조치) 이 영 시행 전에 법 제5조제1항에 따라 임대사업자로 등록을 신청한 자에 대해서는 제4조제1항제2호라목의 개정규정에도 불구하고 종전의 규정에 따른다.
제3조(임대사업자 등록의 말소에 관한 경과조치) 이 영 시행 전에 종전의 제4조제1항제2호라목에 따라 등록을 했거나 등록을 신청한 민간임대주택에 대해서는 제5조제1항제4호의 개정규정에도 불구하고 종전의 규정에 따른다.

부칙 〈제30710호, 2020. 5. 26.〉
이 영은 2020년 5월 27일부터 시행한다. 다만, 제4조의4 및 제4조의5의 개정규정은 2020년 11월 27일부터 시행한다.

부칙 〈제30760호, 2020. 6. 9.〉 (군인 재해보상법 시행령)
제1조(시행일) 이 영은 2020년 6월 11일부터 시행한다.
제2조 부터 제11조까지 생략
제12조(다른 법령의 개정) ①부터 ⑬까지 생략
⑭ 민간임대주택에 관한 특별법 시행령 일부를 다음과 같이 개정한
다.
제33조의5제2호나목3)을 다음과 같이 한다.
3) 「군인연금법」, 「군인 재해보상법」
⑮부터 ㊱까지 생략
제13조 생략

부칙 〈제30893호, 2020. 8. 4.〉 (신용정보의 이용 및 보호에 관한 법률 시행령)
제1조(시행일) ① 이 영은 2020년 8월 5일부터 시행한다. 〈단서 생략〉
② 및 ③ 생략
제2조 생략
제3조(다른 법령의 개정) ①부터 ㉓까지 생략
㉔ 민간임대주택에 관한 특별법 시행령 일부를 다음과 같이 개정한다.

제33조의4제1항 각 호 외의 부분 중 "「신용정보의 이용 및 보호에 관한 법률」 제25조에 따른 신용정보집중기관"을 "「신용정보의 이용 및 보호에 관한 법률」 제25조제2항제1호에 따른 종합신용정보집중기관"으로 한다.

㉕부터 〈65〉까지 생략

제4조 생략

부칙 〈제31242호, 2020. 12. 8.〉

제1조(시행일) 이 영은 2020년 12월 10일부터 시행한다.

제2조(임대사업자 등록의 말소에 관한 적용례) ① 제5조제2항의 개정규정은 이 영 시행 전에 보증금 반환 승소판결이 확정되었거나 주택임대차분쟁조정위원회의 조정이 성립된 경우로서 이 영 시행 당시 보증금을 반환하지 않고 있는 경우에 대해서도 적용한다.

② 제5조제3항의 개정규정은 이 영 시행 전에 임대차계약 신고를 하지 않은 임대사업자로서 이 영 시행 이후 거짓으로 보고하거나 보고 명령에 불응하는 경우에 대해서도 적용한다. 이 경우 보고 명령에 불응한 횟수의 산정은 이 영 시행 이후 불응하는 횟수를 기준으로 한다.

제3조(민간임대주택의 관리에 관한 적용례) 제41조제3항제2호 및 제3호의 개정규정은 이 영 시행 전에 등록한 민간임대주택에 대해서도 적용한다.

부칙 〈제31380호, 2021. 1. 5.〉 (어려운 법령용어 정비를 위한 473개 법령의 일부개정에 관한 대통령령)

이 영은 공포한 날부터 시행한다. 〈단서 생략〉

부칙 〈제31444호, 2021. 2. 17.〉 (조세특례제한법 시행령)

제1조(시행일) 이 영은 공포한 날부터 시행한다. 〈단서 생략〉

제2조 부터 제20조까지 생략

제21조(다른 법령의 개정) ①부터 ③까지 생략

④ 민간임대주택에 관한 특별법 시행령 일부를 다음과 같이 개정한다.

제4조제1항제3호다목 중 "「법인세법」 제51조의2제1항제9호"를

"「조세특례제한법」 제104조의31제1항"으로 한다.
⑤부터 ⑫까지 생략

부칙 〈제31550호, 2021. 3. 23.〉
이 영은 2021년 3월 23일부터 시행한다.

부칙 〈제31614호, 2021. 4. 6.〉 (5 · 18민주유공자예우 및 단체설립에 관한 법률 시행령)
제1조(시행일) 이 영은 2021년 4월 6일부터 시행한다.
제2조(다른 법령의 개정) ①부터 ⑨까지 생략
⑩ 민간임대주택에 관한 특별법 시행령 일부를 다음과 같이 개정한다.
제33조의5제2호자목1)을 다음과 같이 한다.
1) 「5 · 18민주유공자예우 및 단체설립에 관한 법률」
⑪부터 ㊱까지 생략
제3조 생략

부칙 〈제31653호, 2021. 4. 27.〉
제1조(시행일) 이 영은 공포한 날부터 시행한다.
제2조(조성한 토지의 임대사업자 우선 공급 비율에 관한 경과조치) 이 영 시행 전에 국가 · 지방자치단체 · 한국토지주택공사 또는 지방공사가 조성한 토지의 공급에 관하여 「공공주택 특별법」 등 관계 법령에 따라 고시 · 공고를 한 경우에는 제14조제4항의 개정규정에도 불구하고 종전의 규정에 따른다.

부칙 〈제31726호, 2021. 6. 8.〉 (도로명주소법 시행령)
제1조(시행일) 이 영은 2021년 6월 9일부터 시행한다.
제2조 부터 제11조까지 생략
제12조(다른 법령의 개정) ① 생략
② 민간임대주택에 관한 특별법 시행령 일부를 다음과 같이 개정한다.
제4조제8항 전단 중 "「도로명주소법 시행령」 제23조 및 제24조에 따라 도로명주소가 부여되거나 변경된 경우"를 "「도로명주소법

시행령」 제10조제3항, 제11조제5항, 제13조제5항, 제14조제7항, 제15조제5항, 제16조제7항, 제17조제2항, 제24조, 제26조제1항·제3항 및 제6항에 따라 부여되거나 변경·폐지된 경우"로 한다.
③부터 ⑦까지 생략
제13조 생략

부칙 〈제31942호, 2021. 8. 10.〉
이 영은 공포한 날부터 시행한다.

부칙 〈제32333호, 2022. 1. 13.〉
제1조(시행일) 이 영은 공포한 날부터 시행한다. 다만, 제5조, 제39조의2 및 별표 3의 개정규정은 2022년 1월 15일부터 시행한다.
제2조(임대사업자 등록말소 사유에 관한 적용례) 제5조제5항제1호의 개정규정에 따른 시장·군수·구청장의 임대사업자에 대한 보증 가입 요구 횟수를 산정할 때에는 부칙 제1조 단서에 따른 시행일 이후에 한 보증 가입 요구를 최초의 보증 가입 요구로 본다.

부칙 〈제33045호, 2022. 12. 9.〉 (공동주택관리법 시행령)
제1조(시행일) 이 영은 2022년 12월 11일부터 시행한다. 〈단서 생략〉
제2조(다른 법령의 개정) 민간임대주택에 관한 특별법 시행령 일부를 다음과 같이 개정한다.
제41조제2항제3호 중 "「공동주택관리법」 제27조제1항"을 "「공동주택관리법」 제27조제1항제1호"로 한다.

부칙 〈제33466호, 2023. 5. 15.〉 (건축법 시행령)
제1조(시행일) 이 영은 2023년 5월 16일부터 시행한다.
제2조 생략
제3조(다른 법령의 개정) ①부터 ⑤까지 생략
⑥ 민간임대주택에 관한 특별법 시행령 일부를 다음과 같이 개정한다.
제31조제1항제13호를 다음과 같이 하고, 같은 항에 제13호의2를 다음과 같이 신설하며, 같은 항 제18호 중 "제17호까지"를 "제13호까지, 제13호의2 및 제14호부터 제17호까지"로 한다.

13. 교정시설
13의2. 국방 · 군사시설
⑦부터 ⑩까지 생략

부칙 〈제33556호, 2023. 6. 20.〉

제1조(시행일) 이 영은 공포한 날부터 시행한다.

제2조(임대차계약의 해제 · 해지에 관한 적용례) 제35조제2항제5호의 개정규정은 이 영 시행 이후 임대사업자가 임차인과 임대차계약을 체결하는 경우, 존속 중인 임대차계약을 갱신하는 경우 또는 임대보증금에 관하여 임대차계약을 변경하는 경우부터 적용한다.

부칙 〈제33764호, 2023. 9. 26.〉

제1조(시행일) 이 영은 2023년 9월 29일부터 시행한다.

제2조(다른 법령의 개정) ① 법인세법 시행령 일부를 다음과 같이 개정한다.

제86조의3제2항 중 "「민간임대주택에 관한 특별법 시행령」 제4조제1항제3호다목"을 "「민간임대주택에 관한 특별법 시행령」 제4조제2항제3호다목"으로 한다.

② 소득세법 시행령 일부를 다음과 같이 개정한다.

제155조제25항제4호 중 "「민간임대주택에 관한 특별법 시행령」 제4조제4항"을 "「민간임대주택에 관한 특별법 시행령」 제4조제5항"으로 한다.

제167조의3제8항제2호 중 "「민간임대주택에 관한 특별법 시행령」 제4조4항"을 "「민간임대주택에 관한 특별법 시행령」 제4조제5항"으로 한다.

제220조제2항 후단 중 "「민간임대주택에 관한 특별법 시행령」 제4조제5항"을 "「민간임대주택에 관한 특별법 시행령」 제4조제6항"으로 하고, 같은 조 제3항 전단 중 "「민간임대주택에 관한 특별법 시행령」 제4조제3항"을 "「민간임대주택에 관한 특별법 시행령」 제4조제4항"으로 한다.

③ 조세특례제한법 시행령 일부를 다음과 같이 개정한다.

제96조제8항제1호 중 "「민간임대주택에 관한 특별법 시행령」 제4조제5항"을 "「민간임대주택에 관한 특별법 시행령」 제4조제6항"으로

한다.

제97조제4항제1호 중 "「민간임대주택에 관한 특별법 시행령」 제4조제4항"을 "「민간임대주택에 관한 특별법 시행령」 제4조제5항"으로 한다.

제98조의5제6항제2호 중 "「민간임대주택에 관한 특별법 시행령」 제4조제4항"을 "「민간임대주택에 관한 특별법 시행령」 제4조제5항"으로 한다.

제98조의7제8항제2호 중 "「민간임대주택에 관한 특별법 시행령」 제4조제4항"을 "「민간임대주택에 관한 특별법 시행령」 제4조제5항"으로 한다.

부칙 〈제33857호, 2023. 11. 15.〉

이 영은 공포한 날부터 시행한다.

부칙 〈제34196호, 2024. 2. 6.〉

이 영은 2024년 2월 17일부터 시행한다.

부칙 〈제34473호, 2024. 4. 30.〉

이 영은 공포한 날부터 시행한다.

부칙 〈제34973호, 2024. 10. 29.〉

제1조(시행일) 이 영은 공포한 날부터 시행한다.

제2조(자기관리형 주택임대관리업의 등록기준에 관한 경과조치) ① 이 영 시행 전에 법 제7조제1항·제2항에 따라 자기관리형 주택임대관리업의 등록을 신청(같은 조 제3항에 따른 자기관리형 주택임대관리업의 등록사항 변경신고를 포함한다)한 경우의 등록기준에 관하여는 별표 1 제1호의 개정규정에도 불구하고 종전의 규정에 따른다.

② 다음 각 호의 어느 하나에 해당하는 경우에는 2025년 12월 31일까지 별표 1 제1호의 개정규정에 따른 자본금 등록기준을 갖추어야 한다.

1. 이 영 시행 전에 법 제7조제1항·제2항에 따라 자기관리형 주택임대관리업을 등록한 경우

2. 이 영 시행 전에 법 제7조제4항에 따라 자기관리형 주택임대관리업의 등록사항 변경신고가 수리된 경우(같은 조 제5항에 따라 수리된 것으로 보는 경우를 포함한다)

3. 이 영 시행 전에 법 제7조제1항·제2항에 따라 자기관리형 주택임대관리업의 등록을 신청한 경우로서 이 영 시행 이후 자기관리형 주택임대관리업을 등록하는 경우

4. 이 영 시행 전에 법 제7조제3항에 따라 자기관리형 주택임대관리업의 등록사항 변경신고를 한 경우로서 이 영 시행 이후 같은 조 제4항에 따라 자기관리형 주택임대관리업의 등록사항 변경신고가 수리되는 경우(같은 조 제5항에 따라 수리되는 것으로 보는 경우를 포함한다)

부칙 〈제35223호, 2025. 1. 21.〉

이 영은 공포한 날부터 시행한다.

부칙 〈제35382호, 2025. 3. 12.〉 (규제 재검토기한 정비를 위한 40개 법령의 일부개정에 관한 대통령령)

이 영은 공포한 날부터 시행한다.

부칙 〈제35581호, 2025. 6. 2.〉

이 영은 2025년 6월 4일부터 시행한다.

부칙 〈제35811호, 2025. 10. 1.〉 (정부조직 개편 반영을 위한 306개 법령의 일부개정에 관한 대통령령)

이 영은 공포한 날부터 시행한다. 다만, 이 영에 따라 개정되는 대통령령 중 이 영 시행 전에 공포되었으나 시행일이 도래하지 아니한 대통령령을 개정한 부분은 각각 해당 대통령령의 시행일부터 시행한다.

별표 / 서식

[별표 1] 주택임대관리업의 등록기준(제7조 관련)

[별표 2] 주택임대관리업자에 대한 행정처분 기준(제9조제2항 관련)

[별표 3] 과태료의 부과기준(제55조 관련)

민간임대주택에 관한 특별법 시행규칙

(약칭 : 민간임대주택법 시행규칙)

[시행 2025. 10. 31.] [국토교통부령 제1531호, 2025. 10. 31., 타법개정]

**개정 예정 법률 밑줄 별도 표시.

민간임대주택에 관한 특별법 시행규칙

(약칭 : 민간임대주택법 시행규칙)

[시행 2025. 10. 31.] [국토교통부령 제1531호, 2025. 10. 31., 타법개정]

제1조(목적) 이 규칙은 「민간임대주택에 관한 특별법」 및 같은 법 시행령에서 위임된 사항과 그 시행에 필요한 사항을 규정함을 목적으로 한다.

제1조의2(공공지원민간임대주택) 「민간임대주택에 관한 특별법」(이하 "법"이라 한다) 제2조제4호마목에서 "국토교통부령으로 정하는 공공지원"이란 다음 각 호의 어느 하나에 해당하는 지원을 말한다. 〈개정 2019. 10. 29.〉

1. 「도시 및 주거환경정비법」 제9조제1항제10호의 사항이 포함된 정비계획에 따라 민간임대주택을 공급하는 사업에 대하여 지원하는 「주택도시기금법」에 따른 주택도시기금(이하 "주택도시기금"이라 한다)의 출자·융자 또는 같은 법에 따른 주택도시보증공사의 보증으로서 국토교통부장관이 정하여 고시하는 출자·융자 또는 보증

2. 「빈집 및 소규모주택 정비에 관한 특례법」 제49조제1항에 따른 용적률의 완화

3. 「주택도시기금법」 제9조에 따른 주택도시기금의 융자로서 다음 각 호의 어느 하나에 해당하는 융자

가. 임대사업자가 소유하고 있는 임대주택에 대한 주택담보대출 상환 등 국토교통부장관이 정하여 고시하는 요건에 해당하는 융자

나. 「사회적기업 육성법」 제2조제1호에 따른 사회적기업, 「협동조합 기본법」 제2조제3호에 따른 사회적협동조합 또는 「민법」 제32

조에 따른 비영리법인 등이 국토교통부장관이 정하여 고시하는 저렴한 임대료, 안정적 거주기간의 보장 및 사회적 가치의 추구를 위한 민간임대주택을 공급하기 위해 지원받은 융자

다. 「빈집 및 소규모주택 정비에 관한 특례법」제2조제1항제3호가목 또는 나목 사업에 대한 융자로서 국토교통부장관이 정하여 고시하는 요건에 해당하는 융자

라. 그 밖에 국토교통부장관이 정하여 고시하는 융자

[본조신설 2018. 7. 17.]

제1조의3(주거지원대상자) 법 제2조제14호에서 "국토교통부령으로 정하는 요건"이란 별표 1 제1호나목에 따른 임차인 자격을 말한다.

[본조신설 2018. 7. 17.]

제2조(임대사업자의 등록 등) ① 법 제5조제1항 및 「민간임대주택에 관한 특별법 시행령」(이하 "영"이라 한다) 제4조제4항에 따라 임대사업자로 등록하려는 자는 별지 제1호서식의 임대사업자 등록신청서에 다음 각 호의 서류를 첨부하여 특별자치시장, 특별자치도지사, 시장, 군수 또는 자치구청장(이하 "시장ㆍ군수ㆍ구청장"이라 한다)에게 제출(정보통신망을 이용한 제출을 포함한다. 이하 이 조에서 같다)하여야 한다. 이 경우 「재외국민등록법」 제2조에 따른 재외국민(이하 "재외국민"이라 한다)이나 「부동산 거래신고 등에 관한 법률」 제2조제4호의 외국인등(이하 "외국인"이라 한다)인 경우에는 민간임대주택의 소재지를 관할하는 시장ㆍ군수ㆍ구청장에게 제출하여야 한다. 〈개정 2018. 4. 2., 2018. 7. 17., 2019. 3. 20., 2023. 10. 6., 2023. 11. 20.〉

1. 영 제4조제2항제2호가목의 경우: 주택사업계획승인서 사본
2. 영 제4조제2항제2호다목의 경우: 매매계약서 사본
3. 영 제4조제2항제2호라목의 경우: 분양계약서 사본. 다만, 「주택공급에 관한 규칙」 제32조제1항에 따라 주택을 우선공급 받으려는 경우에는 등록일부터 6개월 이내에 매입 또는 분양계약서를 제출할 수 있다.
4. 영 제4조제2항제3호가목의 경우: 주택건설사업자 등록증 사본
5. 영 제4조제2항제3호나목의 경우: 부동산투자회사 영업인가증 사본
6. 영 제4조제2항제3호다목의 경우: 투자회사임을 확인할 수 있

는 서류 사본

7. 영 제4조제2항제3호라목의 경우: 집합투자기구임을 확인할 수 있는 서류 사본

8. 영 제4조제2항제3호마목의 경우: 고용자임을 확인할 수 있는 서류 사본

9. 등록하려는 임대주택에 임차인이 있는 경우: 다음 각 목의 서류

가. 임대차계약서 사본

나. 법 제49조에 따라 임대보증금에 대한 보증에 가입하였음을 증명하는 서류 사본 또는 같은 조 제3항에 따라 산정한 보증대상 금액이 0원 이하이거나 같은 조 제7항 각 호의 어느 하나에 해당하여 임대보증금에 대한 보증에 가입하지 않을 수 있음을 증명하는 서류 사본

10. 신청인이 법인 아닌 사단·재단인 경우: 정관, 그 밖의 규약 및 대표자 또는 관리인임을 증명하는 서류

11. 신청인이 재외국민인 경우: 재외국민등록증 사본

12. 국세 또는 지방세의 체납으로 인해 납세증명서를 제3항 각 호 외의 부분 본문에 따라 확인할 수 없거나 발급받을 수 없는 경우: 관할 세무관서의 장 또는 지방자치단체의 장으로부터 발급받은 체납액을 증명할 수 있는 서류

② 제1항에 따라 임대사업자로 등록하려는 자가 「소득세법」 제168조제1항에 따른 사업자등록을 같이 하려는 경우에는 제1항에 따른 등록신청서에 「부가가치세법 시행규칙」 별지 제4호서식의 사업자등록 신청서를 함께 제출하여야 한다. 이 경우 시장·군수·구청장은 함께 제출받은 사업자등록 신청서를 지체 없이 관할 세무서장에게 송부(정보통신망을 이용한 송부를 포함한다)하여야 한다. 〈신설 2018. 4. 2.〉

③ 제1항에 따른 신청서를 받은 시장·군수·구청장은 「전자정부법」 제36조제1항에 따른 행정정보의 공동이용을 통하여 다음 각 호의 정보를 확인해야 한다. 다만, 신청인이 제1호, 제3호, 제4호(외국인등록 사실증명만 해당한다), 제7호 및 제9호에 따른 정보의 확인에 동의하지 않는 경우에는 해당 서류 또는 그 사본을 첨부하도록 해야 한다. 〈개정 2017. 7. 11., 2017. 9. 19., 2018. 4. 2., 2019. 3. 20., 2022. 1. 14., 2023. 11. 20.〉

1. 신청인이 개인인 경우: 주민등록표 초본
2. 신청인이 법인인 경우: 법인 등기사항증명서
3. 신청인이 재외국민인 경우: 여권정보
4. 신청인이 외국인인 경우: 「출입국관리법」 제88조제2항에 따라 발급된 외국인등록 사실증명 또는 법인 등기사항증명서(법인만 해당한다)
5. 등록대상 주택이 영 제2조의2의 주택인 경우: 「건축물대장의 기재 및 관리 등에 관한 규칙」 제2조제10호에 따른 건축물현황도
6. 영 제4조제2항제1호의 경우: 건물등기사항증명서
7. 영 제4조제2항제2호나목의 경우: 건축허가서
8. 「건축법」 제38조에 따른 건축물대장
9. 「국세징수법」 제107조 및 「지방세징수법」 제5조에 따른 납세증명서

④ 영 제4조제6항에 따른 등록대장 및 등록증은 각각 별지 제2호서식 및 별지 제3호서식과 같다. 〈개정 2018. 3. 29., 2018. 4. 2., 2023. 11. 20.〉

⑤ 시장·군수·구청장은 영 제4조제6항에 따라 임대사업자 등록증을 발급한 때에는 그 사실을 지체 없이 해당 민간임대주택의 소재지를 관할하는 시장·군수·구청장에게 통보하여야 한다. 〈개정 2018. 3. 29., 2018. 4. 2., 2023. 11. 20.〉

⑥ 영 제4조제6항에 따라 임대사업자 등록증을 발급받은 임대사업자는 임대사업자로 등록한 사실을 지체 없이 임차인에게 알려야 한다. 〈신설 2018. 12. 31., 2023. 11. 20.〉

⑦ 제4항에 따른 임대사업자 등록대장은 전자적 처리가 불가능한 특별한 사유가 없으면 전자적 처리가 가능한 방법으로 작성·관리하여야 한다. 〈개정 2018. 4. 2., 2018. 12. 31.〉

제3조(임대사업자의 등록 변경 등) ① 임대사업자는 법 제5조제3항 및 영 제4조제7항에 따라 등록사항 변경신고를 할 때에는 별지 제4호서식의 임대사업자 등록사항 변경신고서에 변경사항을 증명할 수 있는 서류를 첨부하여 시장·군수·구청장에게 제출하여야 한다. 〈개정 2018. 3. 29.〉

② 제1항에 따른 변경신고서를 받은 시장·군수·구청장은 「전자정부법」 제36조제1항에 따른 행정정보의 공동이용을 통하여 다음

각 호의 정보를 확인해야 한다. 다만, 신청인이 제1호·제3호 및 제6호에 따른 정보의 확인에 동의하지 않는 경우에는 해당 서류 또는 그 사본을 첨부하도록 해야 한다. 〈개정 2017. 9. 19., 2022. 1. 14.〉

1. 신고인이 개인인 경우: 사업자등록증명
2. 신고인이 법인인 경우: 법인 등기사항증명서
3. 신고인이 외국인인 경우: 「출입국관리법」 제88조제2항에 따라 발급된 외국인등록 사실증명 또는 법인 등기사항증명서(법인만 해당한다)
4. 건물등기사항증명서
5. 건축물대장
6. 주민등록표 초본

③ 법 제5조제3항 단서에서 "임대주택 면적을 10퍼센트 이하의 범위에서 증축하는 등 국토교통부령으로 정하는 경미한 사항"이란 민간임대주택 면적을 다음 각 호의 구분에 따른 해당 민간임대주택의 규모 구간을 벗어나지 않는 범위에서 10퍼센트 이하로 증축하는 것을 말한다. 〈개정 2020. 12. 10.〉

1. 40제곱미터 이하
2. 40제곱미터 초과 60제곱미터 이하
3. 60제곱미터 초과 85제곱미터 이하
4. 85제곱미터를 초과

④ 시장·군수·구청장은 영 제4조제7항에 따라 임대사업자 등록사항을 변경한 때에는 그 사실을 지체 없이 해당 민간임대주택의 소재지를 관할하는 시장·군수·구청장에게 통보하여야 한다. 〈개정 2018. 3. 29.〉

제4조

[제4조의5로 이동 〈2020. 12. 10.〉]

제4조의2(조합원 모집신고) ① 법 제5조의3제1항에 따라 같은 항에 따른 민간임대협동조합(이하 "민간임대협동조합"이라 한다)의 조합원 모집신고를 하려는 자는 별지 제6호서식의 신고서에 다음 각 호의 서류를 첨부하여 해당 민간임대주택 건설대지의 관할 시장·군수·구청장에게 제출해야 한다. 〈개정 2020. 12. 10.〉

1. 민간임대협동조합 발기인 명단 등 법 제5조의4제1항 각 호 외

의 부분에 따른 모집주체(이하 "모집주체"라 한다)에 관한 자료

2. 민간임대주택 건설대지의 지번·지목·등기명의자 및 「국토의 계획 및 이용에 관한 법률」에 따른 도시·군관리계획상의 용도

3. 조합원 모집공고안

4. 조합 가입 신청서 및 법 제5조의4제1항 각 호의 사항이 포함된 계약서의 서식

② 시장·군수·구청장은 법 제5조의3제3항에 따라 제1항에 따른 신고서가 접수된 날부터 15일 이내에 신고의 수리 여부를 결정·통지해야 한다. 〈개정 2020. 12. 10.〉

③ 제2항에 따라 신고를 수리하는 경우에는 별지 제6호의2서식의 신고대장에 관련 내용을 적고, 신고인에게 별지 제6호의3서식의 신고 확인증을 발급해야 한다.

[본조신설 2020. 5. 27.]

제4조의3(조합원 공개모집) ① 모집주체는 제4조의2에 따른 조합원 모집신고가 수리된 이후 해당 민간임대주택 건설대지의 주민이 널리 볼 수 있는 장소 또는 일간신문이나 관할 특별자치시·특별자치도·시·군 또는 자치구의 인터넷 홈페이지에 조합원 모집공고를 게시하여 공고해야 한다.

② 조합원 모집공고에는 다음 각 호의 사항이 포함되어야 한다.

1. 모집주체의 성명 및 주소(법인의 경우에는 법인명, 대표자의 성명, 법인의 주소 및 법인등록번호를 말한다)

2. 주택 건설대지의 지번·지목 및 면적

3. 주택 건설대지에 대한 사용권 또는 소유권 확보 면적·비율 및 확보 계획과 토지사용승낙서 등 이를 증명할 수 있는 서류

4. 주택건설 예정 세대수 및 주택건설 예정기간

5. 조합원 모집세대수 및 모집기간

6. 조합원을 분할하여 모집하는 경우에는 분할 모집시기별 모집세대수 등 조합원 모집에 관한 정보

7. 호당 또는 세대당 주택공급면적 및 대지면적

8. 조합가입 신청자격, 신청 시의 구비서류, 신청일시 및 장소

9. 계약금·분담금의 납부시기 및 납부방법 등 조합원의 비용부담에 관한 사항

10. 조합 자금관리의 주체 및 계획

11. 조합원 당첨자 발표의 일시 · 장소 및 방법
12. 부적격자의 처리 및 계약 취소에 관한 사항
13. 조합가입 계약일 · 계약장소 등의 계약사항
14. 동 · 호수의 배정 방법 등에 관한 사항
15. 동 · 호수의 구체적인 배정 시기의 결정 및 통지 방법
16. 조합설립인가 신청일(또는 신청예정일), 사업계획승인 신청예정일, 착공예정일 및 입주예정일
17. 조합원의 권리 · 의무에 관한 사항
18. 그 밖에 추가 분담금 등 조합가입 시 유의할 사항으로서 시장 · 군수 · 구청장이 필요하다고 인정하는 사항

③ 모집주체는 제2항의 사항 외에 조합가입신청자가 알아야 할 사항 및 그 밖의 필요한 사항을 조합가입 신청 장소에 게시한 후 별도의 안내서를 작성하여 조합가입신청자에게 교부해야 한다.

[본조신설 2020. 5. 27.]

제4조의4(가입비등의 예치 및 반환) ① 영 제4조의5제3항에서 "국토교통부령으로 정하는 가입비등 예치신청서"란 별지 제6호의4서식의 가입비등 예치신청서를 말한다. 〈개정 2020. 12. 10.〉

② 영 제4조의5제5항에서 "국토교통부령으로 정하는 증서"란 별지 제6호의5서식의 가입비등 예치증서를 말한다. 〈개정 2020. 12. 10.〉

③ 영 제4조의6제1항에서 "국토교통부령으로 정하는 요청서"란 별지 제6호의6서식의 가입비등 반환 요청서를 말하며, 해당 요청서를 제출할 때에는 요청사유를 증명하는 서류를 첨부해야 한다. 〈개정 2020. 12. 10.〉

④ 영 제4조의6제2항 후단에서 "국토교통부령으로 정하는 요청서"란 별지 제6호의6서식의 가입비등 지급 요청서를 말하며, 해당 요청서를 제출할 때에는 요청사유를 증명하는 서류를 첨부해야 한다. 〈개정 2020. 12. 10.〉

[본조신설 2020. 5. 27.]

제4조의5(임대사업자 등록의 말소) ① 영 제5조제4항에 따라 등록 말소를 신청하려는 임대사업자는 별지 제6호의7서식의 임대사업자 등록 전부(일부) 말소 신청서에 다음 각 호의 서류를 첨부하여 시장 · 군수 · 구청장에게 제출해야 한다. 〈개정 2020. 12. 10.〉

1. 등록 말소 대상임을 증명할 수 있는 서류

2. 별지 제6호의8서식의 임대사업자 등록 말소 신청에 관한 임차인 동의서(법 제6조제1항제3호 및 제11호에 따라 임차인의 동의가 있어야 하는 경우만 해당하며, 해당 임차인의 동의를 모두 받은 날부터 1개월 이내의 것을 말한다)

② 제1항에 따라 신청서를 받은 시장·군수·구청장은 「전자정부법」 제36조제1항에 따른 행정정보의 공동이용을 통하여 다음 각 호의 정보를 확인해야 한다. 다만, 신청인이 제1호 및 제5호에 따른 정보의 확인에 동의하지 않는 경우에는 해당 서류 또는 그 사본을 첨부하도록 해야 한다. 〈개정 2017. 9. 19., 2019. 3. 20., 2020. 12. 10.〉

1. 신청인이 개인인 경우: 사업자등록증명

2. 신청인이 법인인 경우: 법인 등기사항증명서

3. 건물등기사항증명서

4. 건축물대장

5. 주민등록표 초본. 다만, 신청인이 직접 신청서를 제출하는 경우에는 주민등록증 등 신분증명서의 제시로 갈음한다.

③ 제1항에 따라 임대사업자 등록을 전부 말소하려는 자가 「소득세법」 제168조제3항 및 「부가가치세법」 제8조제7항에 따른 폐업신고를 같이 하려는 경우에는 별지 제5호서식에 「부가가치세법 시행규칙」 별지 제9호서식의 폐업신고서를 함께 제출해야 한다. 이 경우 시장·군수·구청장은 함께 제출받은 폐업신고서를 지체 없이 관할 세무서장에게 송부(정보통신망을 이용한 송부를 포함한다)해야 한다. 〈신설 2020. 5. 27.〉

④ 시장·군수·구청장은 법 제5조제3항 및 법 제6조제1항에 따라 임대사업자 등록을 말소한 때에는 별지 제2호서식의 임대사업자 등록대장과 별지 제3호서식의 임대사업자 등록증에 적고, 그 사실을 지체 없이 해당 민간임대주택의 소재지를 관할하는 시장·군수·구청장에게 통보하여야 한다. 〈개정 2018. 7. 17., 2019. 3. 20., 2020. 5. 27.〉

⑤ 삭제 〈2019. 3. 20.〉

[제4조에서 이동 〈2020. 12. 10.〉]

제5조(주택임대관리업의 등록신청) ① 법 제7조제1항 및 영 제6조

제2항에 따라 주택임대관리업을 등록하려는 자는 별지 제7호서식의 주택임대관리업 등록신청서에 다음 각 호의 서류를 첨부하여 시장·군수·구청장에게 제출하여야 한다.

1. 영 별표 1 제1호에 따른 자본금 요건을 증명하는 다음의 구분에 따른 서류

가. 신청인이 법인인 경우: 납입자본금에 관한 증명서

나. 신청인이 개인인 경우: 자산평가서와 그 증명서

2. 영 별표 1 제2호에 따른 전문인력 요건을 증명하는 서류

3. 영 별표 1 제3호에 따른 사무실 확보를 증명하는 서류(건물 임대차 계약서 사본 등 사용에 관한 권리를 증명하는 서류를 포함한다)

4. 재외국민등록증 사본(신청인이 재외국민인 경우만 해당한다)

② 제1항에 따라 주택임대관리업 등록신청서를 제출받은 시장·군수·구청장은 「전자정부법」 제36조제1항에 따른 행정정보의 공동이용을 통하여 다음 각 호의 정보를 확인하여야 한다. 다만, 신청인이 제1호, 제3호 및 제4호의 규정에 따른 정보의 확인에 동의하지 아니하는 경우에는 해당 서류 또는 그 사본을 첨부하도록 하여야 한다. 〈개정 2017. 9. 19.〉

1. 신청인이 개인인 경우: 주민등록표 초본

2. 신청인이 법인인 경우: 법인 등기사항증명서

3. 신청인이 재외국민인 경우: 여권정보

4. 신청인이 외국인인 경우: 외국인등록 사실증명서

5. 건물 등기사항증명서

③ 영 제6조제3항에 따른 등록대장 및 등록증은 각각 별지 제8호서식 및 별지 제9호서식과 같다.

④ 제3항에 따른 주택임대관리업 등록대장은 전자적 처리가 불가능한 특별한 사유가 없으면 전자적 처리가 가능한 방법으로 작성·관리하여야 한다.

제6조(주택임대관리업의 변경신고 등) ① 주택임대관리업자는 법 제7조제3항 및 영 제6조제4항에 따라 변경신고를 하려는 경우에는 별지 제10호서식의 주택임대관리업 등록사항 변경신고서에 변경내용을 증명하는 서류 및 제5조제3항에 따른 주택임대관리업 등록증을 첨부하여 시장·군수·구청장에게 제출하여야 한다.

② 주택임대관리업자는 법 제7조제3항 및 영 제6조제4항에 따라 주택관리업을 폐업하려는 경우에는 별지 제11호서식의 주택임대관리업 말소 신고서에 말소사항을 증명할 수 있는 서류를 첨부하여 시장ㆍ군수ㆍ구청장에게 제출하여야 한다.

③ 제1항 및 제2항에 따라 신고를 받은 시장ㆍ군수ㆍ구청장은 변경내용을 확인한 후 별지 제8호서식의 주택임대관리업 등록대장에 그 내용을 기록하여야 한다.

④ 법 제7조제3항에서 "자본금의 증가 등 국토교통부령으로 정하는 경미한 사항"이란 자본금 또는 전문인력의 수가 증가한 경우를 말한다.

제7조(과징금의 부과 및 납부) ① 시장ㆍ군수ㆍ구청장은 법 제10조제2항에 따라 과징금을 부과하려는 경우에는 그 위반행위의 종별과 과징금의 금액을 명시하여 납부할 것을 서면으로 통지하여야 한다.

② 제1항에 따라 통지를 받은 자는 통지를 받은 날부터 30일 이내에 과징금을 시장ㆍ군수ㆍ구청장이 정하는 수납기관에 납부해야 한다. 〈개정 2023. 12. 12.〉

③ 과징금 수납기관은 과징금을 납부한 자에게 영수증을 교부하여야 한다.

④ 과징금 수납기관은 과징금을 수납한 때에는 지체 없이 그 사실을 시장ㆍ군수ㆍ구청장에게 통보하여야 한다.

제8조(주택임대관리업 현황 신고) 법 제12조제1항 전단에 따른 현황 신고를 하려는 주택임대관리업자는 별지 제12호서식의 주택임대관리업 현황 신고서를 시장ㆍ군수ㆍ구청장에게 제출하여야 한다.

제9조(촉진지구 사전기초조사) ① 법 제23조제4항에 따라 공공지원 민간임대주택 공급촉진지구(이하 "촉진지구"라 한다)의 지정을 제안하려는 자(이하 "촉진지구 지정제안자"라 한다)는 다음 각 호의 사항에 대하여 조사하여 별지 제13호서식의 촉진지구 사전기초조사서를 작성하여야 한다. 〈개정 2018. 7. 17.〉

1. 촉진지구로 지정하려는 지역과 생활권이 같은 지역의 인구변동 상황 및 추이

2. 촉진지구로 지정하려는 지역의 인구, 토지이용, 지장물 및 각종 개발사업 현황

3. 주변지역의 교통 현황

4. 풍수해, 산사태, 지반 붕괴, 그 밖의 재해의 발생빈도 및 현황
5. 「국토의 계획 및 이용에 관한 법률」에 따른 광역도시계획, 도시 · 군기본계획 등 상위계획에 관한 사항
6. 문화재 현황
7. 공원 및 녹지 현황

② 촉진지구 지정제안자는 촉진지구 사전기초조사서를 작성하기 위하여 관계 행정기관, 지방자치단체, 「공공기관의 운영에 관한 법률」에 따른 공공기관 및 그 밖의 관계 기관의 장에게 협조를 요청할 수 있다. 〈개정 2018. 7. 17.〉

제10조(촉진지구 지정제안서 제출서류 등) ① 촉진지구 지정제안자는 별지 제14호서식의 촉진지구 지정제안서에 다음 각 호의 서류 및 도면을 첨부하여 지정권자에게 제출하여야 한다. 〈개정 2018. 7. 17.〉

1. 개략적인 사업계획서
2. 촉진지구 사전기초조사서(사전기초조사서 작성을 위한 관련 서류를 포함한다)
3. 편입농지 및 임야 현황에 관한 조사서류
4. 해당 지역의 현황 사진
5. 수용하거나 사용할 「공익사업을 위한 토지 등의 취득 및 보상에 관한 법률」 제3조에서 정하는 토지 · 물건 및 권리의 소재지, 지번, 지목, 면적, 소유권 및 소유권 외의 권리의 명세와 그 소유자 및 권리자의 성명(법인인 경우에는 명칭을 말한다) 및 주소를 적은 서류
6. 법 제23조제4항에 따른 토지소유자 동의서
7. 「환경영향평가법」에 따른 전략환경영향평가 관련 자료(전략환경영향평가 협의대상지역인 경우만 해당한다)
8. 「자연재해대책법」에 따른 사전재해영향성검토 관련 자료(사전재해영향성검토 대상지역인 경우만 해당한다)
9. 촉진지구 주변의 광역교통체계 관련 자료(촉진지구 예정면적이 100만제곱미터 이상인 경우만 해당한다)
10. 도시 · 군기본계획의 변경에 필요한 서류(도시 · 군기본계획 변경이 필요한 경우만 해당한다)
11. 축척 2만5천분의 1 또는 5만분의 1인 위치도

12. 촉진지구의 경계와 그 결정 사유를 표시한 축척 5천분의 1인 지형도

13. 토지이용 현황과 지장물 현황을 명시한 축척 5천분의 1인 지형도 또는 지적도

14. 편입 토지 현황 도면

15. 토지이용계획 도면

② 지정권자는 촉진지구 사전기초조사서의 내용을 확인하기 위하여 시장·군수·구청장 또는 법 제23조제1항제2호에 해당하는 자에게 조사를 요청할 수 있다. 이 경우 시장·군수·구청장은 정당한 사유가 없으면 요청에 따라야 한다.

③ 제1항에 따라 제안서를 제출받은 지정권자는 「전자정부법」 제36조제1항에 따른 행정정보의 공동이용을 통하여 지적도 및 임야도를 확인하고 현지조사 등을 통하여 공급촉진지구 지정제안서 수용 여부를 결정한 후 촉진지구 지정제안자에게 그 결과를 통지하여야 한다.

④ 법 제23조제1항에 따라 지정된 공공지원민간임대주택 개발사업의 시행자(이하 "시행자"라 한다)는 같은 조 제7항에 따라 촉진지구의 변경을 제안하려면 제안서에 촉진지구의 변경에 필요한 서류 및 도면을 첨부하여 지정권자에게 제출하여야 하며, 촉진지구의 해제를 제안하려면 제안서에 해제 사유서를 첨부하여 제출하여야 한다. 〈개정 2018. 7. 17.〉

⑤ 제1항부터 제4항까지에서 규정한 사항 외에 촉진지구의 제안에 관한 세부 절차 등은 국토교통부장관이 정한다.

제11조(동의면적의 산정방법 등) ① 법 제23조제4항에 따른 동의면적의 산정방법은 다음 각 호와 같다. 〈개정 2018. 7. 17.〉

1. 토지 소유권을 공유하는 경우: 다른 공유자의 동의를 받은 대표 공유자 1명을 해당 토지소유자로 보며, 대표 공유자의 동의는 해당 토지면적 전체에 대한 동의로 산정한다. 다만, 「집합건물의 소유 및 관리에 관한 법률」 제2조제6호에 따른 대지사용권(소유권인 경우로 한정한다)을 가지고 있는 자(같은 조 제2호에 따른 구분소유자를 말한다)의 동의는 해당 공유지분 면적에 대한 동의로 산정한다.

2. 지상권이 설정된 토지의 경우: 지상권을 가진 자와 그 토지의 소유권을 가진 자의 동의는 각각 해당 지상권이 설정된 토지면적의 2분의 1에 해당하는 토지에 대한 동의로 산정한다. 이 경우 지상권

자가 여럿인 경우에는 대표 지상권자 1명을 해당 토지에 대한 지상권자로 본다.

3. 촉진지구의 경계에 걸쳐 있는 토지의 경우: 촉진지구 안의 토지만을 동의면적으로 계산한다.

4. 법 제23조제4항에 따라 촉진지구의 지정이 제안된 이후 토지소유자또는 지상권자가 변경된 경우: 기존 토지소유자 또는 지상권자의 동의서를 기준으로 한다.

② 제1항에 따라 동의대상자는 소유한 토지 전부에 대하여 동의 또는 부동의를 할 수 있으며, 일부 토지에 대한 부분 동의는 인정하지 아니한다.

③ 제1항에 따라 동의를 한 자는 촉진지구 지정제안자가 지정권자에게 제안서를 제출한 후에는 동의를 철회할 수 없으며, 제안서 제출 전에 동의를 철회할 때에는 내용증명우편으로 철회하여야 한다.

④ 법 제23조제4항에 따라 동의 또는 철회를 하는 자는 다음 각 호의 구분에 따른 신청서에 주민등록증 사본, 여권 사본, 운전면허증 사본 등 신분을 증명할 수 있는 서류(「개인정보 보호법 시행령」 제19조 각 호에 해당하는 고유식별정보를 제외한 성명·생년월일만 포함된 서류를 말한다)를 첨부하여 촉진지구 지정제안자에게 제출하여야 한다. 이 경우 동의 또는 철회를 하는 자가 법인인 경우에는 다음 각 호의 구분에 따른 신청서에 법인의 인감도장을 날인하고, 법인인감증명서를 첨부하여야 한다. 〈개정 2017. 9. 19., 2018. 7. 17.〉

1. 동의할 경우: 별지 제15호서식의 동의서
2. 동의를 철회할 경우: 별지 제16호서식의 동의철회서
3. 공유토지의 대표자 지정을 동의하는 경우: 별지 제17호서식의 대표자 지정 동의서

제12조(간이공작물 등) ① 영 제22조제3항제2호에서 "국토교통부령으로 정하는 간이공작물"이란 다음 각 호의 공작물을 말한다.

1. 비닐하우스
2. 양잠장
3. 고추, 잎담배, 김 등 농림수산물의 건조장
4. 버섯재배사

5. 종묘배양장
6. 퇴비장
7. 탈곡장
8. 그 밖에 제1호부터 제7호까지의 공작물과 유사한 것으로서 지정권자가 인정하는 공작물

② 영 제22조제4항에 따른 신고서는 별지 제18호서식과 같다.

제13조(주거지역에서의 촉진지구 지정 제안) ① 영 제30조제3항제6호에서 "국토교통부령으로 정하는 서류"란 다음 각 호의 서류를 말한다. 〈개정 2018. 7. 17.〉

1. 촉진지구 사전기초조사서(사전기초조사서 작성을 위한 관련 서류를 포함한다)
2. 촉진지구 현황사진
3. 축척 2만5천분의 1 또는 5만분의 1인 위치도
4. 촉진지구의 경계와 그 결정 사유를 표시한 축척 5천분의 1인 지형도
5. 토지이용 현황과 지장물 현황을 명시한 축척 5천분의 1인 지형도 또는 지적도
6. 편입 토지 현황 도면
7. 토지이용계획 도면

② 시행자는 법 제33조제4항에 따라 촉진지구의 변경을 제안하려면 제10조제1항에 따른 촉진지구 지정제안서에 촉진지구의 변경에 필요한 자료를 첨부하여 지정권자에게 제출하여야 한다. 〈개정 2018. 7. 17.〉

제13조의2(토지 등의 수용·사용 동의서 등) ① 영 제30조의2제4항에서 "국토교통부령으로 정하는 동의서 또는 동의철회서"란 각각 별지 제18호의2서식의 동의서 및 별지 제16호서식의 동의철회서를 말한다.

② 영 제30조의2제4항에서 "국토교통부령으로 정하는 서류"란 다음 각 호의 구분에 따른 서류를 말한다.

1. 토지 소유자가 영 제30조의2제2항제1호 본문에 따라 다른 공유자의 동의를 받은 대표 공유자인 경우 다음 각 목의 서류
    가. 별지 제17호서식의 대표자 지정 동의서
    나. 주민등록증 사본, 여권 사본, 운전면허증 사본 등 대표 공

유자 및 다른 공유자의 신분을 증명할 수 있는 서류(「개인정보 보호법 시행령」 제19조 각 호에 해당하는 고유식별정보를 제외한 성명·생년월일만 포함된 서류를 말한다. 이하 이 조에서 같다)

2. 제1호에 해당하지 아니하는 경우로서 토지 소유자가 개인인 경우: 주민등록증 사본, 여권 사본, 운전면허증 사본 등 신분을 증명할 수 있는 서류

3. 제1호에 해당하지 아니하는 경우로서 토지 소유자가 법인인 경우: 법인인감증명서

[본조신설 2017. 7. 11.]

제14조(수의계약 대상 토지면적) 시행자는 영 제32조제5항제3호에 따라 토지를 수의계약의 방법으로 공급할 때에는 1세대당 1필지를 기준으로 하여 1필지당 140제곱미터 이상 330제곱미터 이하의 규모로 공급하여야 한다. 다만, 해당 촉진지구의 단독주택건설용지를 각 필지로 분할한 후 남은 단독주택건설용지의 규모가 140제곱미터 미만인 경우로서 계획여건상 불가피한 경우에는 140제곱미터 미만의 규모로 공급할 수 있다.

제14조의2(준공검사) ① 법 제39조의2에 따라 준공검사를 받으려는 촉진지구 조성사업의 시행자는 별지 제18호의3서식의 공사완료 보고서에 다음 각 호의 서류 및 도면을 첨부하여 시장·군수·구청장에게 제출하여야 한다.

1. 준공설계도서(착공 전의 사진 및 준공사진을 포함한다)

2. 토지의 용도별 면적조서 및 평면도

3. 「공간정보의 구축 및 관리 등에 관한 법률」 제2조제18호의 지적소관청이 발행하는 지적측량성과도

4. 신·구 지적대조도

5. 법 제29조 및 제39조의2제4항에 따라 관계 행정기관의 장과의 협의에 필요한 서류 및 도면

6. 법 제41조에 따른 공공시설(법 제28조제2항에 따른 기반시설을 포함한다)의 귀속조서 및 도면

② 촉진지구 조성사업의 시행자는 촉진지구 인근의 주택 수급 상황 및 촉진지구 조성사업의 규모 등을 고려하여 하나의 촉진지구 조성사업을 구획별로 분할하여 순차적으로 추진하는 경우로서 구획별 사업기간 등이 법 제28조에 따른 공공지원민간임대주택 공급촉

진지구계획에 반영된 경우에는 공사가 완료된 구획별로 준공검사를 신청할 수 있다.

③ 법 제39조의2제3항에 따른 준공검사 증명서는 별지 제18호의4서식과 같고, 같은 항에 따른 공사 완료 공고는 다음 각 호의 사항을 관보 또는 공보에 공고하는 방법으로 한다.

1. 촉진지구 조성사업(이하 이 조에서 "사업"이라 한다)의 명칭
2. 사업 시행자의 명칭·주소 및 대표자의 성명
3. 사업 시행지의 위치
4. 사업 시행지의 전체 면적 및 용도별 면적
5. 준공일
6. 주요 시설물의 관리처분에 관한 사항
7. 그 밖에 시장·군수·구청장이 필요하다고 인정하는 사항

④ 시장·군수·구청장은 법 제39조의2제3항에 따른 공사 완료 공고를 할 때 지정권자에게 사업의 공사 완료 결과를 통보하여야 한다.

[본조신설 2018. 7. 17.]

[종전 제14조의2는 제14조의12로 이동 〈2018. 7. 17.〉]

제14조의3(공공지원민간임대주택 등의 임차인 자격 및 선정방법) ① 법 제42조제1항제1호 및 같은 조 제2항에 따른 공공지원민간임대주택의 임차인 자격 및 선정방법은 별표 1과 같다. 다만, 법 제2조제4호마목에 따른 공공지원민간임대주택의 경우 그 임차인 자격 및 선정방법에 관하여 제1조의2 각 호의 법령 등에서 따로 정한 경우에는 그에 따른다.

② 임대사업자는 관할 지방자치단체의 장과 협의하여 제1항에 따른 공공지원민간임대주택의 임차인 자격 외에 부동산, 자동차 등 자산에 관한 별도의 요건을 정할 수 있다.

③ 장기일반민간임대주택 및 단기민간임대주택의 임대사업자는 법 제42조제1항제2호에 따라 임차인의 자격 및 선정방법을 정하는 경우 별표 1의 기준을 일부 또는 전부 적용할 수 있다. 〈신설 2019. 10. 29., 2020. 12. 10., 2025. 6. 4.〉

④ 국토교통부장관 또는 시·도지사는 이 규칙에서 정하는 공공지원민간임대주택의 임차인 자격 및 선정방법 등에 관한 세부적인 사항을 따로 정할 수 있다. 〈개정 2019. 10. 29.〉

[본조신설 2018. 7. 17.]
[제목개정 2019. 10. 29.]

제14조의4(공공지원민간임대주택등의 최초 임차인 모집 및 선정) ① 다음 각 호의 어느 하나에 해당하는 민간임대주택으로서 같은 주택단지에서 30호 또는 30세대 이상의 민간임대주택을 최초로 공급하려는 임대사업자는 공개모집의 방법으로 임차인을 모집해야 한다. 〈개정 2019. 10. 29., 2020. 12. 10., 2025. 6. 4.〉

1. 공공지원민간임대주택
2. 제14조의3제3항에 따라 임차인의 자격 및 선정방법을 정한 장기일반민간임대주택 및 단기민간임대주택

② 제1항에 따라 공개모집의 방법으로 임차인을 모집하여야 하는 임대사업자는 임차인모집공고를 해당 민간임대주택 소재지의 주민이 널리 볼 수 있는 일간신문, 관할 특별자치시·특별자치도·시·군 또는 자치구의 인터넷 홈페이지 또는 해당 민간임대주택 소재지의 주민이 쉽게 접할 수 있는 일정한 장소에 게시하여 공고해야 한다. 〈개정 2019. 10. 29.〉

③ 제2항에 따른 임차인모집공고는 최초 민간임대주택의 공급신청 접수일 5일 이전에 해야 한다. 〈개정 2019. 10. 29.〉

④ 공공지원민간임대주택 및 제1항제2호에 따른 민간임대주택(이하 "공공지원민간임대주택등"이라 한다)의 공급신청 접수는 방문접수 또는 인터넷접수의 방법으로 한다. 이 경우 임대사업자는 별지 제18호의5서식의 공급신청서(인터넷접수의 경우에는 사업주체가 정하는 전자문서인 신청서를 말한다. 이하 "공급신청서"라 한다)를 비치하여 공공지원민간임대주택등의 공급을 신청하려는 자에게 교부해야 한다. 〈개정 2019. 10. 29.〉

⑤ 국토교통부장관은 제4항에도 불구하고 제1조의2제3호가목에 따른 공공지원민간임대주택의 공급신청 접수 방법을 따로 정할 수 있다. 〈신설 2019. 10. 29.〉

⑥ 제1항에 따라 공개모집의 방법으로 임차인을 모집하여야 하는 임대사업자는 임차인을 선정하는 경우 다음 각 호의 구분에 따른 방법으로 한다. 〈개정 2019. 10. 29.〉

1. 별표 1 제1호가목에 따른 일반공급대상자에게 공급하는 주택: 추첨의 방법

2. 별표 1 제1호나목에 따른 특별공급대상자에게 공급하는 주택: 별표 1 제3호라목에 따른 방법

⑦ 제6항에 따라 선정된 임차인에 대한 동·호수 배정은 추첨의 방법으로 한다. 〈개정 2019. 10. 29.〉

[본조신설 2018. 7. 17.]

[제목개정 2019. 10. 29.]

제14조의5(공공지원민간임대주택등의 공급신청) 공공지원민간임대주택등의 공급을 신청하려는 자는 공급신청서에 다음 각 호의 서류를 첨부하여 임대사업자에게 제출해야 한다. 다만, 제1호 및 제2호의 서류는 공공지원민간임대주택등의 공급신청 시에 제출하지 않고 임대차계약을 체결하기 전에 제출하게 할 수 있다. 〈개정 2019. 10. 29.〉

1. 세대주 또는 세대원인 사실을 증명하는 다음 각 목의 서류
   가. 주민등록표 등본 또는 초본
   나. 「가족관계의 등록 등에 관한 법률」에 따른 가족관계증명서
2. 주민등록증 사본 또는 여권 사본
3. 별지 제18호의6서식에 따른 서약서(전자문서를 포함한다)
4. 별지 제18호의7서식에 따른 월평균 소득현황 및 국토교통부장관이 정하는 소득증빙서류(별표 1 제1호나목에 따른 특별공급 대상자만 해당한다)
5. 혼인관계증명서(별표 1 제1호나목2)에 따른 특별공급 대상자만 해당한다)

[본조신설 2018. 7. 17.]

[제목개정 2019. 10. 29.]

제14조의6(공공지원민간임대주택등의 예비임차인 선정) ① 임대사업자(제1조의2제3호가목에 따른 공공지원민간임대주택의 임대사업자는 제외한다. 이하 이 조에서 같다)가 제14조의3에 따라 임차인을 선정하는 경우 별표 1에 따른 공급대상별 주택수의 40퍼센트 이상의 예비임차인을 선정해야 한다. 다만, 제14조의3에 따라 임차인을 모집한 결과 공공지원민간임대주택등 공급신청자 수가 공급대상별 주택수의 140퍼센트 미만인 경우에는 임차인으로 선정되지 않은 신청자 모두를 예비임차인으로 한다. 〈개정 2019. 10. 29.〉

② 제1항에 따라 선정된 예비임차인의 순번의 부여에 관하여는

제14조의4제6항을 준용한다. 〈개정 2022. 1. 14.〉

③ 임대사업자는 제14조의4제6항에 따라 임차인으로 선정된 자 중 당첨이 취소되거나 임대차계약을 체결하지 않은 자 또는 임대차계약을 해지한 자가 있거나 종전 임차인의 퇴거에 따라 남은 공공지원민간임대주택등이 있는 경우 제1항 및 제2항에 따라 선정된 예비임차인의 순번에 따라 공급한다. 이 경우 2호 또는 2세대 이상의 공공지원민간임대주택등을 동시에 공급하는 경우에는 해당 주택의 동·호수를 공개한 후 동·호수를 배정하는 추첨에 참가의사를 표시한 예비임차인에 대하여 추첨의 방법으로 동·호수를 배정한다. 〈개정 2019. 10. 29., 2022. 1. 14.〉

④ 임대사업자는 공공지원민간임대주택등의 효율적 공급을 위하여 제1항 및 제2항에 따라 선정된 예비임차인이 소진된 경우에는 남은 공공지원민간임대주택등이 없는 경우에도 예비임차인을 추가로 모집할 수 있다. 이 경우 예비임차인의 모집은 공개모집의 방법으로 하되, 구체적인 모집방법은 임대사업자가 정하고 예비임차인 선정 및 순번의 부여에 관하여는 제14조의4제6항을 준용한다. 〈개정 2019. 10. 29., 2022. 1. 14.〉

⑤ 제4항에 따라 선정된 예비임차인에 대한 공공지원민간임대주택등의 공급에 관하여는 제3항을 준용한다. 〈개정 2019. 10. 29.〉

⑥ 임대사업자는 예비임차인의 명단 및 순번 등 예비임차인 현황을 인터넷 홈페이지 등에 공개하여야 한다.

[본조신설 2018. 7. 17.]

[제목개정 2019. 10. 29.]

제14조의7(남은 공공지원민간임대주택등의 임차인 자격 완화) ① 임대사업자는 제14조의4 및 제14조의6제1항부터 제3항까지의 규정에 따라 최초 임차인에게 공급하고 남은 공공지원민간임대주택등(별표 1에 따른 일반공급대상자에게 공급하는 주택으로 한정한다)이 다음 각 호의 날 중 빠른 날까지 임대되지 않은 경우(다음 각 호의 날 중 빠른 날 이후에도 최초 임차인을 선정하지 못한 경우를 포함한다)에는 제14조의3에 따른 임차인 자격 및 선정방법에도 불구하고 해당 주택의 임차인의 자격을 완화하거나 선착순의 방법으로 공급할 수 있다. 〈개정 2019. 10. 29., 2023. 11. 20.〉

1. 제14조의4제2항에 따른 임차인모집공고일부터 6개월이 지난 날

2. 입주지정기간 개시일

② 임대사업자는 법 제43조에 따른 임대의무기간 중에 제14조의4 및 제14조의6에 따라 공급하고 남은 공공지원민간임대주택등이 입주지정기간 개시일 이후 3개월 동안 계속하여 임대되지 않은 경우에는 제14조의3에도 불구하고 해당 주택의 임차인의 자격을 완화하거나 선착순의 방법으로 공급할 수 있다. 다만, 남은 공공지원민간임대주택등이 별표 1에 따른 특별공급대상자에게 공급하는 주택인 경우에는 사전에 임차인의 자격 및 선정방법에 관하여 관할 지방자치단체의 장과 협의해야 한다. 〈개정 2019. 10. 29.〉

③ 제1항 및 제2항에도 불구하고 제1조의2제3호가목에 따른 공공지원민간임대주택의 임대사업자는 남은 공공지원민간임대주택을 국토교통부장관이 정하는 바에 따라 임차인의 자격을 완화하거나 선착순의 방법으로 공급할 수 있다. 〈신설 2019. 10. 29.〉

[본조신설 2018. 7. 17.]

[제목개정 2019. 10. 29.]

제14조의8(공공지원민간임대주택등의 임차인 선정업무 등의 대행) ① 임대사업자는 법 제42조의2제2항 각 호 외의 부분에 따른 전산관리지정기관(이하 "전산관리지정기관"이라 한다)에 제14조의4부터 제14조의6까지에 따른 공급신청서 접수, 임차인·예비임차인 선정 및 동·호수 배정 업무의 대행을 의뢰할 수 있다.

② 임대사업자는 공공지원민간임대주택등의 공급신청자가 제출한 서류의 확인 등의 업무를 「건설산업기본법」 제9조에 따라 건설업 등록을 한 자(이하 "건설사업자"라 한다)로서 해당 주택건설공사를 시공한 건설사업자에게 대행하게 할 수 있다. 이 경우 임대사업자는 건설사업자가 이 규칙에서 정한 절차와 기준에 따르도록 감독해야 한다. 〈개정 2019. 10. 29., 2020. 3. 2.〉

[본조신설 2018. 7. 17.]

[제목개정 2019. 10. 29.]

제14조의9(공공지원민간임대주택등의 입주대상자 자격 확인 등) ① 임대사업자는 공공지원민간임대주택등의 임차인으로 선정하려는 자에 대하여 관할 시장·군수·구청장으로 하여금 「정보통신망 이용촉진 및 정보보호 등에 관한 법률」에 따라 구성된 주택전산망을 이용한 주택소유 여부 등의 전산검색을 국토교통부장관에게 의뢰하도록

요청해야 한다. 다만, 전산관리지정기관이 제14조의8제1항에 따라 임차인 선정 업무를 대행하는 경우에는 전산관리지정기관이 국토교통부장관에게 전산검색을 의뢰해야 한다. 〈개정 2019. 10. 29.〉

② 임대사업자는 제14조의5 각 호 외의 부분 단서에 따라 공공지원민간임대주택등의 공급신청 시에 구비서류의 제출을 생략한 경우 해당 주택의 임대차계약 체결 전에 임차인으로 선정하려는 자로부터 같은 조 제1호 및 제2호에 따른 서류를 제출받아 세대주, 세대원 및 해당 거주지 등을 확인해야 한다. 〈개정 2019. 10. 29.〉

③ 임대사업자는 제1항 및 제2항에 따른 전산검색 및 제출서류의 확인 결과 부적격자로 판정된 자에 대해서는 그 결과를 통보하고, 통보한 날부터 7일 이상의 기간을 정하여 증명서류 등을 제출하도록 하여 임차인 자격 충족 여부를 확인한 후 임차인으로 확정하여야 한다.

④ 임차인으로 선정하려는 자의 주택소유 여부 확인 및 판단에 관하여는 「주택공급에 관한 규칙」 제23조제4항 및 제53조를 준용한다. 이 경우 "사업주체"는 "임대사업자"로, "공공임대주택의 공급, 제46조, 「공공주택 특별법 시행규칙」 별표 6 제2호라목에 따른 특별공급"은 "공공지원민간임대주택등의 공급"으로 본다. 〈개정 2019. 10. 29.〉

⑤ 제1항에 따른 의뢰를 받은 국토교통부장관은 14일 이내에 전산검색 결과를 시장·군수·구청장 또는 전산관리지정기관에 통보하여야 한다.

[본조신설 2018. 7. 17.]

[제목개정 2019. 10. 29.]

제14조의10(공공지원민간임대주택등 공급신청 서류의 관리) ① 임대사업자(전산관리지정기관이 제14조의8제1항에 따라 임차인 선정 업무를 대행하는 경우에는 전산관리지정기관을 말한다. 이하 이 조에서 같다)는 제14조의5 각 호의 서류 중 임차인으로 선정되지 아니한 자의 서류는 접수일부터 6개월 동안 보관하고 임차인으로 선정된 자의 서류는 접수일부터 해당 주택의 임대기간 동안 보관하여야 한다.

② 임대사업자는 관계 기관의 요청이 있으면 제1항에 따라 보관하는 서류를 제출하여야 한다.

[본조신설 2018. 7. 17.]
[제목개정 2019. 10. 29.]

제14조의11(공공지원민간임대주택등의 임차인 관리) ① 공공지원민간임대주택등의 임차인은 다음 각 호의 어느 하나에 해당하는 경우 임대사업자에게 그 주택을 명도해야 한다. 〈개정 2019. 3. 20., 2019. 10. 29.〉

1. 해당 주택에서 퇴거하는 경우
2. 다른 공공임대주택 또는 공공지원민간임대주택등에 입주하는 경우
3. 임차인(임차인의 자격을 무주택세대구성원으로 정한 경우에는 그 세대에 속한 사람을 포함하며, 제14조의7에 따라 주택 소유 기준이 완화된 임차인은 제외한다)이 다른 주택을 소유하게 된 경우

② 임대사업자는 기존 임차인과 재계약하는 경우 별표 1에 따른 임차인의 자격(제14조의4제1항제2호에 따른 민간임대주택의 경우 같은 호에 따라 적용한 임차인의 자격을 말하고, 제14조의7에 따라 임차인으로 선정된 경우에는 완화된 임차인의 자격을 말한다)을 확인한 후 재계약을 해야 한다. 이 경우 임차인은 자격확인을 위한 제14조의5 각 호의 서류를 임대사업자에게 제출해야 한다. 〈개정 2019. 10. 29.〉

③ 제2항 전단에 따른 임차인의 자격 확인에 관하여는 제14조의9를 준용한다.

④ 임대사업자는 제1항제3호 및 제2항 전단에도 불구하고 임대차계약기간 중이거나 임대차계약을 재계약하는 경우로서 「주택공급에 관한 규칙」에 따른 분양권등을 갖고 있는 임차인에게 입주예정일(분양권등이 여러 개인 경우에는 가장 빨리 도래하는 입주예정일을 말한다)까지는 임대하거나 재계약을 체결할 수 있다. 〈신설 2019. 3. 20.〉

[본조신설 2018. 7. 17.]
[제목개정 2019. 10. 29.]

제14조의12(민간임대주택 공급 신고) ① 영 제33조의2에서 "국토교통부령으로 정하는 신고서"란 별지 제18호의8서식의 신고서를 말한다. 〈개정 2018. 7. 17.〉

② 영 제33조의2에서 "국토교통부령으로 정하는 서류"란 다음 각

호의 서류를 말한다.

1. 다음 각 목의 사항이 포함된 임차인 모집계획안

가. 민간임대주택 공급 현황 및 임대 조건

나. 임차인의 자격 및 선정방법

다. 토지임대계약서 · 토지사용승낙서 등 토지확보 현황을 증명할 수 있는 서류(토지를 임차하여 건설된 민간임대주택 또는 토지의 소유권을 확보하지 못한 경우만 해당한다)

라. 토지 및 주택에 설정된 소유권 외의 권리의 명세

2. 신고대상 주택이 법 제49조제1항에 따른 임대보증금에 대한 보증 가입 대상에 해당하는 경우 해당 보증계약의 보증서

③ 영 제33조의2에 따라 제1항의 신고서를 제출받은 시장 · 군수 · 구청장은 「전자정부법」 제36조제1항에 따른 행정정보의 공동이용을 통하여 신고대상 민간임대주택의 토지등기사항증명서 및 건물등기사항증명서를 확인하여야 한다.

④ 시장 · 군수 · 구청장은 제1항의 신고서를 접수받은 날부터 7일 이내에 별지 제18호의8서식의 신고 증명서를 발급하여야 한다. 〈개정 2018. 7. 17.〉

[본조신설 2017. 7. 11.]

[제14조의2에서 이동 〈2018. 7. 17.〉]

제14조의13(공공지원민간임대주택의 중복입주 등의 확인 방법 및 절차 등) ① 임대사업자는 공공지원민간임대주택의 임차인(임대차계약 당사자를 말한다. 이하 이 조에서 같다)에 관한 법 제42조의2제2항 각 호의 사항을 임대의무기간 개시일과 그 개시일을 기준으로 매 2년이 경과되는 날이 포함된 달의 다음 달 15일까지 전산관리지정기관에 통보하여야 한다. 이 경우 임차인 정보를 최초로 통보한 이후에는 새로 임대차계약을 체결하거나 임대차계약을 해지하는 등 임대차계약 사항에 변경이 있는 임차인에 관한 임차인 정보만을 통보할 수 있다.

② 제1항에 따라 통보를 받은 전산관리지정기관은 15일 이내에 공공지원민간임대주택과 공공임대주택에 중복하여 입주 또는 계약하고 있는지 여부를 임대사업자에게 통보하여야 한다.

③ 제2항에 따라 통보를 받은 임대사업자는 그 사실을 해당 임차인에게 즉시 통보하고 7일 이상의 기간을 정하여 소명할 기회를 주

어야 한다.

[본조신설 2018. 7. 17.]

제14조의14(금융정보 등의 제공에 따른 동의서) 영 제33조의3제2항에서 “국토교통부령으로 정하는 금융정보 등의 제공 동의서면”이란 별지 제18호의9서식의 동의서를 말한다.

[본조신설 2018. 7. 17.]

제15조(임대사업자간 민간임대주택 양도 신고) ① 임대사업자는 법 제43조제2항에 따라 민간임대주택을 다른 임대사업자(해당 민간임대주택을 양수하여 주택임대사업을 하려는 자를 포함한다)에게 양도하려는 경우에는 별지 제19호서식의 민간임대주택 양도신고서를 시장·군수·구청장에게 제출하여야 한다. 이 경우 시장·군수·구청장은 「전자정부법」 제36조제1항에 따른 행정정보의 공동이용을 통하여 해당 민간임대주택의 등기사항증명서 및 민간임대주택을 양수하는 자(해당 민간임대주택을 양수하여 주택임대사업을 하려는 자는 제외한다)의 임대사업자 등록증을 확인하여야 하며, 신고인이 임대사업자 등록증의 확인에 동의하지 아니하는 경우에는 해당 서류를 첨부하도록 하여야 한다.

② 제1항에 따른 신고를 한 임대사업자는 신고서 처리일부터 30일 이내에 매매계약서 사본을 시장·군수·구청장에게 제출하여야 한다. 이 경우 담당 공무원은 「전자정부법」 제36조제1항에 따른 행정정보의 공동이용을 통하여 해당 민간임대주택의 등기사항증명서 및 민간임대주택을 양도한 자와 양수한 자의 임대사업자 등록증을 확인하여야 하며, 신고인이 임대사업자 등록증의 확인에 동의하지 아니하는 경우에는 해당 서류를 첨부하도록 하여야 한다.

③ 제1항에 따라 민간임대주택 양도신고를 받은 시장·군수·구청장은 즉시 해당 민간임대주택의 임차인에게 임대사업자가 변경된다는 것을 알려 주어야 한다.

제16조(임대의무기간 경과 후 민간임대주택 양도 신고) 임대사업자는 법 제43조제3항 전단에 따라 임대의무기간이 지난 후 민간임대주택을 양도하려는 경우에는 별지 제19호서식의 민간임대주택 양도신고서를 시장·군수·구청장에게 제출해야 한다. 이 경우 시장·군수·구청장은 「전자정부법」 제36조제1항에 따른 행정정보의 공동이용을 통하여 해당 민간임대주택의 등기사항증명서를 확인해야 한다.

〈개정 2020. 12. 10.〉

제17조(민간임대주택의 양도 허가신청 등) ① 영 제34조제2항에서 "국토교통부령으로 정하는 신청서와 첨부서류"란 각각 별지 제20호서식의 신청서 및 다음 각 호의 서류를 말한다. 〈개정 2017. 9. 19., 2018. 7. 17.〉

1. 양도의 구체적인 사유를 적은 서류
2. 양도가격 산정의 근거서류
3. 특별수선충당금 적립통장 사본(법 제53조제1항에 따라 특별수선충당금을 적립하여야 하는 임대사업자만 해당한다)
4. 하자보수보증금 예치증서[공동주택의 사용검사일(주택단지 안의 공동주택의 전부에 대하여 임시사용승인을 얻은 경우를 포함한다)부터 10년 이내인 경우만 해당한다]

② 영 제34조제2항에 따라 이 조 제1항에 따른 신청서를 제출받은 시장·군수·구청장은 「전자정부법」 제36조제1항에 따른 행정정보의 공동이용을 통하여 해당 민간임대주택의 등기사항증명서를 확인하여야 한다. 〈신설 2018. 7. 17.〉

③ 시장·군수·구청장은 제1항의 신청서를 받으면 10일 이내에 허가 여부를 결정하여 신청인에게 이를 서면(전자문서를 포함한다)으로 통지하되, 허가를 하지 아니하는 경우에는 그 사유를 명시하여야 한다. 〈개정 2018. 7. 17.〉

④ 법 제43조제4항 및 영 제34조제6항에 따라 등록 말소를 신청하려는 자는 별지 제6호의7서식의 임대사업자 등록 전부(일부) 말소 신청서에 등록 말소 대상임을 증명할 수 있는 서류를 첨부하여 시장·군수·구청장에게 제출해야 한다. 〈신설 2020. 12. 10.〉

[제목개정 2020. 12. 10.]

제17조의2(공공지원민간임대주택의 임대료 등) 법 제44조제1항제1호에서 "국토교통부령으로 정한 기준"이란 별표 2를 말한다. 다만, 법 제2조제4호마목에 따른 공공지원민간임대주택의 경우 그 최초 임대료에 관하여 제1조의2 각 호의 법령 등에서 따로 정한 경우에는 그 기준을 말한다. 〈개정 2020. 12. 10.〉

[본조신설 2018. 7. 17.]

제18조(임대보증금과 월임대료간 전환) 임대사업자가 법 제44조제4항에 따라 임대보증금을 월임대료로 전환하려는 경우에는 임차인의

동의를 받아야 하며, 전환되는 월임대료는 「주택임대차보호법」 제7조의2에 따른 범위를 초과할 수 없다. 월임대료를 임대보증금으로 전환하는 경우에도 또한 같다. 〈개정 2018. 7. 17., 2019. 2. 27.〉

제19조(임대차계약 신고서 등) ① 영 제36조제2항에 따른 임대차계약 (변경)신고서는 별지 제21호서식에 따른다. 〈개정 2019. 3. 20.〉

② 영 제36조제2항 또는 제3항에 따라 (변경)신고서를 받은 시장·군수·구청장은 「전자정부법」 제36조제1항에 따른 행정정보의 공동이용을 통해 해당 임대주택의 등기사항증명서를 확인해야 한다. 〈신설 2019. 3. 20.〉

③ 법 제46조제1항·제2항 및 영 제36조제1항제4호에 따라 준주택 임대차계약을 신고받은 시장·군수·구청장은 임차인의 실제 거주현황을 확인하기 위해 신고된 임차인의 주민등록표 초본을 「전자정부법」 제36조제1항에 따른 행정정보의 공동이용을 통해 확인해야 한다. 다만, 임차인이 확인에 동의하지 않는 경우에는 제1항에 따른 신고를 할 때 해당 서류를 첨부하도록 해야 한다. 〈개정 2019. 10. 29.〉

④ 제3항에도 불구하고 시장·군수·구청장은 임차인의 주민등록표 초본으로 실제 거주현황을 확인할 수 없는 경우 다음 각 호의 자료를 임대사업자, 관계 행정기관 또는 관련 단체 등에 요청할 수 있다. 〈개정 2019. 10. 29.〉

1. 전화사용료 납부 확인서
2. 케이블텔레비전 수신료 납부확인서
3. 자녀의 재학증명서
4. 그 밖의 공공요금 영수증 등 거주현황을 확인할 수 있는 자료

⑤ 영 제36조제2항 또는 제3항에 따라 임대차계약 (변경)신고서를 받은 시장·군수·구청장은 영 제36조제4항에 따라 (변경)신고 내용을 별지 제22호서식의 임대차계약 신고대장에 적고 별지 제21호서식의 임대차계약 (변경)신고증명서를 신고인에게 발급하여야 한다. 〈개정 2017. 9. 19., 2019. 3. 20.〉

⑥ 제5항에 따른 임대차계약 신고대장은 전자적 처리가 불가능한 특별한 사유가 없으면 전자적 처리가 가능한 방법으로 작성·관리하여야 한다. 〈개정 2017. 9. 19.〉

⑦ 임대사업자는 세금감면을 위한 증명 등을 위해 임대차계약 신고 이력을 확인하려는 경우 별지 제23호서식의 임대차계약 신고이력 확인서 발급신청서를 시장·군수·구청장에게 제출해야 한다. 〈신설 2019. 3. 20.〉

⑧ 제7항에 따른 신청을 받은 시장·군수·구청장은 10일 이내에 별지 제23호의2서식의 임대차계약서 신고이력 확인서를 신청인에게 발급해야 한다. 〈신설 2019. 3. 20.〉

[제목개정 2017. 9. 19.]

제20조(표준임대차계약서) ① 법 제47조제1항에서 "국토교통부령으로 정하는 표준임대차계약서"란 별지 제24호서식과 같다. 〈개정 2019. 2. 27.〉

② 법 제47조제2항제8호에서 "국토교통부령으로 정하는 사항"이란 민간임대주택의 양도에 관한 사항을 말한다. 〈개정 2019. 2. 27.〉

제20조의2(임대보증금 보증대상 금액 등에 대한 임차인의 동의 방식) ① 법 제49조제3항제4호에 따른 임차인의 동의는 임차인이 별지 제25호서식의 임대보증금 일부보증에 대한 임차인 동의서에 서명하거나 날인하는 방식으로 한다.

② 법 제49조제7항제1호에 따른 임차인의 동의는 임차인이 별지 제25호의2서식의 임대보증금 보증 미가입에 대한 임차인 동의서에 서명하거나 날인하는 방식으로 한다.

[본조신설 2022. 1. 14.]

[종전 제20조의2는 제20조의3으로 이동 〈2022. 1. 14.〉]

제20조의3(가정어린이집 운영자의 입주자격 등) ① 법 제50조의2에 따라 임대사업자가 「영유아보육법」 제10조제5호에 따른 가정어린이집을 설치·운영하려는 자에게 임대하는 경우 법 제42조에도 불구하고 임대차계약 체결 후 임대사업자가 정한 기간 이내에 「영유아보육법」 제13조제1항에 따른 인가를 받았음을 증명하는 자료를 제출한 자 중에서 임대사업자가 정하는 임차인 선정 순위에 따라 가정어린이집으로 임대할 세대의 임차인을 선정한다.

② 가정어린이집의 최초임대료는 법 제44조제1항에도 불구하고 민간임대주택의 규모, 주변 지역의 임대료 등을 고려하여 임대사업자가 정한다.

③ 제1항에 따라 임차인으로 선정된 자가 가정어린이집을 설치·

운영하지 않게 된 경우에는 즉시 그 사실을 임대사업자에게 통보해야 한다.

④ 임대사업자는 제1항부터 제3항까지에서 규정한 사항 외에 가정어린이집의 설치 · 운영 등에 관한 세부적인 사항을 따로 정한 경우 임차인모집계획, 관리규약 또는 가정어린이집 운영자와 체결하는 표준임대차계약서 특약에 반영해야 한다.

[본조신설 2020. 5. 27.]

[제20조의2에서 이동 〈2022. 1. 14.〉]

제21조(자체관리 인가신청) ① 임대사업자는 법 제51조제3항에 따라 민간임대주택을 자체관리하기 위하여 인가를 받으려는 경우에는 별지 제26호서식의 자체관리 인가신청서에 다음 각 호의 서류를 첨부하여 시장 · 군수 · 구청장에게 제출하여야 한다.

1. 영 제41조제4항에 따른 기술인력의 인적사항 및 장비의 명세서
2. 관리 인력의 인적사항에 관한 서류
3. 단지 배치도

② 제1항에 따라 인가신청을 받은 시장 · 군수 · 구청장은 인가를 할 때에는 별지 제26호서식의 자체관리인가서를 내주어야 한다.

제22조(관리비 징수 등) ① 법 제51조제5항에 따라 임대사업자가 임차인으로부터 받을 수 있는 관리에 필요한 경비(이하 "관리비"라 한다)는 다음 각 호의 항목에 대한 월별 비용의 합계액으로 하며, 다음 각 호의 항목별 구성 명세는 별표 3과 같다. 〈개정 2018. 7. 17.〉

1. 일반관리비
2. 청소비
3. 경비비
4. 소독비
5. 승강기 유지비
6. 난방비
7. 급탕비
8. 수선유지비
9. 지능형 홈네트워크 설비가 설치된 민간임대주택의 경우에는 지능형 홈네트워크 설비 유지비

② 제1항 각 호의 항목에 따른 비용의 세대별 부담액 산정방법은 사용자 부담과 공평한 부담의 원칙에 따라야 한다.

③ 임대사업자는 제1항 각 호의 관리비 외에 어떠한 명목으로도 관리비를 징수할 수 없다.

④ 임대사업자는 임차인이 내야 하는 다음 각 호의 사용료 등을 임차인을 대행하여 그 사용료 등을 받을 자에게 낼 수 있다. 〈개정 2020. 12. 10.〉

1. 전기료(공동으로 사용하는 시설의 전기료를 포함한다)
2. 수도료(공동으로 사용하는 수도료를 포함한다)
3. 가스 사용료
4. 지역난방방식인 공동주택의 난방비와 급탕비
5. 정화조 오물 수수료
6. 생활 폐기물 수수료
7. 임차인대표회의(법 제52조에 따른 임차인대표회의를 말한다. 이하 같다) 운영비

⑤ 임대사업자는 인양기 등의 사용료를 해당 시설의 사용자에게 따로 부과할 수 있다.

⑥ 임대사업자는 제1항 및 제4항에 따라 산정·징수한 관리비와 사용료 등의 징수 및 그 사용명세에 관한 장부를 따로 작성하고 증명자료와 함께 보관하여 임차인 또는 임차인대표회의가 열람할 수 있게 해야 한다. 〈개정 2020. 12. 10.〉

⑦ 제1항 및 제4항에 따라 산정·징수한 관리비와 사용료 등의 징수 및 그 사용명세에 대하여 임대사업자와 임차인간의 다툼이 있을 때에는 임차인(임차인 과반수 이상의 결의가 있는 경우만 해당한다. 이하 이 조에서 같다) 또는 임차인대표회의는 임대사업자로 하여금 「공인회계사법」 제7조제1항에 따라 등록한 공인회계사 또는 같은 법 제23조에 따라 설립된 회계법인(이하 “공인회계사등”이라 한다)으로부터 회계감사를 받고 그 감사결과와 감사보고서를 열람할 수 있도록 갖춰 둘 것을 요구할 수 있다.

⑧ 임차인 또는 임차인대표회의는 시장·군수·구청장에게 공인회계사등의 선정을 의뢰할 수 있다.

⑨ 제7항에 따른 회계감사 비용은 임차인 또는 임차인대표회의가 부담한다.

제23조(민간임대주택의 주요시설의 범위 등) 법 제53조제1항에 따른 주요 시설의 범위, 교체 및 보수시기와 방법 등은 영 제43조제1

항에 따라 수립된 장기수선계획에서 정하는 바에 따른다.

제24조(장기수선계획의 수립기준) 영 제43조제2항에서 "국토교통부령으로 정하는 기준"이란 「공동주택관리법 시행규칙」 별표 1에 따른 수립기준을 말한다. 〈개정 2016. 8. 12.〉

제25조(특별수선충당금 적립 현황 보고) 시장·군수·구청장은 영 제43조제6항에 따라 별지 제27호서식의 특별수선충당금 적립 현황 보고서를 매년 1월 31일과 7월 31일까지 관할 특별시장·광역시장·특별자치시장·도지사 또는 특별자치도지사(이하 "시·도지사"라 한다)에게 제출하여야 하며, 시·도지사는 이를 종합하여 매년 2월 15일과 8월 15일까지 국토교통부장관에게 보고하여야 한다.

제26조(임대주택정보체계 자료 등록) ① 시장·군수·구청장은 법 제60조제2항에 따라 다음 각 호에 따른 등록 또는 신고를 받은 날부터 각각 10일 이내에 영 제49조제1호, 제2호, 제4호 및 제5호의 자료를 법 제60조제1항에 따른 임대주택정보체계(이하 "정보체계"라 한다)에 등록하여야 한다. 변경등록 또는 변경신고의 경우에도 같다. 〈개정 2017. 7. 11., 2018. 7. 17.〉

1. 법 제5조에 따른 임대사업자의 등록
2. 법 제42조제4항에 따른 민간임대주택 공급신고
3. 법 제46조제1항 및 제2항에 따른 임대차계약 신고

② 「공공주택 특별법」 제4조에 따른 공공주택사업자는 법 제60조제2항에 따라 영 제49조 각 호의 자료를 임대차계약 체결일부터 10일 이내에 정보체계에 등록하여야 한다. 임대차계약이 변경된 경우에도 같다. 〈개정 2018. 7. 17.〉

제27조(검사공무원의 증표) 법 제61조제3항에 따른 증표는 별지 제28호서식과 같다.

제28조(가산금리의 부과 등) ① 시·도지사는 임대사업자가 법 제63조제1항제1호 또는 제2호에 해당하는 것을 확인한 경우 국토교통부장관에게 법 제63조에 따른 가산금리의 부과를 요청할 수 있다. 〈신설 2017. 9. 19.〉

② 제1항에도 불구하고 시·도지사는 법 제63조제1항제1호에 따른 가산금리 부과 대상 임대사업자가 다음 각 호의 어느 하나에 해당하는 경우에는 가산금리의 부과 요청을 유예할 수 있다. 〈개정 2017. 9. 19.〉

1. 해당 임대사업자가 영 제46조 각 호의 어느 하나에 해당하는 경우

2. 임차인의 임대보증금이 「주택임대차보호법 시행령」 제10조제1항에 따른 우선변제를 받을 보증금 이하인 경우로서 법 제49조에 따른 보증에 가입하지 아니하는 것을 임차인이 동의한 경우

3. 임대보증금 보증 가입 절차가 진행 중이라고 보증회사에서 인정하는 경우

4. 임대사업자가 임대보증금 보증에 가입하지 못한 사유가 임차인이 임대차 계약을 체결하지 아니하는 등 임대사업자의 책임이라고 보기 어려운 경우

5. 제1호부터 제4호까지의 규정에 준하는 사유로 가산금리의 부과를 유예하는 것이 불가피하다고 인정되는 경우

③ 제1항에도 불구하고 시·도지사는 법 제63조제1항제2호에 따른 가산금리 부과 대상 임대사업자가 제2항제1호에 해당하는 경우에는 가산금리의 부과 요청을 유예할 수 있다. 〈개정 2017. 9. 19.〉

④ 시·도지사는 제1항부터 제3항까지에서 규정한 사항 외에 가산금리 부과 요청의 방법 및 절차, 부과 요청의 취소 등에 관한 세부적인 사항을 정할 수 있다. 〈개정 2017. 9. 19.〉

제29조(규제의 재검토) 국토교통부장관은 별표 2에 따른 공공지원민간임대주택의 최초 임대료에 관한 기준에 대하여 2023년 1월 1일을 기준으로 3년마다(매 3년이 되는 해의 1월 1일 전까지를 말한다) 그 타당성을 검토하여 개선 등의 조치를 해야 한다.

[본조신설 2022. 12. 30.]

부칙 〈제270호, 2015. 12. 29.〉

제1조(시행일) 이 규칙은 공포한 날부터 시행한다.

제2조(표준임대차계약서의 사용에 관한 적용례) 별지 제24호서식 및 별지 제25호서식의 개정규정은 이 규칙 시행 이후 임대차계약을 체결하거나 갱신계약을 체결하는 경우부터 적용한다.

제2조의2(종전의 공공건설임대주택에 관한 특례) 법률 제13499호 임대주택법 전부개정법률 부칙 제6조제2항에 따라 종전의 「임대주택법」 제2조제2호의2에 따른 공공건설임대주택으로 보아 종전의 규정을 적용하는 공공건설임대주택의 임대사업자는 종전의 「임대주택

법 시행규칙」(국토교통부령 제270호 임대주택법 시행규칙 전부개정령으로 개정되기 전의 것을 말한다) 제12조제1항 및 같은 조 제4항 본문에도 불구하고 임대차계약기간 중이거나 임대차계약을 갱신할 경우로서 「주택공급에 관한 규칙」에 따른 분양권등을 갖고 있는 입주자에게 입주예정일(분양권등이 여러 개인 경우에는 가장 빨리 도래하는 입주예정일을 말한다)까지는 임대하거나 임대차계약을 체결할 수 있다.
[본조신설 2019. 1. 8.]
제3조(표준임대차계약서 사용에 관한 경과조치) 건설부령 제568호 임대주택건설촉진법시행규칙개정령의 시행일인 1994년 11월 2일 전에 임대차계약을 체결하여 그 계약기간 중에 있는 임대주택의 표준임대차계약서에 대해서는 해당 임대차계약이 만료되기 전까지는 건설부령 제568호 임대주택건설촉진법시행규칙개정령 제8조의 개정규정에도 불구하고 종전의 「임대주택건설촉진법시행규칙」(건설부령 제568호로 개정되기 전의 것을 말한다)에 따른다.
제4조(미분양주택의 임차인 선정에 관한 경과조치) 건설교통부령 제396호 임대주택법시행규칙중개정령의 시행일인 2004년 3월 22일 전에 사용검사를 받은 주택의 임차인 선정에 대해서는 건설교통부령 제396호 임대주택법시행규칙중개정령 제1조의2의 개정규정에도 불구하고 종전의 「임대주택시행규칙」(건설교통부령 제396호로 개정되기 전의 것을 말한다)에 따른다.
제5조(다른 법령의 개정) ① 국토교통부와 그 소속기관 직제 시행규칙 일부를 다음과 같이 개정한다.

제8조제6항제9호 중 "「임대주택법령」"을 "민간임대주택에 관한 특별법령"으로 한다.

② 장애인·고령자 등 주거약자 지원에 관한 법률 시행규칙 일부를 다음과 같이 개정한다.

제2조제2항제2호 각 목 외의 부분 단서 중 "「임대주택법 시행규칙」 제12조의2제1항제2호 각 호 외의 부분 단서"를 "「공공주택 특별법 시행규칙」 제13조제2항"으로 하고, 같은 조 제3항 중 "「임대주택법 시행규칙」 제12조의2제2항"을 "「공공주택 특별법 시행규칙」 제20조제2항"으로 한다.

제3조제1항 중「임대주택법」 제2조제4호에 따른 임대사업자"를 "

「민간임대주택에 관한 특별법」 제2조제7호에 따른 임대사업자 또는 「공공주택 특별법」 제4조에 따른 공공주택사업자"로 한다.

③ 주거급여법 시행규칙 일부를 다음과 같이 개정한다.

제11조제1호 중 "「임대주택법」 제20조의7"을 "「민간임대주택에 관한 특별법」 제60조"로 한다.

제6조(다른 법령과의 관계) 이 규칙 시행 당시 다른 법령에서 종전의 「임대주택법 시행규칙」 및 그 규정을 인용한 경우에 이 규칙 가운데 그에 해당하는 규정이 있는 때에는 종전의 「임대주택법 시행규칙」 또는 그 규정을 갈음하여 이 규칙 또는 이 규칙의 해당 규정을 인용한 것으로 본다.

부칙 〈제353호, 2016. 8. 12.〉 (주택법 시행규칙)

제1조(시행일) 이 규칙은 2016년 8월 12일부터 시행한다. 〈단서 생략〉

제2조 생략

제3조(다른 법령의 개정) ①부터 ⑩까지 생략

⑪ 민간임대주택에 관한 특별법 시행규칙 일부를 다음과 같이 개정한다.

제20조제1항제1호 중 "「주택법」 제16조"를 "「주택법」 제15조"로 한다.

⑫부터 ⑰까지 생략

제5조 생략

부칙 〈제354호, 2016. 8. 12.〉 (공동주택관리법 시행규칙)

제1조(시행일) 이 규칙은 2016년 8월 12일부터 시행한다.

제2조 부터 제7조까지 생략

제8조(다른 법령의 개정) ① 민간임대주택에 관한 특별법 시행규칙 일부를 다음과 같이 개정한다.

제24조 중 "「주택법 시행규칙」 별표 5"를 "「공동주택관리법 시행규칙」 별표 1"로 한다.

② 생략

제9조 생략

부칙 〈제434호, 2017. 7. 11.〉

이 규칙은 2017년 7월 18일부터 시행한다.

부칙 〈제446호, 2017. 9. 19.〉

이 규칙은 공포한 날부터 시행한다.

부칙 〈제502호, 2018. 3. 29.〉

이 규칙은 공포한 날부터 시행한다.

부칙 〈제506호, 2018. 4. 2.〉

이 규칙은 공포한 날부터 시행한다.

부칙 〈제536호, 2018. 7. 17.〉

제1조(시행일) 이 규칙은 2018년 7월 17일부터 시행한다.

제2조(개정서식의 사용에 관한 적용례) ① 별지 제1호서식, 별지 제3호서식, 별지 제4호서식, 별지 제18호의8서식, 별지 제19호서식, 별지 제20호서식, 별지 제22호서식, 별지 제24호서식, 별지 제25호서식 및 별지 제27호서식의 개정규정은 이 규칙 시행 이후 신청, 신고, 발급, 계약(갱신계약을 포함한다) 및 제출을 하는 경우부터 적용한다.

② 법률 제15356호 민간임대주택에 관한 특별법 일부개정법률 부칙 제5조제4항에 따라 종전의 규정을 적용받는 기업형임대주택 및 준공공임대주택의 경우 제1항에 따른 개정규정 중 민간임대주택의 종류 등을 종전의 규정에 따라 수정하여 사용한다.

부칙 〈제573호, 2018. 12. 31.〉

이 규칙은 공포한 날부터 시행한다.

부칙 〈제582호, 2019. 1. 8.〉

이 규칙은 공포한 날부터 시행한다.

부칙 〈제601호, 2019. 2. 27.〉

이 규칙은 공포한 날부터 시행한다.

부칙 〈제611호, 2019. 3. 20.〉

제1조(시행일) 이 규칙은 공포한 날부터 시행한다.

제2조(개정서식의 사용에 관한 적용례) 법률 제15356호 민간임대주택에 관한 특별법 일부개정법률 부칙 제5조제4항에 따라 종전의 규정을 적용받는 기업형임대주택 및 준공공임대주택의 경우 별지 제1호서식부터 별지 제5호서식까지, 별지 제19호서식부터 별지 제21호서식까지의 개정규정 중 민간임대주택의 종류 등을 종전의 규정에 따라 수정하여 사용한다.

제3조(서식에 관한 경과조치) 이 규칙 시행 당시 종전의 규정에 따른 서식은 2019년 4월 20일까지 이 규칙에 따른 개정서식과 함께 사용할 수 있다.

부칙 〈제668호, 2019. 10. 29.〉

제1조(시행일) 이 규칙은 공포한 날부터 시행한다.

제2조(서식에 관한 경과조치) 종전의 별지 제24호서식은 2019년 11월 30일까지 이 규칙에 따른 개정서식과 함께 사용할 수 있다.

부칙 〈제704호, 2020. 3. 2.〉 (건설산업기본법 시행규칙)

제1조(시행일) 이 규칙은 공포한 날부터 시행한다. 〈단서 생략〉

제2조 및 제3조 생략

제4조(다른 법령의 개정) ①부터 ⑦까지 생략

⑧ 민간임대주택에 관한 특별법 시행규칙 일부를 다음과 같이 한다.

제14조의8제2항 전단 및 후단 중 "건설업자"를 각각 "건설사업자"로 한다.

⑨부터 ⑪까지 생략

부칙 〈제733호, 2020. 5. 27.〉

제1조(시행일) 이 규칙은 2020년 5월 27일부터 시행한다.

제2조(공공지원민간임대주택등의 임차인 자격기준으로서 소득요건에 관한 경과조치) 별표 1 제1호나목 및 같은 표 제3호라목의 개정규정에도 불구하고 이 규칙 시행 전의 제14조의4제2항에 따른 임차인 모집공고에 따라 이 규칙 시행 이후 최초로 임차인을 선정하는 경우에는 종전의 규정을 적용한다.

제3조(표준임대차계약서에 관한 경과조치) 종전의 별지 제24호서식은 2020년 6월 30일까지 이 규칙에 따른 개정서식과 함께 사용할 수 있다.

부칙 〈제790호, 2020. 12. 10.〉

이 규칙은 공포한 날부터 시행한다.

부칙 〈제939호, 2022. 1. 14.〉

제1조(시행일) 이 규칙은 2022년 1월 15일부터 시행한다.

제2조(임대사업자 등록신청서 및 임대사업자 등록사항 변경신고서에 관한 적용례) 별지 제1호서식 및 별지 제4호서식의 개정규정은 이 규칙 시행 이후 임대사업자 등록신청서나 임대사업자 등록사항 변경신고서를 제출하는 경우부터 적용한다.

부칙 〈제1099호, 2022. 1. 21.〉 (감정평가 및 감정평가사에 관한 법률 시행규칙)

제1조(시행일) 이 규칙은 2022년 1월 21일부터 시행한다.

제2조(다른 법령의 개정) ①부터 ⑦까지 생략

⑧ 민간임대주택에 관한 특별법 시행규칙 일부를 다음과 같이 개정한다.

별표 2 제2호나목2) 전단 중 "「감정평가 및 감정평가사에 관한 법률」 제2조제4호에 따른 감정평가업자"를 "「감정평가 및 감정평가사에 관한 법률」에 따른 감정평가법인등"으로 한다.

⑨부터 ⑫까지 생략

부칙 〈제1183호, 2022. 12. 30.〉

제1조(시행일) 이 규칙은 2023년 1월 1일부터 시행한다.

제2조(공급대상 계수에 관한 경과조치) 다음 각 호에 해당하는 공공지원민간임대주택의 최초 임대료 산정 시 적용되는 공급대상 계수에 관하여는 별표 2의 개정규정에도 불구하고 종전의 규정에 따른다.

1. 이 규칙 시행 전에 「주택법」 제15조에 따른 사업계획승인(사업계획승인이 의제되는 다른 법률에 따른 허가·인가·승인 등을 포함한다)을 받았거나 신청한 공공지원민간임대주택

2. 제1호에 해당하는 공공지원민간임대주택으로서 이 규칙 시행 이후 변경승인을 신청하는 공공지원민간임대주택

3. 이 규칙 시행 전에 「건축법」 제11조에 따른 건축허가(건축허가가 의제되는 다른 법률에 따른 허가·인가·승인 등을 포함한다. 이하 같다)를 받았거나 신청(건축허가를 받기 위하여 「건축법」 제4조의2제1항에 따라 건축위원회에 심의를 신청한 경우를 포함한다)한 공공지원민간임대주택

4. 제3호에 해당하는 공공지원민간임대주택으로서 이 규칙 시행 이후 변경허가를 신청하거나 변경신고를 하는 공공지원민간임대주택

5. 이 규칙 시행 전에 매입을 위한 계약을 체결한 공공지원민간임대주택

부칙 〈제1241호, 2023. 8. 3.〉

이 규칙은 공포한 날부터 시행한다.

부칙 〈제1257호, 2023. 10. 6.〉

이 규칙은 공포한 날부터 시행한다.

부칙 〈제1275호, 2023. 11. 20.〉

제1조(시행일) 이 규칙은 공포한 날부터 시행한다.

제2조(남은 공공지원민간임대주택등의 임차인 자격 완화에 관한 적용례) 제14조의7제1항의 개정규정은 이 규칙 시행 전에 제14조의4제2항에 따른 임차인모집공고를 한 경우에도 적용한다.

부칙 〈제1283호, 2023. 12. 12.〉

이 규칙은 공포한 날부터 시행한다.

부칙 〈제1398호, 2024. 10. 29.〉

이 규칙은 공포한 날부터 시행한다.

부칙 〈제1491호, 2025. 6. 4.〉

이 규칙은 2025년 6월 4일부터 시행한다.

부칙 〈제1531호, 2025. 10. 31.〉 (정부조직 개편 사항 반영을 위한 16개 법령의 일부개정에 관한 국토교통부령)
이 규칙은 공포한 날부터 시행한다.

별표 / 서식

[별표 1] 공공지원민간임대주택의 임차인 자격 및 선정방법(제14조의3 관련)

[별표 2] 공공지원민간임대주택의 최초 임대료에 관한 기준(제17조의2 관련)

[별표 3] 관리비 항목의 구성 명세(제22조제1항 관련)

[별지 제1호서식] 임대사업자 등록신청서

[별지 제2호서식] 임대사업자 등록대장

[별지 제3호서식] 임대사업자 등록증

[별지 제4호서식] 임대사업자 등록사항 변경신고서

[별지 제5호서식] [별지 제6호의7서식]으로 이동 〈2020. 12. 10.〉

[별지 제6호서식] 민간임대협동조합 조합원 모집신고서

[별지 제6호의2서식] 민간임대협동조합 조합원 신고대장

[별지 제6호의3서식] 민간임대협동조합 조합원 모집신고 확인증

[별지 제6호의4서식] 가입비등 예치신청서

[별지 제6호의5서식] 가입비등 예치증서

[별지 제6호의6서식] 가입비등(반환 요청서, 지급 요청서)

[별지 제6호의7서식] 임대사업자 등록(전부, 일부)말소 신청서

[별지 제6호의8서식] 임대사업자의 등록 말소 신청에 관한 임차인 동의서

[별지 제7호서식] (자기관리형, 위탁관리형) 주택임대관리업 등록신청서

[별지 제8호서식] 주택임대관리업 등록대장

[별지 제9호서식] 주택임대관리업등록증

[별지 제10호서식] 주택임대관리업 등록사항 변경신고서

[별지 제11호서식] (자기관리형, 위탁관리형) 주택임대관리업 말소신고서

[별지 제12호서식] 주택임대관리업자 현황 신고서

[별지 제13호서식] 촉진지구 사전기초조사서

[별지 제14호서식] 공급촉진지구 지정제안서
[별지 제15호서식] 동의서
[별지 제16호서식] 동의철회서
[별지 제17호서식] 대표자 지정 동의서
[별지 제18호서식] 행위허가 신고서
[별지 제18호의2서식] 토지 수용·사용 동의서
[별지 제18호의3서식] 공사완료 보고서
[별지 제18호의4서식] 조성공사 준공검사 증명서
[별지 제18호의5서식] 공공지원민간임대주택 등 공급신청서
[별지 제18호의6서식] 서약서
[별지 제18호의7서식] 월평균 소득현황
[별지 제18호의8서식] 민간임대주택 공급 신고서(신고증명서)
[별지 제18호의9서식] 금융정보 등(금융·신용·보험정보) 제공 동의서
[별지 제19호서식] 민간임대주택 양도신고서
[별지 제20호서식] 민간임대주택 양도허가 신청서
[별지 제21호서식] 임대차계약[신고서(신고증명서),변경신고서(변경신고증명서)]
[별지 제22호서식] 임대차계약 신고대장
[별지 제23호서식] 임대차계약 신고이력 확인서 발급신청서
[별지 제23호의2서식] 임대차계약 신고이력 확인서
[별지 제24호서식] 표준임대차계약서
[별지 제25호서식] 임대보증금 일부보증에 대한 임차인 동의서
[별지 제25호의2서식] 임대보증금 보증 미가입에 대한 임차인 동의서(보증금이 우선변제금 이하인 경우)
[별지 제26호서식] 자체관리 인가신청서
[별지 제27호서식] 특별수선충당금 적립 현황
[별지 제28호서식] 검사공무원증표

대한민국 법령 시리즈 173

민간임대주택에 관한 특별법

(약칭 : 민간임대주택법)

법 령 / 시 행 령 / 시 행 규 칙

2025년 11월 3일 인쇄 정가 23,000원
2025년 11월 13일 발행

편 저 편집부
디 자 인 송영미
발 행 인 조준형
발 행 처 해광출판사
http://www.hgbookpub.com
E-mail : munbookcokr@naver.com
주 소 부산광역시 중구 해관로 41-1 (중앙동2가)
전화번호 (051) 253-0001 팩스 (051) 245-1187
등 록 제 2012-000005호

해광출판사에서는 여러분의 소중한 원고와 함께 할 기회를 기다리고 있습니다. 책으로 엮을 원고나 아이디어가 있으신 분들은 이메일 munbookcokr@naver.com 로 책에 대한 간단한 개요와 원고 전체 또는 일부를 연락처와 함께 보내주십시오.

ISBN 979-11-6881-906-1

해광출판사 대한민국 법령 시리즈

001. 선원법
002. 어선법
003. 선박직원법
004. 해사안전기본법
005. 해양환경관리법
006. 선박의 입항 및 출항등에 관한 법률
007. 학교안전사고예방 및 보상에 관한 법률
008. 종합부동산세법
009. 방위사업법
010. 행정규제기본법
011. 식품산업진흥법
012. 위험물안전관리법
013. 화재의 예방 및 안전관리에 관한 법률
014. 도시가스사업법
015. 실내공기질관리법
016. 지방세법
017. 소득세법
018. 법인세법
019. 도선법
020. 선박안전법
021. 선박법
022. 수산업법
023. 고압가스안전관리법
024. 국민연금법
025. 공동주택관리법
026. 화학물질관리법
027. 어선원 및 어선 재해보상보험법
028. 장기등 이식에 관한 법률
029. 자연재해대책법
030. 공유재산 및 물품 관리법
031. 산업입지 및 개발에 관한 법률
032. 부정경쟁방지 및 영업비밀보호에 관한 법률
033. 금융지주회사법
034. 온실가스 배출권의 할당 및 거래에 관한 법률
035. 건축사법
036. 산림문화휴양에 관한 법률
037. 전기사업법
038. 사립학교법
039. 고등교육법
040. 액화석유가스의 안전관리 및 사업법
041. 선박투자회사법
042. 수산자원관리법
043. 위험물선박운송및저장규칙
044. 선박평형수관리법
045. 주택임대차보호법
046. 상가건물임대차보호법
047. 지방공기업법
048. 승강기안전관리법
049. 수목원·정원의 조성 및 진흥에 관한 법률
050. 민법
051. 치료감호 등에 관한 법률
052. 대부업 등의 등록 및 금융이용자 보호에 관한 법률
053. 사료관리법
054. 무형문화재 보전 및 진흥에 관한 법률
055. 총포·도검·화약류 등의 안전관리에 관한 법률
056. 경찰관직무집행법
057. 시설물의 안전 및 유지관리에 관한 특별법
058. 수산생물질병 관리법
059. 소비자기본법
060. 국제선박등록법
061. 정보통신망 이용촉진 및 정보보호 등에 관한 법률
062. 해운법
063. 농수산물 품질관리법
064. 수산업협동조합법
065. 해외건설촉진법
066. 수상레저안전법
067. 공무원재해보상법
068. 수상에서의 수색·구조 등에 관한 법률
069. 어촌어항법
070. 항만법
071. 항만운송사업법
072. 해양경비법
073. 해양사고의 조사 및 심판에 관한 법률
074. 외국인근로자의 고용 등에 관한 법률
075. 중소기업기본법
076. 자유무역지역의 지정 및 운영에 관한 법률
077. 대기환경보전법
078. 소음진동관리법
079. 폐기물관리법
080. 하수도법
081. 물환경보전법
082. 토양환경보전법
083. 환경정책기본법
084. 산업재해보상보험법
085. 관세법
086. 노동조합 및 노동관계조정법
087. 근로기준법
088. 군인연금법
089. 먹는물관리법
090. 기술보증기금법
091. 관광진흥법
092. 감염병의 예방 및 관리에 관한 법률
093. 사법경찰관리의 직무를 수행할 자와 그 직무범위에 관한 법률
094. 수의사법
095. 가정폭력방지 및 피해자보호 등에 관한 법률
096. 환경영향평가법
097. 체육시설의 설치 · 이용에 관한 법률
098. 장사 등에 관한 법률
099. 상호저축은행법
100. 은행법
101. 보호관찰 등에 관한 법률
102. 형법
103. 자동차관리법
104. 형사소송법
105. 전자금융거래법
106. 마약류 불법거래 방지에 관한 특례법
107. 도로법
108. 주세법
109. 변리사법
110. 하천법
111. 중소기업진흥에 관한 법률
112. 발달장애인 권리보장 및 지원에 관한 법률
113. 주택법
114. 장애인복지법
115. 농어업경영체 육성 및 지원에 관한 법률
116. 공인중개사법
117. 건강기능식품에 관한 법률
118. 예비군법
119. 개발제한구역의 지정 및 관리에 관한 특별조치법
120. 국유재산법
121. 주차장법
122. 환경기술 및 환경산업 지원법
123. 대기관리권역의 대기환경개선에 관한 특별법
124. 악취방지법
125. 미세먼지 저감 및 관리에 관한 특별법
126. 가축분뇨의 관리 및 이용에 관한 법률
127. 물의 재이용 촉진 및 지원에 관한 법률
128. 물관리기본법
129. 물관리기술 발전 및 물산업 진흥에 관한 법률
130. 자원의 절약과 재활용촉진에 관한 법률
131. 전기 · 전자제품 및 자동차의 자원순환에 관한 법률
132. 건설폐기물의 재활용촉진에 관한 법률
133. 수도권매립지관리공사의 설립 및 운영 등에 관한 법률
134. 폐기물의 국가 간 이동 및 그 처리에 관한 법률
135. 폐기물처리시설 설치촉진 및 주변지역지원 등에 관한 법률
136. 자원순환기본법
137. 잔류성오염물질 관리법
138. 환경분쟁 조정법

해광출판사 대한민국 법령 시리즈

139. 화학물질의 등록 및 평가 등에 관한 법률
140. 환경오염시설의 통합관리에 관한 법률
141. 환경오염피해 배상책임 및 구제에 관한 법률
142. 중소기업제품 구매촉진 및 판로지원에 관한 법률
143. 환경개선비용 부담법
144. 환경분야 시험·검사 등에 관한 법률
145. 환경친화적 산업구조로의 전환촉진에 관한 법률
146. 환경친화적 자동차의 개발 및 보급 촉진에 관한 법률
147. 환경범죄 등의 단속 및 가중처벌에 관한 법률
148. 생명윤리 및 안전에 관한 법률
149. 장애인차별금지 및 권리구제 등에 관한 법률
150. 부동산투자회사법
151. 정치자금법
152. 과학기술기본법
153. 대리점거래의 공정화에 관한 법률
154. 상속세 및 증여세법
155. 학원의 설립 · 운영 및 과외교습에 관한 법률
156. 해양심층수의 개발 및 관리에 관한 법률
157. 전기용품 및 생활용품 안전관리법
158. 사회기반시설에 대한 민간투자법
159. 공직선거법
160. 정당법
161. 유류오염손해배상 보장법
162. 부정청탁 및 금품등 수수의 금지에 관한 법률
163. 항로표지법
164. 어장관리법
165. 민방위기본법
166. 공직자윤리법
167. 선거관리위원회법
168. 유선 및 도선 사업법
169. 전기공사업법
170. 사회복지사업법
171. 택지개발촉진법
172. 국가공무원법
173. 민간임대주택에 관한 특별법
174. 어음법·수표법
175. 민사집행법
176. 상법
177. 문화예술진흥법
178. 중소기업협동조합법
179. 농업협동조합법
180. 도로교통법
181. 의료사고 피해구제 및 의료분쟁 조정 등에 관한 법률
182. 산림보호법
183. 소년법
184. 동물보호법
185. 건축물관리법
186. 도시개발법
187. 화물자동차 운수사업법
188. 도시 및 주거환경정비법
189. 의료법
190. 국회법
191. 응급의료에 관한 법률
192. 출입국관리법
193. 노인복지법
194. 산림자원의 조성 및 관리에 관한 법률
195. 청소년 보호법
196. 초 · 중등교육법
197. 혁신도시 조성 및 발전에 관한 특별법
198. 경제자유구역의 지정 및 운영에 관한 특별법
199. 공공기관의 운영에 관한 법률
200. 대한민국헌법
201. 국민기초생활 보장법
202. 저작권법
203. 가사소송법
204. 국가유공자 등 예우 및 지원에 관한 법률
205. 국민체육진흥법
206. 전통주 등의 산업진흥에 관한 법률
207. 재난 및 안전관리 기본법
208. 정보통신공사업법
209. 주식회사 등의 외부감사에 관한 법률
210. 공익사업을 위한 토지 등의 취득 및 보상에 관한 법률
211. 개인정보 보호법
212. 국세기본법
213. 에너지이용 합리화법
214. 감정평가 및 감정평가사에 관한 법률
215. 국가인권위원회법
216. 가맹사업거래의 공정화에 관한 법률
217. 보건의료기본법
218. 산업안전보건법
219. 법무사법
220. 교육공무원법
221. 특허법
222. 민사소송법
223. 아동복지법
224. 전파법
225. 하도급거래 공정화에 관한 법률
226. 기초연금법
227. 사립학교교직원 연금법
228. 직업안정법
229. 장애아동 복지지원법
230. 부동산등기법
231. 자동차손해배상 보장법
232. 철도안전법
233. 항공안전법
234. 전자상거래 등에서의 소비자보호에 관한 법률
235. 독점규제 및 공정거래에 관한 법률
236. 상표법
237. 채무자 회생 및 파산에 관한 법률
238. 공무원연금법
239. 축산법
240. 근로복지기본법
241. 민원 처리에 관한 법률
242. 약사법
243. 방문판매 등에 관한 법률
244. 건축기본법
245. 지방세기본법
246. 지방세징수법
247. 지방자치법
248. 도시교통정비 촉진법
249. 공공주택 특별법
250. 국세징수법
251. 공인노무사법
252. 중대재해 처벌 등에 관한 법률
253. 외무공무원법
254. 소방시설공사업법
255. 검역법
256. 공중위생관리법
257. 할부거래에 관한 법률
258. 인터넷 멀티미디어 방송사업법
259. 전기통신사업법
260. 제품안전기본법
261. 철도사업법
262. 어린이제품 안전 특별법
263. 영유아보육법
264. 원자력안전법
265. 보험업법
266. 경비업법
267. 교통안전법
268. 세무사법
269. 관세사법
270. 공인회계사법
271. 지방공무원법
272. 고용정책 기본법
273. 국가경찰과 자치경찰의 조직 및 운영에 관한 법률
274. 협동조합 기본법
275. 재해구호법
276. 환경보건법

해광출판사 대한민국 법령 시리즈

277. 자살예방 및 생명존중문화 조성을 위한 법률
278. 소방산업의 진흥에 관한 법률
279. 소방기본법
280. 비송사건절차법
281. 자연환경보전법
282. 변호사법
283. 기업구조조정투자회사법
284. 전기통신기본법
285. 에너지법
286. 해양생태계의 보전 및 관리에 관한 법률
287. 사회보장기본법
288. 통신비밀보호법
289. 공증인법
290. 물류시설의 개발 및 운영에 관한 법률
291. 청소년활동 진흥법
292. 형의 집행 및 수용자의 처우에 관한 법률
293. 도시공원 및 녹지 등에 관한 법률
294. 태권도 진흥 및 태권도공원 조성 등에 관한 법률
295. 녹색건축물 조성 지원법
296. 우편법
297. 예금자보호법
298. 건설산업기본법
299. 금융회사의 지배구조에 관한 법률
300. 장애인활동 지원에 관한 법률
301. 언론중재 및 피해구제 등에 관한 법률
302. 국가재정법
303. 농지법
304. 게임산업진흥에 관한 법률
305. 정신건강증진 및 정신질환자 복지서비스 지원에 관한 법률
306. 디자인보호법
307. 의료기사 등에 관한 법률
308. 스마트도시 조성 및 산업진흥 등에 관한 법률
309. 내수면어업법
310. 한국주택금융공사법
311. 의료기기법
312. 유통산업발전법
313. 전통시장 및 상점가 육성을 위한 특별법
314. 여신전문금융업법
315. 해외자원개발 사업법
316. 산업교육진흥 및 산학연협력촉진에 관한 법률
317. 빈집 및 소규모주택 정비에 관한 특례법
318. 기업도시개발 특별법
319. 전력기술관리법
320. 국토기본법
321. 지하수법
322. 식품위생법
323. 광업법
324. 호스피스·완화의료 및 임종과정에 있는 환자의 연명의료결정에 관한 법률
325. 주식·사채 등의 전자등록에 관한 법률
326. 표시·광고의 공정화에 관한 법률
327. 골재채취법
328. 국민건강증진법
329. 새마을금고법
330. 여객자동차 운수사업법
331. 마리나항만의 조성 및 관리 등에 관한 법률
332. 한부모가족지원법
333. 국가를 당사자로 하는 계약에 관한 법률
334. 지방자치단체를 당사자로 하는 계약에 관한 법률
335. 축산물 위생관리법
336. 병역법
337. 음악산업진흥에 관한 법률
338. 국가균형발전 특별법
339. 첨단재생의료 및 첨단바이오의약품 안전 및 지원에 관한 법률
340. 공간정보의 구축 및 관리 등에 관한 법률
341. 공유수면 관리 및 매립에 관한 법률
342. 농수산물 유통 및 가격안정에 관한 법률
343. 아시아문화중심도시 조성에 관한 특별법
344. 신탁법
345. 자연공원법
346. 생활화학제품 및 살생물제의 안전관리에 관한 법률
347. 군인사법
348. 국제조세조정에 관한 법률
349. 낙동강수계 물관리 및 주민지원 등에 관한 법률
350. 주민등록법
351. 집합건물의 소유 및 관리에 관한 법률
352. 집단에너지사업법
353. 산림조합법
354. 반도체집적회로의 배치설계에 관한 법률
355. 자본시장과 금융투자업에 관한 법률
356. 담보부사채신탁법
357. 근로자퇴직급여 보장법
358. 국제과학비즈니스벨트 조성 및 지원에 관한 특별법
359. 수도법
360. 식품 등의 표시·광고에 관한 법률
361. 약관의 규제에 관한 법률
362. 인삼산업법
363. 종자산업법
364. 항공사업법
365. 건설기계관리법
366. 군형법
367. 궤도운송법
368. 기술의 이전 및 사업화 촉진에 관한 법률
369. 농수산물의 원산지 표시 등에 관한 법률
370. 담배사업법
371. 석유 및 석유대체연료 사업법
372. 가축전염병 예방법
373. 농어촌정비법
374. 식물신품종 보호법
375. 항공보안법
376. 중소기업창업 지원법
377. 군사법원법
378. 우주개발 진흥법
379. 해저광물자원 개발법
380. 산림복지 진흥에 관한 법률
381. 지능형 로봇 개발 및 보급 촉진법
382. 헌법재판소법
383. 옥외광고물 등의 관리와 옥외광고산업 진흥에 관한 법률
384. 혈액관리법
385. 국제항해선박 등에 대한 해적행위 피해예방에 관한 법률
386. 유료도로법
387. 독립유공자예우에 관한 법률
388. 신에너지 및 재생에너지 개발·이용·보급 촉진법
389. 신용정보의 이용 및 보호에 관한 법률
390. 출판문화산업 진흥법
391. 공항시설법
392. 국민 평생 직업능력 개발법
393. 아동·청소년의 성보호에 관한 법률
394. 방송법쉬
395. 신용보증기금법
396. 화장품법
397. 청소년 기본법
398. 인터넷주소자원에 관한 법률
399. 양곡관리법
400. 도로명주소법
401. 전자문서 및 전자거래 기본법
402. 산업기술의 유출방지 및 보호에 관한 법률
403. 국가기술자격법
404. 양식산업발전법
405. 산업기술혁신 촉진법
406. 새만금사업 추진 및 지원에 관한 특별법
407. 전자정부법
408. 지역 개발 및 지원에 관한 법률
409. 한국농어촌공사 및 농지관리기금법
410. 계량에 관한 법률
411. 기업활동 규제완화에 관한 특별조치법
412. 군에서의 형의 집행 및 군수용자의 처우에 관한 법률